이 책은 일본 어린이를 위한 돈과 경제 프로젝트에서
집필한 도서를 우리말로 번역한 책입니다.
어린이뿐만 아니라 어른들도 어린 자녀와 함께 읽는다면
자녀들의 경제 공부는 물론 그간 잊고 있던 경제 지식도
다시 살아날 수 있는 책이라 생각되어 추천해 드립니다.

아이와 함께 배우는

돈과 경제 수업 일본편

어린이를 위한 '돈과 경제' 프로젝트 지음 ㅣ 박보경 옮김

BM (주)도서출판 성안당

OYAKO DE MANABU OKANE TO KEIZAI NO ZUKAN

by Kodomo No Tame No "Okane to Keizai" Project

Copyright © 2019 Kodomo No Tame No "Okane to Keizai" Project

All rights reserved.

Original Japanese edition published by Gijutsu-Hyoron Co., Ltd., Tokyo

This Korean language edition is published by arrangement with Gijutsu-Hyoron Co., Ltd.,

Tokyo in care of Tuttle-Mori Agency, Inc., Tokyo through Shinwon Agency Co., Seoul.

Korean translation copyright © 2021 by Sung An Dang, Inc.

시작하는 말

회상해보세요. 어릴 적 나뭇잎 돈으로 소꿉놀이를 한 적 없었나요? 소꿉놀이할 때는 나뭇잎 돈으로 무엇이라도 살 수 있었죠. 그렇지만 가게에서는 그 나뭇잎 돈으로 아무것도 살 수 없습니다. 왜 나뭇잎 돈은 사용할 수 없을까요? 왜 진짜 돈은 사용할 수 있을까요?

한번 상상해보세요. 당신은 배가 난파되어 바다 한가운데 있는 작은 섬에 혼자 살아남았습니다. 힘들게 항아리에 물을 모으고 밭을 가꿔가며 가까스로 살아가고 있는 중이지요. 그러던 어느 날 당신의 섬에 다른 한 사람이 흘러들어 왔습니다. 그 사람은 식재료도 도구도 가지고 있지 않았지만 많은 돈을 가지고 있었습니다. 그 사람은 "이 돈을 전부 줄게요. 대도시의 빌딩 두세 개도 살 수 있는 금액입니다. 이것을 줄 테니 당신의 그 작은 물항아리와 밭을 팔지 않겠소?"라고 말합니다. 당신은 물항아리와 밭을 그 사람에게 팔겠습니까? 돈을 받는 것보다 생선을 받는 것이 기쁘겠죠? 그 사람이 큰 생선을 잡아 오면 당신은 고생해서 키운 감자 대여섯 개를 건넬지도 모릅니다.

그렇다면 현대는 돈의 쓰임이 어떨까요? 최근에는 '현금이 필요 없는 사회'가 화제입니다. 현금을 사용하지 않고 신용카드나 IC카드로 지불하는 구조인 것이지요. 따라서 지갑에 십 원 한 장 들어 있지 않아도 쇼핑과 결제가 가능합니다. 당신이 사용한 돈은 당신의 은행 계좌에서 인출되기 때문이죠. '인출된다'라고 해도 은행에 보관된 당신의 '돈'이 움직이지는 않습니다. 당신의 계좌 잔고 자료에 새로운 정보가 더해지는 것뿐입니다.

나뭇잎 돈은 사용할 수 없습니다. 돈이 있더라도 아무것도 살 수 없는 경우도 있습니다. 또 돈은 보지도, 만지지도 않고 사용할 수 있습니다. 이처럼 돈이란 매우 불가사의합니다. 지금 우리는 아무렇지 않게 매일 돈을 사용하면서 살고 있지만 돈을 사용한다는 것은 매우 특별한 일일지도 모릅니다. 그렇다면 돈이란 정확히 무엇을 의미하는 것일까요?
돈이 우리 사회에 어떤 구조를 만들어내는지 알고 싶어졌다면 이 책을 펼쳐주세요. 그 답을 꼭 찾을 수 있을 것입니다.

편집자

목차

제1장 | 돈 이야기

act.1 돈

act.2 돈과 경제

act.3 물건의 가격

제2장 | 우리들의 생활과 경제 이야기

이 책의 특징과 사용법

이 책은 돈과 경제에 대해 즐겁게 배울 수 있는 책입니다. 이 책의 각 장에서는 돈의 역사, 현재의 화폐, 전자머니 등 돈과 관련된 기본 지식은 물론, 금융, 보험, 세금 등 돈과 밀접한 경제 및 무역과 외국환 등 세계경제까지 설명하고 있습니다. 이처럼 생활 속에서 궁금하였던 돈과 경제 이야기를 알 수 있고, 또 부모와 자녀가 함께 즐길 수 있는 돈과 경제의 입문서입니다.

테마

각 페이지에서 다루고 있는 내용과 그 타이틀입니다.

해설

각각의 테마 내용을 간결하고 알기 쉽게 해설하고 있습니다.

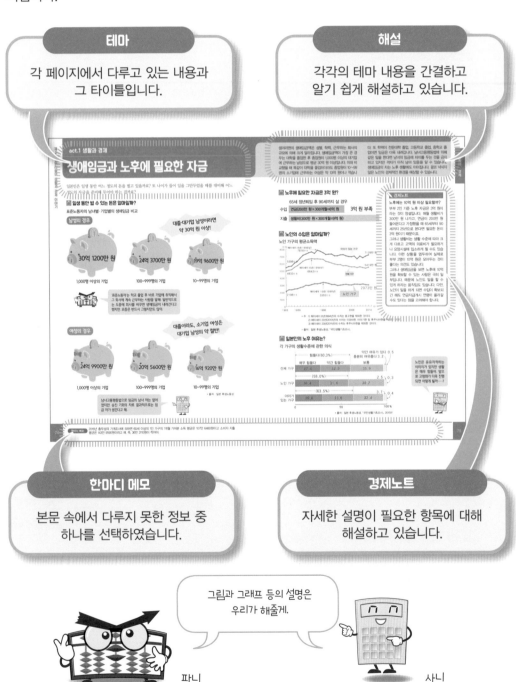

한마디 메모

본문 속에서 다루지 못한 정보 중 하나를 선택하였습니다.

경제노트

자세한 설명이 필요한 항목에 대해 해설하고 있습니다.

그림과 그래프 등의 설명은 우리가 해줄게.

파니

사니

제**1**장

돈 이야기

돈은 언제 생겼고,
누가 만들었을까?
돈은 어떻게 사용하게 된 걸까?

제1장 **돈 이야기**

act.1 돈

이 그림은 에도 시대[1]의 풍속화가 우타가와 쿠니야스가 그린 「니혼바시 어시장번영도」입니다. 덴포 시대 (1831~1845년)에 에도 니혼바시에 있던 활기찬 어시장을 그린 것입니다.

도미와 전복, 오징어, 문어, 닭새우 등 여러 가지 수산물을 사고파는 사람들로 혼잡합니다. 멜대에 매달려 있는 크고 까만 생선은 참치일까요? 이 시기 에도 인구가 100만 명을 넘었다고 하니, 에도 근방에서 많은 생선과 채소 등이 운반되어 왔을 것입니다.

에도는 무사와 상인의 거리였습니다. 만약 원하는 물건을 얻을 방법이 물물교환밖에 없었다면 교환할 물건이 없는 무사와 상인은 식재료를 손에 넣을 수 없었을 것입니다. 그러나 당시 세계적인 대도시 에도가 만들어질 수 있었던 것은 상인과 농민, 어민 사이에서 화폐경제가 널리 발달해 있었기 때문입니다.

그렇다면 돈이란 어떻게 생겨난 것일까요? 또, 현재는 어떤 종류가 있을까요?

– 우타가와 쿠니야스, 「니혼바시 어시장번영도」(출처 : 일본국립국회도서관)

[1] 지금의 도쿄. 도쿠가와 이에야스가 세이이 다이쇼군에 임명되어 막부(幕府)를 개설한 1603년부터 15대 쇼군(將軍) 요시노부가 정권을 조정에 반환한 1867년까지의 봉건 시대.

돈의 탄생

우리들이 매일 당연하게 사용하는 '돈'은 언제 생긴 것일까요? 또 돈이 존재하지 않았던 시대에는 원하는 물건을 어떻게 손에 넣었을까요?

🪙 인류 최초의 경제 행위는 '물물교환'

물물교환 교환할 상대를 찾는 것과 교섭이 어려움!

> 먼 옛날, 돈이 존재하지 않던 시대에는 물물교환으로 물건을 거래했어.
> 물물교환을 인류 최초의 경제 행위라고 생각하고 있지. 그러나 교환하는 물건이 우연하게 같은 가치를 가지고 있다면 좋겠지만, 그중에는 적합하지 않은 교환도 있었어. 또 원하는 것을 가진 사람을 발견하는 것도 힘들었지. 그래서 교환할 수 있는 공통의 물건으로 '화폐'가 생긴 거야.

🪙 통화의 시작은 '물품화폐'

물품화폐 가지고 다니기가 불편함!

자연화폐	조개껍데기, 돌, 뼈 등

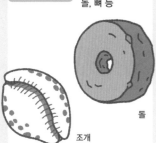

돌

조개

상품화폐	천, 소금, 곡물, 가축 등

소

천

피, 조 등

> 천, 곡물, 소금, 사금 등이 교환 수단으로 사용되었어. 이것을 '물품화폐'라고 해. 문헌에 남아 있는 물품화폐 중 세계에서 가장 오래된 것은 기원전 1600년경 중국의 은나라 시대에 사용한 '조개화폐'야. 그래서 돈과 관련된 한자에 조개 패(貝) 자가 많이 붙어 있는 거야.

● 돈에 관련된 한자

貯	買	賣	資	財	費	寶	貨	贈
저	매	매	자	재	비	보	화	증

賭	貴	賽	貧	貪	負	賊	賤	
도	귀	보	빈	탐	부	적	천	

한마디 메모 아프리카 가나의 현재 통화 '세디(cedi)'는 현지어로 나사 모양의 조개 껍데기를 뜻해. 아프리카 제국에서는 긴 세월 동안 나사 조개를 화폐로 유통하였고 그 흔적이 남은 거지.

돈이 없었던 옛날에는 자신이 원하는 물건을 손에 넣기 위해 '물물교환'을 했습니다.

멧돼지와 생선을 바꾸거나 사과와 밤을 바꾸는 것과 같이 물건과 물건을 직접 교환하는 것이죠.

그러나 언제나 원하는 것을 교환할 수는 없었습니다. 아무리 상대가 가진 물건을 가지고 싶어도 상대가 요구하는 물건이 없으면 교섭은 성립하지 않았습니다.

그래서 공동생활에서 이용가치가 높고 귀중하게 여겨지는 천, 곡물, 소금, 사금 등과 같은 물건을 교환 수단으로 사용하기 시작했습니다. 이것이 '물품화폐'입니다.

물품화폐 중에서도 금속이 널리 사용되면서 '금속화폐'가 만들어졌습니다.

금속화폐가 탄생!

광석에서 금속을 캐내는 기술이 발전하면서 금속을 화폐로 사용하게 되었어. 귀금속은 소량이라도 교환 가치가 높고 가지고 다니기 편리하지. 그리고 무엇보다 썩지 않아. 그래서 세계 대부분 지역에서 금, 은, 동 등의 금속으로 만든 '금속화폐'가 널리 퍼졌어.

드디어 우리에게 익숙한 '돈'의 형태가 되었어! 주조화폐는 액면을 표시하기 때문에 계수화폐라고도 해. 큰 금화, 작은 금화도 계수화폐야.

금속화폐   금화, 은화, 동화 등이 널리 퍼지다!

칭량화폐

기원전 670년경 아나톨리아 반도[2]의 리디아[3]에시 발명된 엘렉트론화.

금속 무게를 재서 화폐로 사용

칭량화폐는 금속 무게를 재서 화폐로 사용했던 것으로, 금속의 가치와 화폐의 금액이 동등한 화폐입니다. 기원전 8세기경에 중국에서는 농기구, 칼 모양을 본뜬 포폐(포목)와 도폐를 만들었습니다.

주조화폐

고대 아테네의 테트라드라크마화. 앞면에는 그리스신화의 여신, 뒷면에는 부엉이와 올리브 가지, 초승달이 새겨져 있다.

금속을 녹여서 틀에 넣고 만든 화폐

칭량화폐는 받을 때마다 품질을 조사하거나 무게를 재야 해서 불편했습니다. 그래서 크기와 무게, 혼합물의 양을 정확히 정한 주조화폐(동전)가 등장하였으며, 기원전 6세기경에는 세계 각국에서 활발히 만들었습니다.

금속을 녹여서 틀에 넣고 만든 주조화폐는 금속의 가치와는 관계없이 나라의 신용으로 유통하는 신용화폐의 성질을 가지고 있습니다.

---

[2] 아시아 대륙의 서쪽 끝, 흑해 · 마르마라해 · 에게해 · 지중해 등에 둘러싸인 반도.

[3] 기원전 7세기부터 기원전 6세기까지 소아시아 서부 지방에서 번성하였던 왕국.

act.1 돈

일본 돈의 역사 ①

일본에서 가장 오래된 돈은 언제 생겨났을까요?
고대에서 전국 시대에 걸쳐, 일본에서는 어떤 '돈'을 사용했을까요?

🪙 고대(7세기~12세기 중반): 금속화폐의 시작

개원통보

화동개진

부본전(복제품)

만년통보　　신공개보
부수신보　　승화창보
육평영보　　관평대보

황조12전(일부)

시대	아스카 시대					나라 시대	헤이안 시대				
연도	621년	660년경	683년	7세기 후반	699년	708년	958년	10세기 후반	12세기 중반	12세기 후반	1193년
사건	중국에서 개원통보 발행	무문은전 사용을 금지하고 동전 사용	은전의 사용을 금지 부본전 제조	주전사 설치	화동개진(은전·동전) 발행	이 시기 황조십이전 발행	최후의 황조십이전인 건원대보 발행	조정, 전화의 사용을 강제함	일송무역(은화의 수입)이 성행	전의 병(전의 가치가 오르는 거품 현상)이 유행 도래전이 유통	조정, 전화의 사용을 금지

조정이 발행한 화폐라는 의미로 '황조십이전'이라 부르고 있어.

국가에 의해 통화 발행

국가에 의해 화폐 발행 정지

화폐 제조 개시

화폐의 쇠퇴

도래전

중국에서 서력 621년에 만든 '개원통보'가 견당사 등에 의해 일본에 전해졌어. 개원통보를 모델로 와도우 원년(708년)에 만들어진 '화동개진'이 일본에서 가장 오래된 지폐로 알려졌었지만, 더 오래된 7세기 후반에 만들어진 '부본전'이 나라현 아스카촌의 아스카 연못 유적에서 발견되었어. 그것이 더 오래된 '무문화폐'야.

한마디 메모　'화동개진'에 관해 '와도카이친(화동개진을 일본어로 읽은 이름)'이라고 읽어야 한다는 설과 '와도카이호우(화동개보를 일본어로 읽은 이름)'라고 읽어야 한다는 설이 있어.

708년, 무사시국의 지치부군[4]에서 동이 헌상되어 연호를 화동으로 바꾸고, 처음으로 '화동개진'이라는 화폐(은화와 동화)가 만들어졌는데, 이는 금속으로 만들어진 일본 최초의 돈(엽전)이라고 합니다. 그러나 최근 아스카 연못 유적에서 발견된 부본전(富本錢)이 일본에서 가장 오래된 화폐일 가능성이 제기되어 이에 관한 연구가 계속되고 있습니다.

708년 화동개진 이후, 250년 사이에 12종류의 화폐(황조 12전)가 만들어졌지만, 10세기 말에는 황조전의 주조를 중지하고 10세기 말부터 200년간은 쌀과 비단 등의 물품화폐를 이용합니다. 헤이안 말기에는 중국에서 유입된 엽전(도래전)이 사용되면서 상품경제의 발전과 함께 엽전 사용이 생활에 침투되었습니다.

🍊 중세(12세기 중반~16세기 후반): 바다를 건너온 돈

황송통보(송전)

영락통보(명전)

도래전 등 약 7700장의
화폐가 들어 있던 항아리

석주은
(석주정은)

갑주금

1200		1300		1400				1500				1600
카마쿠라 시대				무로마치 시대								
1226년		13세기 후반		14세기	15세기 전반			1485년	1500 1513년	16세기 후반	1542 1569년	1550년경 1569년
카마쿠라 막부, 전화의 사용을 인정		연공의 대전납화가 진행		환(부절)의 발행	원거리 거래 확대로 환의 사용이 성행	송전과 명전(영락통보 등)이 통용		주방국의 오우치씨, 선전령을 내림	무로마치 막부, 매년 선전령을 내림	이와미은산의 은으로 석주은 제조	막부, 전국대명이 자주 선전령을 내림	다케다씨의 영지에서 갑주금이 만들어짐 / 오다 노부나가, 선전령을 내림

'막부(幕府)'란 12세기에서 19세기까지 쇼군을 중심으로 한 일본의 무사 정권을 지칭하는 말이야!

도래전 침투

선전 발행

상품경제의 발전과 전화 수요의 확대

금화 은화 등장

도입 개시

일본 헤이만 시대 말기에는 중국 등과의 무역을 통해 화폐가 들어와 사용할 수 있게 되었어. 그중에서도 명의 영락통보는 질이 좋아 16세기 후반부터 각종 유통화폐의 기준이 되었어.

'선전'은 조악한 악전이야. '선전령'으로 악전의 유통을 금지하였어.

[4] 지금의 사이타마현 서부에 있는 군.

act.1 돈

일본 돈의 역사 ②

영국(領國) 화폐에서부터 도쿠가와 이에야스의 화폐제도 통일, 큰 금화·작은 금화가 널리 유통되는 시대에서 지폐 시대로의 변화, 그리고 '엔(円)'의 탄생까지. 정신없이 변화하는 사회와 함께 화폐도 큰 변화기를 맞습니다.

근세(16세기 후반~19세기 후반): 일본 고유 화폐의 첫 유통

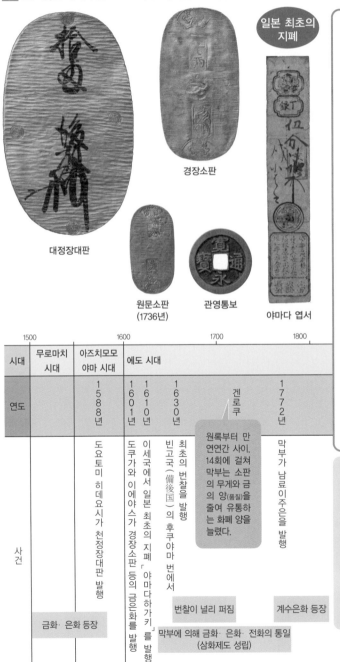

대정장대판

경장소판

원문소판
(1736년)

관영통보

일본 최초의
지폐

야마다 엽서

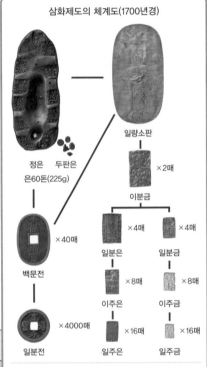

삼화제도의 체계도(1700년경)

정은
은60돈(225g)

두판은

백문전

×40매

일분전

×4000매

일랑소판

×2매

이분금

일분은 ×4매   일분금 ×4매

×8매   ×8매

이주은   이주금

×16매   ×16매

일주은   일주금

×16매   ×16매

- 금화(계수화폐) 1량 = 4분 = 16주
- 은화(칭량화폐) 1돈 = 10분, 1000돈 = 1관(관목, 관돈)
  ※칭량화폐의 단위 '돈'은 중량의 단위(1돈 = 3.75g)
- 전화(동화, 계수화폐) 1000문 = 1관문

시대	무로마치 시대	아즈치모모 야마 시대	에도 시대				
	1500	1600		1700		1800
연도		1588년	1601년	1610년	1630년	겐로쿠	1772년
사건	도요토미 히데요시가 천정장대판 발행	도쿠가와 이에야스가 경장소판 등의 금은화를 발행	이세국에서 일본 최초의 지폐 '야마다하가키'를 발행	빈고국(備後国)의 후쿠야마 번에서 번찰을 발행	원록부터 만연연간 사이, 14회에 걸쳐 막부는 소판의 무게와 금의 양(물품질)을 줄여 유통하는 화폐 양을 늘렸다.	막부가 남료이주은을 발행
	금화·은화 등장		막부에 의해 금화·은화·전화의 통일 (삼화제도 성립)	번찰이 널리 퍼짐	계수은화 등장	

경장금전화 이후, 칸에이 13년(1636년), 3대 장군 '도쿠가와 이에미츠' 시대에 '관영통보'를 만들어. 칸분 10년(1670년)에는 도래전의 통용이 금지되었고, 일본 독자적인 '삼화제도'를 만들었어. 한편, 17세기 초 이세야마다 지방 상이의 신용을 바탕으로 한 지폐(야마다하가키)가 출현하였고, 각 번에서는 통용하는 번찰(지폐)을 발행했어. 그렇게 막부에 의한 삼화제도와 각 번의 번찰이 양립했지. 겐로쿠 시대에는 막부에 의한 개전이 몇 번이고 행해져 화폐제도는 더욱 혼란스러웠어.

한마디 메모 — 일본에서도 제2차 세계 대전 이후, 물자 부족이 계속되는 와중에 군인 퇴직금 지급 등으로 시장에 유통되는 돈이 늘어났어. 하이퍼인플레이션 상태에 이른 거지. 그래서 정부가 유통되는 돈의 양을 줄이기 위해 1946년 2월 16일 신일본 은행권을 발행하고 예금 인출 제한 등을 발표했어.

16세기 후반에는 각지 전국 시대의 대영주가 독자적으로 금은화를 주조하였습니다. 영국(領國)화폐는 에도 막부에 의해 전국적으로 보급될 때까지 약 150년에 걸쳐 유통되었습니다. 도요토미 히데요시가 주조한 '천정장 큰 금화'는 세계에서 가장 큰 금화로 유명합니다. 세키라하라 전투에서 승리한 도쿠가와 이에야스는 화폐제도 통일에 착수해서 게이쵸 6년

(1601년)에 '게이쵸 금은화'를 발행했습니다. 그 후 막부에 의한 돈이 발행되어 일본 독자적인 금, 은, 전 3종류의 화폐에 의한 '삼화제도'를 확립합니다. 번찰이 널리 퍼져, 개항 후 통화의 혼란기를 거쳤으며, 근대에 들어서야 간신히 새로운 화폐제도를 정리한 일본은 통일된 통화 '엔'을 도입해 일본은행이 발행한 은행권을 전국적으로 유통하였습니다.

🪙 근대(19세기 후반~20세기): 새로운 화폐제도 「엔」의 탄생

민부성찰

태정관찰

신지폐 「명치통보찰」

일본은행태환은권 (앞)↑

최초의 일본은행권

(뒤) →

구 20엔 금화

신 20엔 금화

개조지폐 「신공황후찰」

일본은행권 「5엔 지폐(로호권)」

1800								1900					
메이지 시대			메이지 시대							타이쇼 시대		쇼와 시대	
1859년	1868년	1871년	1872년	1881년	1882년	1885년	1897년	1899년		1931년	1946년		
개국 후에 외국과의 환전 기준을 정한 통화가 혼란	메이지 정부가 태정관찰 발행	신화조례 제정 엔의 단위 채용	메이지 정부가 신화조례 제정	신공황후찰 발행 최초의 일본은행권에 해당하는	일본은행 창설	일본은행 태환은권 발행	금본위제 본격 채용 화폐법 시행	정부 지폐와 국립은행 지폐의 통용 정지 금본위제 채용		새로운 일본은행권 발행	관리통화 제도로 이행		

메이지 4년(1871년)에 '신화조례'를 제정해 금화를 화폐의 기준으로 하고 단위도 '량'에서 '엔'으로 바꿨어. 다음 해인 메이지 5년(1872년)에 신지폐 '명치통보찰'을 발행했어. 그렇지만 당시는 아직 일본에 기술이 없어서 독일의 인쇄업자에 제조를 의뢰했었어. 그래서 이 신지폐는 '게르만 지폐'라고도 불렸어.

'명치통보찰'의 위조가 다발했기 때문에 메이지 14년(1881년)에 '신공황후찰'을 발행했어. 유럽과 미국의 지폐 양식을 들여와서 가로로 길어지고 처음으로 초상화를 인쇄한 지폐를 만들었지. 당시 일본에서는 전국에 153개의 국립은행이 생겨 각각 독자적인 지폐를 발행하고 있었지만 메이지 32년(1899년) 이후 일본은행권으로 통일되었어.

메이지 신정부는 당초에 막번 시대의 금은전화와 번찰을 그대로 통용시켜 화폐제도는 혼란스러웠어. 태정관찰과 민부성찰 등 민간 환회사에도 지폐를 발행시켰기 때문이야!

act.1 돈

세계의 지폐

세계의 지폐는 어떤 것들이 있을까요? 또 세계 최초로 만들어진 지폐는 어떤 것이었을까요?

🌐 세계의 주요 지폐

▶유로(유럽연합)
유럽 여러 나라와 사람들이 사용하는 지폐로 실재하는 건조물과 인물은 넣지 않는다.

▶파운드(영국)
10파운드 지폐의 앞면에 그려진 초상화는 엘리자베스 여왕이다.

▶루블(러시아)
100루블 지폐의 앞면에 그려진 것은 볼쇼이 극장이다.

▶랜드(남아프리카 공화국)
20랜드 지폐의 앞면에는 코끼리가 그려져 있다.

▶루피(인도)
인도 독립의 아버지라 불리는 마하트마 간디가 그려져 있다.

▶위안(중국)
1위안 지폐의 앞면 초상화는 건국의 아버지라 불리는 마오쩌둥이다.

아프리카 공동화폐 CFA 프랑

(세파프랑)

구 프랑스의 영토였던 서아프리카 제도(세네갈, 코트디부아르, 토고 등)와 중앙아프리카 제도(가봉, 적도기니, 콩고 등)에서는 공동 통화인 CFA 프랑이 사용되고 있다.

▶메티칼(모잠비크)
20메티칼 지폐의 앞면에는 코뿔소가 그려져 있다.

▶페소(필리핀)
위조방지 대책으로 프랑스에 위탁해 제조하고 있다.

▶달러(호주)
종이가 아니라 합성수지 시트에 인쇄되어 있다.

한마디 메모: 일본 최초로 지폐에 초상화가 그려진 인물은 '신공황후'야. 이 인물은 신화에 나오는 인물로 초상화도 없었어. 지폐료(현재의 국립인쇄국)의 기술자였던 이탈리안 조각가 '키오소네'가 상상으로 그려 원판을 제작하였기 때문에 왠지 모르게 외국인 같아 보인다고들 해.

지금부터 약 1,000년 전에 지폐를 만드는 데 필요한 종이를 만드는 기술과 대량의 종이에 문자와 그림을 인쇄하는 기술이 중국에서 개발되어 지폐가 탄생했습니다.

지폐에는 여러 그림이 있는데, 인물이 그려진 것을 자주 볼 수 있습니다. 인물의 초상화를 그리는 것이 어렵고, 미묘한 차이도 쉽게 알아볼 수 있어서 지폐의 위조방지에 도움이 되기 때문입니다.

지폐 중에는 천이나 가죽으로 만들어진 것도 있습니다. 또 1988년에는 오스트레일리아에서 합성수지로 만든 '폴리머 지폐'가 개발되었습니다. 잘 찢어지거나 오염되지 않으며 위조도 어려워서 현재 세계 20개국이 넘는 나라에서 지폐로 사용하고 있습니다.

▶달러(캐나다)

5달러 지폐의 앞면에는 국제우주스테이션에 탑재된 캐나다암2와 우주비행사가 그려져 있다.

▶달러(미국)

5달러 지폐에는 제16대 대통령 링컨의 초상화가 그려져 있다.

▶콜론(코스타리카)

2000콜론 지폐 앞면에는 코스타리카의 바다가 그려져 있다.

▶달러(버뮤다)

가로보다 세로가 긴 디자인의 지폐. 2달러 지폐의 앞면에 그려져 있는 것은 개똥지빠귀이다.

▶달러(피지)

군사 정권하에 영국 연방의 자격을 정지당했을 때, 엘리자베스 여왕의 초상화에서 동식물로 바뀌었다.

▶솔(페루)

10솔 지폐의 앞면에는 거꾸로 날아가는 복엽기(날개가 2개인 비행기)가 그려져 있다.

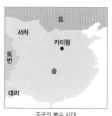

▶레알(브라질)

50레알 지폐의 앞면에는 재규어가 그려져 있다.

▶달러(뉴질랜드)

5달러 지폐의 앞면에는 노란눈펭귄이 그려져 있다.

세계에서 가장 오래된 지폐 '교자'

세계에서 가장 오래된 지폐는 10세기 현재의 중국 사천성에 있던 '북송'에서 만든 '교자'라는 지폐이다. 주화의 재료인 동을 채취하지 못해 철 화폐를 사용하였지만, 무겁고 쉽게 녹슬어서 인기가 없었다. 그래서 종이로 만든 돈을 생각하게 되었다. '위조지폐를 만들면 사형'이라는 경고문이 쓰여 있는 것도 있었다.

중국의 북송 시대

act.1 돈

세계의 주화

세계의 주화에는 어떤 것이 있을까요? 또 세계 최초로 만들어진 주화는 어떤 것이었을까요?

🌐 세계의 주요 주화

공통성과 개성이 공존하는 유로 주화

유럽연합(EU) 가맹국에서는 2002년부터 공동통화인 유로를 사용한다. 유로 주화의 한 면은 공통된 디자인이지만, 다른 한 면은 발행국에 따라 다른 디자인이다.

1유로의 공통된 면

유로의 각국마다 다른 면

 ▶이탈리아
라파엘로 산치오의 단테 알리기에리의 초상화

 ▶포르투갈
초대 포르투갈의 왕인 아폰수 엔히크스의 인장

 ▶핀란드
진들딸기의 잎과 열매

 ▶프랑스
자유, 평등, 우애를 상징하는 나무

 ▶그리스
황소로 변신한 제우스에게 유괴된 에우로페

 ▶아일랜드
아일랜드 전통 악기인 켈트의 하프

 ▶독일
독일 전통의 국조인 독수리

 ▶슬로바키아
슬로바키아를 상징하는 3개의 산 위의 이중 십자가(나라의 국장)

 ▶키프로스
기원전 3000년경의 십자 모양의 우상 조각 '포모스의 우상'

 ▶오스트리아
여성으로 노벨 평화상을 처음으로 수상한 베르타 폰 주트너

 ▶네덜란드
빌럼알렉산더르 국왕의 초상화

 ▶몰타
왕조 시대에 몰타를 나타내는 8개의 뾰족한 끝을 가진 십자가

 ▶슬로베니아
국가(國歌)인 「축배」의 가사 한 줄과 작사가인 프란체 프레셰렌

 ▶룩셈부르크
2000년부터 재위한 앙리 룩셈부르크 대공

 ▶리투아니아
나라의 문장인 백마를 타고 검을 휘두르는 기사 '비티스'

 ▶디람(모로코)
1/2디람 주화의 앞면에는 새로운 통신기술의 상징인 인공위성이 그려져 있다.

 ▶필스(아랍에미리트)
50필스 주화는 7각형 이다.

 ▶센타보(필리핀)
5센타보 주화는 숫자 '5' 가운데 구멍이 뚫려 있는 독특한 디자인이다.

한마디 메모 현재 주화의 기원은 기원전 7세기경의 리디아(현재 터키에 해당하는 지역)의 엘렉트럼(Electrum, 호박금) 주화라고 해. 이것은 천연의 금과 은의 합금 알갱이에 모양을 새겨 넣은 것이었는데, 초기의 것은 단순한 바둑판 모양뿐이었어.

주화에 관한 기록 중 가장 오래된 것은 지금으로부터 4,500년 전의 고대 메소포타미아의 주화입니다. 주화마다 가치를 정해두지 않고 금속의 무게를 가치의 단위로 사용했습니다.

기원전 14세기경 그려진 이집트의 벽화에도 금속의 무게를 재는 천칭이 그려져 있는 것이 발견되어, 고대 이집트도 메소포타미아와 같이 무게를 재서 사용하는 주화가 있었다는 것을 알 수 있었습니다.

현재는 세계 각국에서 주화가 발행됩니다. 여러 가지 그림이나 형태로 각 나라의 문화와 국민성을 나타내고 있습니다.

▶원(대한민국)
50원 주화 앞면 그림은 벼이삭이다.

▶펀(중화인민공화국)
1펀 주화 앞면에 '壺分'이라는 한자가 표기되어 있다.

▶센트(캐나다)
5센트 주화 앞면 그림은 비버이다.

▶센트(홍콩)
20센트 주화는 테두리가 물결 모양이다.

▶센트(미국)
10센트 주화 앞면의 그림은 제32대 대통령 프랭클린 루즈벨트다.

▶키나(파푸아뉴기니)
1키나 주화는 구멍이 뚫려 있고 그 주위를 악어가 둘러싸고 있다.

▶페소(멕시코)
5페소 주화 뒷면의 그림은 뱀을 문 독수리다.

▶센트(피지)
50센트 주화의 뒷면에는 피지의 전통 카누인 카마카우가 그려져 있다.

▶호주 달러(호주)
1달러 주화 앞면 그림은 캥거루다.

직경 3m의 돈 야푸섬의 돌 돈 '라푸'

서태평양 미크로네시아의 야프섬에는 '라이'라는 돌로 만들어진 돈, 즉 돌 돈이 있습니다. 직경은 30㎝부터 3m까지 다양합니다.

그런데 이 돌은 야프섬에서 캘 수 있는 돌이 아닙니다. 약 500㎞나 멀리 떨어진 파라오에서 카누와 뗏목으로 운반해 왔다고 하는데요.

실제로 돈으로는 유통되지 못하고 큰 것은 운반도 하지 못해 소유권만 이전했던 것으로 보입니다. 도쿄 히비야 공원에 가면 야푸섬에서 가져온 돌 돈을 볼 수 있습니다.

act.1 돈

일본의 지폐와 화폐(동전)

현재 일본에서는 어떤 지폐와 화폐(동전)를 발행하고 있는지 알아봅시다.

🍊 현재 발행되고 있는 지폐

앞   뒤

한마디 메모   5엔 동전에서 벼 이삭이 그려진 면의 구멍 주위를 둘러싸고 있는 올록볼록한 것은 톱니바퀴야. 그 밑에 '5엔'이라는 글자
배경의 가로줄은 물이고. 각각의 상징을 살펴보면 벼 이삭은 농업, 톱니바퀴는 공업, 물은 수산업을 의미해.

현재 일본에서는 4종류의 지폐와 6종류의 화폐(동전)를 발행하고 있습니다. 지폐는 독립행정법인인 국립인쇄국이 제조하고, 화폐는 독립행정법인인 조폐국이 제조하고 있죠. 2017년도에 제조한 지폐는 10,000엔권 12억 3,000만 장, 5,000엔권 2억 1만 장, 1,000엔권 15억 7,700만 장이 었습니다. 2000엔 지폐는 제조하지 않았고요. 동전은

500엔권 4억 2,000만 개, 100엔권 5억 4,400만 개, 50엔권 2,800만 개, 10엔권 1억 2,500개, 5엔권 3,300만 개, 1엔권 48만 개였습니다.

화폐(동전) 제조 수량은 재무성[5]이 시장의 유통 상황 등을 고려하면서 결정하지만, 전자화폐와 신용카드의 보급 등으로 감소하는 추세입니다.

지폐	1000엔	2000엔		5000엔	10000엔
명칭	E천엔권	D이천엔권		E오천엔권	E일만엔권
주된 그림 앞면	노구치 히데요	슈리성(오키나와)의 슈레이문		히구치 이치요	후쿠자와 유키치
주된 그림 뒷면	후지산, 벚꽃	스즈무시 그림과 설명		제비붓 꽃병풍	봉황상
치수 앞면	76mm	76mm		76mm	76mm
치수 뒷면	150mm	154mm		156mm	160mm
발행년도	헤이세이 16년(2004년)	헤이세이 12년(2000년)		헤이세이 16년(2004년)	헤이세이 16년(2004년)

지폐에는 각 장마다 알파벳과 숫자를 조합된 일련번호가 있는데, 현재 사용하는 1천 엔지폐와 1만 엔 지폐는 일련번호의 색이 검정인 것과 갈색인 것이 있어. 사용하는 숫자 등이 일순(一巡)[6]했기 때문에 색을 바꿔서 다시 사용하기로 했어.

현재 발행하는 화폐(동전)

(mm) / 앞면 / 뒷면

화폐(동전)	1엔	5엔	10엔	50엔	100엔	500엔
무늬 앞면	어린 나무	벼이삭, 톱니바퀴, 물	평등원봉황당, 당초	국화	벚꽃	오동나무
무늬 뒷면		떡잎	상록수			귤나무
제질	알루미늄	황동	청동	백동	백동	니켈,황동
직경	20.0mm	22.0mm	23.5mm	21.0mm	22.6mm	26.5mm
무게	1.0g	3.75g	4.5g	4.0g	4.8g	7.0g
발행년도	쇼와 30년(1955년)	쇼와 34년(1959년)	쇼와 34년(1959년)	쇼와 42년(1967년)	쇼와 42년(1967년)	헤이세이 12년(2000년)

이전에 발행된 50엔 주화는 지금 것보다 좀 더 크고 구멍도 뚫려 있지 않았어. 쇼와 42년(1967년)에 100엔 주화가 발행됐을 때 구별하기 어렵다는 이유로 지금과 같은 50엔 주화가 발행된 거야.

[5] 재정 확보, 세제 실현, 국고 관리, 통화와 외환 관리 업무 등을 담당하는 일본의 행정 기관.
[6] 일정한 순서나 경로를 한 번 돎.

通帳記入・通帳繰越

お預け入れ・お引き出し お振
通帳記入・残高照会・振替
平日15時以降、土・日祝日は、「現金」によるお振込みのご予

PASPY
チャージ対応ATM

通帳記帳・繰り越し機の
稼動時間は、
日 09:00～17:00
と成って居りますので
よろしくお願い致します。

PASPY
チャージ対応ATM

act.2 돈과 경제

요즘은 월급을 받을 때 현금을 수령하지 않고 은행 등의 계좌로 입금받습니다. 주는 쪽 입장에서도 큰 금액의 돈을 현금으로 준비하는 것은 수고스럽고, 받는 쪽 입장에서도 돈을 가지고 가는 도중 분실되거나 도난당할 위험성이 있기 때문입니다.

집세나 대출금의 변제, 공공요금의 지불 등은 신청을 해 두면 자동으로 계좌에서 인출되기 때문에 직접 은행 등에 현금을 가져가서 내지 않아도 됩니다.

최근에는 신용카드나 전자화폐가 보급되어 일상생활 중에 현금을 쓰는 일 자체가 줄어들고 있습니다. 극단적으로 말하면 현금을 가지고 있지 않아도 생활이 가능한 세상이 되어가고 있는 것입니다.

또한 최근 크게 화제가 되는 가상화폐도 눈에 보이지 않는 화폐입니다. 받을 때도, 사용할 때도 인터넷을 통한 데이터 교환뿐입니다.

그렇다면 돈과 경제는 어떤 관계이고, 앞으로 어떻게 될까요?

act.2 돈과 경제

어떻게 돈이 사용될까?

지폐를 '물건'으로 본다면 단지 '종이'에 불과합니다.
그렇다면 어떻게 종이로 쇼핑이 가능한 걸까요?

돈과 신용

이 돈에 물고기를 팔아.

그 돈에는 팔 수 없어.

교환 가능?
불가능?

돈은 받는 사람이 다른 데 가져갔을 때 같은 가치로 사용할 수 없으면 의미가 없어. 그래서 '널리 사용할 수 있다', '가치가 안정되어 있다'라는 신용이 필요해.

금본위제

이 금화로 물고기 팔래?

금으로 된 돈이라면 믿을 수 있지.

금은 가치가 널리 인정되고, 썩거나 녹슬지 않기 때문에 돈으로 사용하기에 적합했어.

어떻게 된 거야? 그렇게나 많은 금화를 메고.

헉 헉

집을 사려는데, 금화가 너무 무거워서...

금화는 돈으로 신용할 수 있지만, 큰 금액의 물건을 살 때 갖고 다니기는 힘들었어.

이 지폐는 꼭 정해진 양의 금과 교환합니다.

지폐라면 가지고 다니기 편하겠네요. 게다가 반드시 금과 교환해준다니 안심입니다.

중앙은행

금본위제를 할 때는 발행한 돈과 같은 액수의 금을 중앙은행이 보유하고 있어야 해.

돈을 통화가치의 기준으로써 지폐를 발행하는 중앙은행이 그 지폐와 같은 금액의 금을 교환해 주는 제도를 '금본위제'라고 해.

한마디 메모 금화는 금으로 만들어져 있어서 1개의 금액이 고액이라 일상생활에 적합하지 않았어. 또 화폐이지만 귀금속으로 모아두기 쉬워서 유통되기 어려운 성질도 있었어. 그래서 금본위제가 생겨난 거야.

돈을 발행한 중앙은행이 '1만 엔 지폐는 1만 엔 분의 금과 교환합니다'라고 보증했던 시대도 있었습니다. 이것을 금본위제라고 합니다. 금은 그 가치를 널리 인정받고 있기 때문에 '반드시 정해진 양의 금과 교환해 받는다'라는 것이 신용의 증거가 되었습니다.

그러나 그러기 위해서는 중앙은행이 대량의 금을 보유하고 있어야 했습니다. 또 경제가 발전해서 많은 돈이 필요하게 되어도 간단하게 늘릴 수는 없습니다. 그렇게 이 금본위제가 한계에 다다르자 각국은 법률에 의한 규제를 하면서 자국의 경제력에 맞는 양의 돈을 발행하는 관리통화제도를 행하게 되었습니다. 현재는 그 나라의 경제력이 돈의 신용을 뒷받침하게 되었습니다.

🌐 관리통화제도

경기가 좋아졌으니
돈을 더 발행해!

그렇게 많은 금을 가지고 있지
않아서 이 이상은 발행할 수 없습니다.

금본위제에서는 중앙은행이
보유한 금 이상의 돈을 발행
하는 것이 불가능해.

세계 각국

전쟁 비용을 구하기
위해 금을 전부 팔아
버려서 금이
부족해졌어!

전쟁이
끝나서
안정되었네.
경제력도
생겼어.

달러는
금본위제로
안심할 수
있으니
지금 달러
를 사두자.

금은 충분히
있으니까
금본위제를
지속할 수 있어.

미국

베트남 전쟁이 시작되면서 돈도
들었고, 미국 내에서는 인플레이션[7]이
되어 버렸다.

아무리 돈을 발행해도
점점 해외로 새어 나가 버리네.
보유하고 있던 금이 모자랄 것
같아!

달러와 금의
교환을 일시적으로
정지합니다!

달러와 각국의
통화와 교환비율을
정해서 달러를 금과
같이 생각합시다.

제2차 세계 대전 후반, 금을 시중에 내놓아 금본위제도의 유지가 어려워지는 나라가 생겼다. 반면 미국은 자국이 전쟁터가 되지 않았기에 금본위제를 유지하기 위한 충분한 양의 금을 보유하고 있었다. 그래서 주요국이 금과 함께 미국의 달러를 중심으로 하는 고정 상장제도로 '금달러본위제'를 행하고 있다.

닉슨

뭐라고!

미국의 닉슨 대통령이 1971년에 금과 달러의 교환 정지를 담은 신경제 정책을 발표하였는데, 이를 '닉슨 쇼크'라고 한다. 미국은 재정 적자와 달러 유출이 계속되어 금본위제를 유지하기 어려워졌다.

경제가 발달하면
금본위제는 여러 가
지 무리가 있네

그래도 중앙은행이 점점
많은 돈을 발행해 버리면
경제가 혼란스러워져.

돈을 발행하는 규칙을 법률
로 정해서 법률에 의해 관
리하면서 돈을 발행하자.

현재 돈은 그 나라의 경제
에 맞는 양을 발행하고 있
어. 또 경제의 실태보다
많은 돈을 발행하면 돈이
신용을 잃어 가치가 떨어
져버려.

7 통화량이 팽창하여 화폐 가치가 떨어지고 물가가 계속 올라 일반 대중의 실질적 소득이 감소하는 현상.

돈은 어느 기관에서 발행할까?

누구든지 돈을 발행할 수 있는 것은 아닙니다. 일본에서 돈을 발행할 수 있는 곳은 어디일까요?

💰 화폐(동전)의 발행

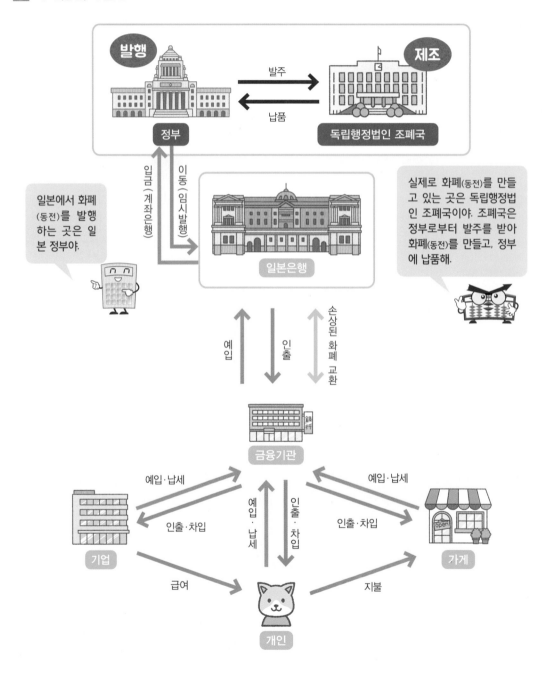

발행
발주
납품
제조
정부
독립행정법인 조폐국

일본에서 화폐(동전)를 발행하는 곳은 일본 정부야.

입금(계좌은행)
이동(임시발행)

일본은행

실제로 화폐(동전)를 만들고 있는 곳은 독립행정법인 조폐국이야. 조폐국은 정부로부터 발주를 받아 화폐(동전)를 만들고, 정부에 납품해.

예입
인출
손상된 화폐 교환

금융기관

예입·납세
인출·차입
기업

예입·납세
인출·차입
가게

예입·납세
인출·차입

급여
개인
지불

한마디 메모　동전을 만드는 조폐국은 에도 시대의 긴자 관청, 긴자 관청의 흐름을 이어받았지만, 지폐를 만드는 국립인쇄국은 메이지 시대부터 생겼어. 지폐 외에 인지, 수입증지, 우표 등도 국립인쇄국에서 인쇄하고 있어.

일본 지폐에는 '일본은행권'이라고 쓰여 있습니다. 일본 은행이 발행한다는 뜻이죠. 일본은행이 일본은행권, 즉 일본의 지폐를 발행하는 것은 일본법에 의해 정해져 있는데요. 만약 정부가 지폐를 발행한다면 정부의 사정에 맞춰 발행량을 정해버리는 위험이 있기 때문에 은행이 지폐 발행을 맡게 된 것입니다.

반면, 1엔 동전, 5엔 동전을 자세히 보면 '일본국'이라고 쓰여 있습니다. 일본 정부가 발행한다는 의미입니다. 동전은 액면가가 작으므로 그 발행량이 경제에 영향을 끼치는 일이 거의 없습니다. 그래서 정부가 직접 발행해도 문제가 없다고 보는 것입니다.

🪙 지폐의 발행

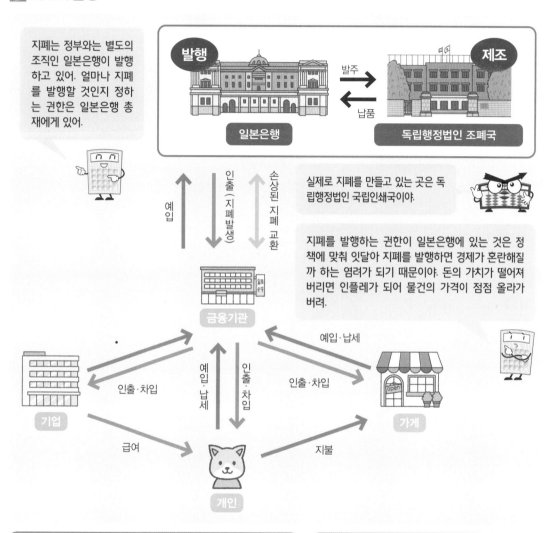

지폐는 정부와는 별도의 조직인 일본은행이 발행하고 있어. 얼마나 지폐를 발행할 것인지 정하는 권한은 일본은행 총재에게 있어.

실제로 지폐를 만들고 있는 곳은 독립행정법인 국립인쇄국이야.

지폐를 발행하는 권한이 일본은행에 있는 것은 정책에 맞춰 잇달아 지폐를 발행하면 경제가 혼란해질까 하는 염려가 되기 때문이야. 돈의 가치가 떨어져버리면 인플레가 되어 물건의 가격이 점점 올라가버려.

📝 경제노트

독립행정법인 조폐국

조폐국은 올림픽과 같은 큰 행사 등에 맞춰 발행하는 기념 주화를 만들며, 정교한 금속가공기술을 갖추고 있어서 훈장, 포장(褒章)도 만듭니다. 국민 영예상의 기념 상패나 일본에서 개최하는 올림픽 수상 메달도 조폐국에서 만들지요. 또 민간으로부터 의뢰받은 금·은·백금(플라티늄)의 비율(순노)을 조사해 증명하거나 귀금속 소재를 정제하여 순도 높은 소재로 만들기도, 또 보다 순도 높은 금속으로 제조하는 일도 합니다.

📝 경제노트

일본의 지폐

일본의 지폐 제조에는 일본의 종이 만들기 기술이 쓰입니다. 원료로는 삼지닥나무와 마닐라삼 등이 쓰이는데, 삼지닥나무는 옛날부터 일본 종이의 원료로 이용되어 왔습니다. 현재 지폐에 사용하는 삼지닥나무를 생산하는 곳은 농가의 고령화와 후계자 부족 등으로 오카야마현, 후쿠시마현, 시마네현뿐이라서 부족한 나무는 네팔과 중국에서 수입한다고 합니다.

act.2 돈과 경제

돈이 종잇조각이 되는 날 ①

만약 당신이 가지고 있는 돈이 종잇조각이 된다면 어떻게 하겠습니까? 실제로 그런 일들이 있었습니다. 우선 독일을 예로 들어봅시다.

🟠 독일의 하이퍼인플레이션(초인플레이션)

인플레이션은 돈의 가치가 떨어지는 거야. 돈의 가치가 떨어지면 물건의 가격이 올라가. 인플레이션의 기세가 맹렬하게 진행되는 것을 하이퍼인플레이션이라고 해.

●독일지폐가 종잇조각으로

프랑스와 벨기에는 제1차 세계 대전에 진 독일에 대해 거액의 배상금을 지불하고 독일 서부 루르 지방에서 산출되는 석탄을 무상으로 공급하라고 요구했습니다. 그러나 독일 재정이 어려워져 배상금의 지불이 연체되었고, 채탄 능력 저하로 인해 정해진 양의 반도 공급할 수 없었습니다. 결국 프랑스는 1923년 4월에 루르 지방을 점령했고, 벨기에도 이를 지지했습니다. 이것을 발단으로 독일에서는 지금까지 진행해오던 인플레이션이 가속화되었습니다. 같은 해 6월이 되자 돈의 유통량은 제1차 세계 대전 전의 2,000배까지 늘어 물가수준이 2만 5000배를 넘어버린 것입니다. 간단한 쇼핑에도 많은 돈이 필요했고 빵 1개가 1조 마르크나 되어 100조 마르크짜리 지폐를 발행하는 사태가 생겼습니다. 이 시기의 마르크를 '파피어마르크(종잇조각 마르크)'라고 합니다.

이러한 독일의 하이퍼인플레이션은 11월 15일에 렌텐은행이 은행권 '렌텐마르크'를 발행하는 것으로 정지됐습니다. 렌텐마르크는 정식적인 통화는 아니었지만 부동산과 공업 기계를 담보로 하는 렌텐 채권과 교환하는 것이 가능했습니다.

한마디 메모 '인플레'의 어원은 팽창, 팽만, 늘림 등의 의미를 지닌 영어 단어 '인플레이션(inflation)'이야. 경제의 세계에서 인플레는 정확히 말하면 화폐의 팽창(monetary inflation)이야.

우리가 일상생활을 보내는 중에도 물건의 가격은 조금씩 변화합니다. '최근 채소 값이 오르고 있네', '세일을 해서 스웨터가 싸졌네' 등의 이야기를 한 적도 있겠죠. 이런 일상적인 변화는 '일기불순으로 채소를 얼마 수확하지 못해서'나 '팔고 남은 상품을 빨리 팔아버리고 싶으니까'라는 이유가 있습니다. 돈의 가치가 변하는 것은 아닙니다.

한편, 돈의 가치가 떨어져 같은 물건이라도 지금보다 더 많은 돈을 내지 않으면 살 수 없는 상태를 '인플레이션(인플레)'이라고 합니다.

인플레가 급격하게 진행되면, 돈은 종잇조각과 같게 되어 사회는 대혼란에 빠져버립니다.

●독일에서 하이퍼인플레이션이 일어났을 때

지폐를 세는 것이 힘들어서 지폐는 장 수가 아니라 무게로 거래되었다.

커피 한 잔을 마시는 데 캐리어 한 개 분의 지폐가 필요했다. 그런데 커피를 다 마실 즈음에는 캐리어 두 개 분의 지폐가 필요하게 되었다.

장작을 사러 가는 것보다, 지폐를 태우는 것이 싸게 먹혔다.

월급제로는 물가 상승을 따라잡을 수 없어서 주급제가 되었고, 곧 당일 지급제가 되었다.

이런 일들이 전부 진짜 일어난 일인지 어떤지는 모르지만, 이런 이야기가 생겨난 것이 이상하지 않을 정도로 격심한 인플레였어.

●독일 우편요금의 추이

요금개정일	우편요금	요금개정일	우편요금
1922년 1월 1일	2	9월 1일	75,000
7월 1일	3	9월 20일	250,000
10월 1일	6	10월 1일	2,000,000
11월 15일	12	10월10일	5,000,000
12월 15일	25	10월 20일	10,000,000
1923년 1월 15일	50	11월 1일	100,000,000
3월 1일	100	11월 5일	1,000,000,000
1920년 7월 1일	300	11월 12일	10,000,000,000
8월 1일	1,000	11월 20일	20,000,000,000
8월 24일	20,000	11월 26일	80,000,000,000
		12월 1일	100,000,000,000

불과 2년 사이에 500억 배

우편요금은 국내서장(50g까지)의 요금(마르크)

●하이퍼인플레 상태란?

하이퍼인플레 상태에서는 물가가 지나치게 올라버리면 고액의 지폐라도 종잇조각에 불과합니다. 어떤 상태를 하이퍼인플레라고 할까요? 3년간의 누계 인플레율이 100%를 넘은 경우, 월의 인플레율이 50%를 넘은 경우(1년간 물가가 1% 상승했을 때, 인플레율이 1%라고 나타냅니다) 등 몇 개의 기준이 있습니다.

돈이 종잇조각이 되는 날 ②

우리들이 '사용하는 게 당연'하다고 생각하는 지폐. 물론 신용할 수 있기 때문에 돈으로서 사용하는 것이지만, 어느 날 갑자기 돈을 사용할 수 없게 되는 경우도 있습니다.

🕐 일본 엔의 신권 변경

한마디 메모 경기가 급격히 나빠져 대규모의 기업 도산과 실업이 연달아 발생해 경제가 혼란에 빠지는 것을 공황이라고 해. 공황은 경기가 좋을 때 설비투자를 진행해서 과잉 생산한 탓에 가격이 폭락하게 되면 일어나.

현재 통화제도의 근본에는 중앙은행이 발행한 '은행권'을 돈으로 사용할 수 있다는 그 나라 정부의 보증이 있습니다. 그러나 그것은 반대로 생각하면 정부가 보증을 그만두면 돈이 돈으로 사용될 수 없고 종잇조각이 된다는 뜻이 됩니다.

만약 그런 일을 한다면 그 나라에 대한 신용은 눈 깜짝할 사이에 사라져 버립니다.

좀처럼 일어나는 일은 아니지만 돈의 가치가 떨어지는 인플레가 심해질 경우나 위조지폐, 탈세의 횡행, 정세 불안 등으로 돈에 대한 신용이 현저히 저하한 경우에 그 돈의 사용에 제한을 거는 등 체제를 재정비하는 경우가 몇 차례 있었습니다.

🟠 인도의 지폐 폐지

원래의 지폐를 폐지한다면 위조지폐도 사용할 수 없게 되지.

탈세한 사람은 돈을 은행에 맡기면 들켜 버리기 때문에 현금으로 숨겨 놓는 경우가 많았어.

① 위조지폐가 대량으로 나돌고 있습니다.

탈세로 번 돈을 현금으로 숨겨서 가지고 있는 사람이 늘고 있습니다.

음…

인도 정부 / 모디 총리

일본에서도 제2차 세계 대전 이후 물자 부족이 계속되는 와중에 군인 퇴직금 지급 등으로 시장에 유통되는 돈이 늘어났어. 하이퍼인플레이션 상태에 이른 거지. 그래서 정부가 유통되는 돈의 양을 줄이기 위해 1946년 2월 16일 신일본 은행권을 발행하고 예금 인출 제한 등을 발표했어.

② 그래! 그런 돈을 사용할 수 없게 하면 되는 거야!

사실 신일본 은행권 발행은 예전부터 준비했던 건데 갑자기 반년 정도 빠르게 실시하게 된 것이지. 그러다 보니 새 지폐를 인쇄할 시간도 부족해졌고. 결국 지금까지 사용하던 지폐에 인지를 붙여서 새로운 지폐로 사용했지.

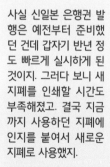

인지

③ 2016년 11월 8일 오후 8시

500루피 지폐와 1000루피 지폐는 4시간 후인 11월 9일 오전 0시에 폐지합니다.
지금 가지고 있는 지폐는 그전까지 은행에 맡기면 나중에 새로운 지폐로 교환할 수 있습니다.

뭐라고!!!

어떡해!!!

인도 시민 / 위조지폐범과 탈세하던 부유층

현금카드와 신용카드

금융기관의 현금카드와 카드회사의 신용카드는 매우 비슷하지만 엄연히 다른 성질을 가지고 있습니다. 어떤 차이가 있을까요?

👛 여러 가지 카드

현금카드

입금(현금)
인출(현금)

은행

소비자의 거래은행

소비자

현금카드는 은행 등의 금융기관의 계좌를 갖고 있는 사람이 ATM(현금자동지급기)에서 현금을 인출할 수 있는 카드야. ATM은 금융기관은 물론, 역이나 편의점 등에도 설치되어 있어 편리하지.

신용카드

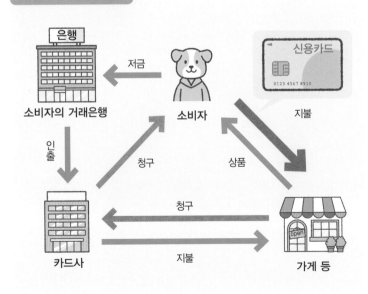

은행

소비자의 거래은행

소비자

저금

인출

청구

지불

상품

청구

카드사

가게 등

지불

신용카드는 후불이 가능한 카드야. 신용카드 회사가 먼저 돈을 지불하면 나중에 은행계좌에서 이체되어 지불되지. 후불이기 때문에 나도 모르게 너무 사용해 버려서 나중에 힘들어하는 사람도 있어.

한마디 메모　1950년 미국의 맥나마라가 지갑을 잊고 레스토랑에 갔던 경험에서 신용카드 회사 '다이너스 클럽'을 만들었다는 말이 있지만, 19세기 말에는 신용회사의 원형이 있었다고 해.

현대인은 은행 일을 보거나 쇼핑을 하는 등 여러 상황에서 현금카드와 신용카드를 사용합니다.
현금카드는 은행이 발행하기 때문에 통장이 없어도 ATM(현금자동지급기)에서 돈을 맡기고 찾고 이체할 수 있는 카드입니다. 반면 신용카드는 나중에 카드회사를 통해 지불하는 카드인 것이지요.

또한 현금카드는 계좌에 들어 있는 돈 이상으로 사용할 수 없습니다. 반면, 신용카드는 후불로 지불하는 방식이기 때문에 계좌에 돈이 들어 있지 않아도 사용할 수 있다는 편리함이 있습니다. 그러나 지불할 수 있는 금액 이상으로 사용하게 되는 위험성도 있습니다.

직불카드

직불카드와 신용카드의 차이

직불카드

- 일시불만 가능
- 계좌에서 바로 인출
- 계좌 잔액 파악 가능

신용카드

- 할부와 일시불 선택 가능
- 다음 달 계좌에서 인출
- 계좌 잔액을 파악하기 힘듦

직불카드는 물건을 구매할 때 신용카드처럼 쓸 수 있어. 차이는 네트워크를 통해 은행 계좌에서 바로 대금이 빠져나간다는 거야. 단, 이때 계좌에 돈이 들어 있지 않으면 쓸 수 없어.

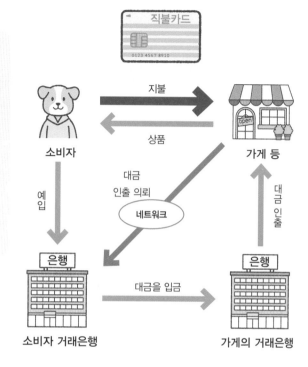

직불카드

0123 4567 8910

소비자 — 지불 → 가게 등
가게 등 — 상품 → 소비자

예입

대금 인출 의뢰
네트워크

대금 인출

은행
은행

소비자 거래은행 — 대금을 입금 → 가게의 거래은행

일체형 카드

← 이쪽 방향으로 ATM에 넣으면 현금카드로 사용 가능

0123 4567 8910

이쪽 방향으로 ATM에 넣으면 → 신용카드로 사용 가능

현금카드 중에는 신용카드의 기능을 가진 카드도 있어. ATM에 넣는 방향에 따라 구분해서 사용할 수 있어.

현금대출이 가능한 신용카드

신용카드 중에는 은행의 ATM에서 현금대출(돈을 빌리는)이 가능한 카드도 있어.

현금카드로 착각해서 현금 대출을 받으면, 나중에 엄청난 이자가 더해진 금액을 갚아야 해.

act.2 돈과 경제

선불카드

쇼핑을 할 때, 현금이 아니라 전자화폐나 상품권으로 지불하는 경우도 있습니다. 이것을 선불카드라고 합니다. 선불카드에는 어떤 것이 있을까요?

⏱ 돈이 아닌 돈, 선불카드

종이 형태

`구체적인 예` 백화점 상품권, 문화상품권, 상품권 등

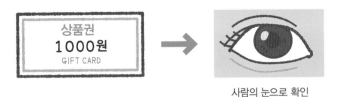

사람의 눈으로 확인

'프리페이드'란 '선불' 이란 의미야. 선불에도 여러 종류가 있지만, 미리 지불한 금액을 어떻게 기록해 두느냐로 분류하는 것이 가능해.

백화점 상품권과 문화상품권 등은 종이에 금액 등이 인쇄되어 있어서 그 금액만큼의 돈을 대신해서 사용할 수 있어. 그러나 잔돈을 받을 수 없는 경우도 많아.

마그네틱 형태

`구체적인 예` 커피숍 리워드 카드 등

마그네틱에 전자정보를 기록

단말기로 확인

전화카드나 교통카드 등은 마그네틱에 잔고 등의 전자정보를 기록해. 잔고가 없어질 때까지 몇 번이고 사용할 수 있어.

IC 형태

`구체적인 예` 교통카드 등

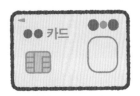

IC칩에 전자정보(평가)를 기록

단말기로 확인

교통카드 같은 IC 형태는 카드에 심어져 있는 IC에 잔고 등의 전자정보를 기록해.
IC에는 매우 많은 정보를 저장할 수 있어서 기차의 좌석 지정권이나 기업의 사원증으로도 사용할 수 있어.

`한마디 메모` 선불카드가 종이 형태, 마그네틱 형태, IC 형태로 변화해 온 과정에는 정보량과 편리함은 물론 위조 방지도 밀접하게 연관되어 있어. 특히, 마그네틱 형태는 비교적 간단하게 위조할 수 있어서 사회문제가 된 적도 있어.

장을 볼 때 현금을 사용하는 일이 줄어들고 있습니다. 신용카드나 전자식 선불카드 등이 보급되었기 때문입니다. 현금으로 지불하려면 직접 은행에 가서 현금을 인출해두거나, 집에 어느 정도 현금을 가지고 있어야 합니다. 또 소액을 지불할 때 큰 금액의 지폐만 가지고 있어 곤란해지기도 하고 반대로 잔돈을 동전으로 받아 무거워지기도 합니다.

반면, 현금 외의 지불 방식은 편리하지만 현금에 비교해서 돈을 사용하는 감각이 둔해지므로 과소비를 하거나 잔고를 알 수 없어서 써야 할 때 사용할 수 없는 경우가 생기기도 하니 주의가 필요합니다.

서버형

구체적인 예 카페 선불카드, 웹머니, 비트코인 등

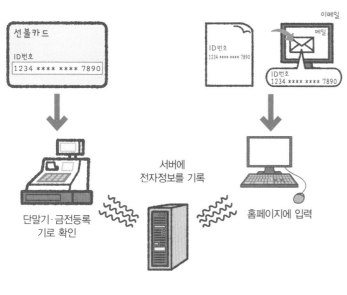

서버에 전자정보를 기록

단말기·금전등록기로 확인

홈페이지에 입력

편의점 등에서 파는 스크래치식 선불카드는 인터넷에 연결된 서버에 잔고 등의 정보가 기록되어 있어. ID 번호만으로 결제할 수 있기 때문에 인터넷상의 결제에도 편리해.

지금 바빠서 편의점에 갈 수 없어. 나 대신 편의점에 가서 카드를 사고 번호를 알려줘!

🍊 현금 이외의 것으로 결제하는 비율이 높은 나라는?

90%

한국	
싱가포르	56.5
스웨덴	48.7
러시아	39.0
인도	37.6
벨기에	37.2
프랑스	31.8
브라질	28.7
스위스	23.2
일본	18.3
독일	14.9

■ 신용카드
■ 직불카드
■ 전자머니(프리페이드카드)

0   20   40   60   80   100 (%)

* 출처 : 일본신용협회, 2015년

서버형 선불카드는 ID 번호만으로도 사용할 수 있어. 간단하지만 그 편리함을 역으로 이용한 사기 사건 등도 일어나기 쉬워서 주의가 필요해.

이전에는 마그네틱형 선불카드를 많이 사용하였지만, 최근에는 IC형 선불카드가 기록 가능한 정보도 많고 기계에 넣지 않아도 사용할 수 있어 널리 보급되고 있어.

대한민국은 90% 이상이 어떤 종류의 카드라도 사용해서 결제해. 현금을 사용하는 것이 이상할 정도야.

act.2 돈과 경제

미래의 통화·가상화폐 ①

'가상화폐'가 널리 퍼지고 있습니다. 가상화폐라는 것은 대체 어떤 것일까요? 또 지금까지 발행된 실제 화폐와는 어떤 차이가 있을까요?

🕐 가상화폐는?

가상화폐 대다수가 암호이론을 이용하여 전자적으로 발행돼.

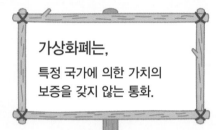
가상화폐는,
특정 국가에 의한 가치의 보증을 갖지 않는 통화.

일본의 '자금결제에 관한 법률'에서는 이렇게 가상화폐를 정의하고 있어.

가상화폐의 정의
- 인터넷을 통해 불특정 다수의 사람 사이에서 물건을 사거나 서비스를 받거나 할 때의 지불에 사용할 수 있다.
- 실제 발행되고 있는 통화와 교환할 수 있다.

🕐 실제의 통화와 전자화폐, 가상화폐의 차이

	국제통화	전자화폐	가상화폐
발행	나라 (중앙은행)	각 사업자	프로그램에 따라 마이닝하는 개개인
발행 한도액	없음	없음	있음
관리	국가	각 사업자	프로그램, 세계의 이용자
지폐·화폐	있음	간접적으로 있음	없음
실제 결제	쓸 수 있음	쓸 수 있음	쓸 수 있음
신용력	국가의 신용	기업의 신용	기술의 신용

실제의 통화와 가상화폐의 가장 큰 차이는 발행과 관리가 국가에 의해 행해지는가의 여부야.
인터넷의 발달에 의해 국가와 국경의 의미가 변화하는 속에서 국가에 의해 관리되어 온 통화 제도에 얽매이지 않는 새로운 통화를 원하는 사람들이 늘어 가상화폐가 생겨났어.

한마디 메모　가상화폐를 실제로 처음 사용한 것은 2010년 미국에서 였어. 이때 미국의 피자가게에서 피자 2판을 10,000BTC(비트코인)에 팔았다는 이야기가 널리 퍼졌지만, 비트코인으로 피자를 교환하자는 말을 들은 친구가 10,000BTC를 받아서 현금으로 피자를 샀졌다는 것이 진짜 이야기야.

가상화폐는 컴퓨터 및 프로그래밍 기술의 진보와 인터넷의 발달에 의해 생겨났습니다.
또 지금까지 국가(중앙은행)가 발행한 실제의 통화(법정통화)와 달리, 프로그램에 의해 발행된 것입니다. 지폐나 화폐와 같은 '형태'가 없어서 환상의 돈으로 여겨지지만, 데이터로서 '있다'라는 것입니다.

가상화폐도 실제 통화와 같이 맘대로 계속 만들어내는 것은 불가능합니다. 또 국가가 관여하지 않아도 전 세계의 사람들이 인터넷상에서 '감시'하는 구조(블록체인)를 가지고 있습니다. 이것에 의해 '통화'로서 신용을 얻고 있습니다.

가상화폐 발행의 구조

[금의 경우]

[가상화폐의 경우]

● 가상화폐의 발행과 관리 등의 운용

가상화폐의 발행과 관리 등의 비용은 컴퓨터에 의한 방대한 '계산'에 의해 성립합니다. 그 계산은 1대의 컴퓨터가 아니라 세계 속의 컴퓨터에 의해 행해집니다.
이 운용을 위한 계산에 컴퓨터를 제공하면 (인터넷 경유로 사용할 수 있게 함) 그 보수로 발행된 가상화폐를 받을 수 있습니다.
금 등을 채굴해서 보수를 받는 것과 비슷해서 '마이닝(채굴)'이라고 합니다.

'마이닝'은 인터넷에 연결된 컴퓨터만 가지고 있다면 누구라도 참가할 수 있지만, 싼 전력과 고속으로 움직이는 컴퓨터를 사용하지 않으면 좀처럼 채산이 맞지 않아. 그래서 최근에는 전문기업 등이 행하는 경우가 많다고 해.

용어 체크

블록체인▷비트코인 등 가상화폐가 낳은 기술이다. 좁은 의미로 블록체인은 'A씨로부터 B씨에게 BTC를 송금했다. C씨로부터 D씨에게 BTC를 송금했다'라는 트랜색션(거래)의 정부를 '블록(무리)'으로 만들어 그것을 '체인(사슬)'으로 연결해서 모은 것인데, 이 블록체인을 참가자 전원이 공유해서 각자 복사본을 보유하는 것으로 거래 기록을 몰래 변경하는 부정행위를 저지한다. 이 기술의 고안으로 인해 비트코인 등의 가상통화가 생겨났다.

미래의 통화·가상화폐 ②

새롭게 태어난 가상화폐는 지금까지의 실제 화폐에는 없었던 장점이 있습니다. 그러나 한편으로는 주의가 필요합니다. 가상화폐의 장점과 단점을 알아봅시다.

🔘 가상화폐의 장점과 단점

● 가상화폐는 국가의 정책과 사정의 영향을 받기 어렵다

1. 여우왕국과 전쟁이 벌어졌다. 우리 나라의 통화 '곰달러' 지폐를 계속 발행해서 전쟁 비용으로 쓰자.

2. 인플레이션이 발생했어. 돈의 가치가 떨어졌어.

3. 어제까지 빵 1개를 1곰달러로 살 수 있었는데, 오늘은 2곰달러가 되어 버렸어! 1개/2곰달러

4. 나라가 불안정해. 미래를 알 수 없으니 불안해.

5. 수입할 때 곰달러로 지불하려고 하니 "꼭 그렇게 하려면 2배의 금액을 내"라는 말을 들었어. 2배 외제 외제 외제

국가와 중앙은행이 발행하는 지금까지의 돈은 국가의 정책이나 사정에 의해 영향을 받기 쉬웠어. 때로는 갑자기 사용할 수 없었던 적도 있었어.

6. 가상화폐 '베어코인'을 만들었어.

7. 가상화폐는 맘대로 발행량을 늘릴 수 없으니 인플레가 일어나기 힘들어.

국가와 상관없으니 베어코인의 가치는 변하지 않아.

8. 베어코인으로 지불하면 가격이 오르지 않았어. 반짝 반짝

전쟁이 났을 때 전쟁비용을 조달할 목적으로 국가가 지폐를 계속해서 인쇄했던 적도 있었어. 그래서 하이퍼인플레가 되어 국민 생활이 엉망진창이 되었지. 이와 달리 가상화폐는 멋대로 발행량을 못 늘리는 구조야.

한마디 메모 일본의 대기업이나 은행도 가상화폐에 속속 참가하고 있어. 가상화폐가 급속히 보급된다고 생각하는 사람이 많아졌거든. 신용카드 결제로 사업자 측이 부담하는 수수료(일본은 5% 정도, 대한민국은 2% 정도)가 가상화폐 결제라면 거의 들지 않기 때문에 기업 측에도 큰 이익이지.

가상화폐는 지금까지의 화폐와 비교해서 여러 가지 장점이 있습니다.

가장 큰 장점은 국가의 영향을 받기 어렵다는 것입니다. 가상화폐는 국가가 발행 관리하는 것이 아니기 때문에 국가의 의도에 좌우되는 위험이 적습니다. 또 실제 돈과 비교해서 송금을 쉽게 할 수 있는 것도 큰 특징입니다.

특히 경을 넘는 거래에는 소요 시간이나 수수료면에서도 매우 편리합니다.

한편, 실제로 사용할 수 있는 가게가 아직 한정되어 있는 불편함도 있습니다.

또 투기의 목적으로 매매하는 경우도 많아서 시세가 불안정한 것에 주의가 필요합니다.

●가상화폐는 송금이 간단

인터넷으로 외국 가게에서 물건을 사려는데, 곰달러를 외국 돈으로 바꿔서 송금해야 된대.

곰달러는 환전수수료와 송금수수료가 드네.

환전
＋
수수료

가상화폐는 송금수수료만 들어.

가상화폐는 국경과 관계없이 인터넷을 경유해서 바로 보낼 수 있어서 쉽고 수수료도 얼마 들지 않아.

●가상화폐는 갑자기 가격이 오르거나 내리거나 하는 경우도 있다

가상화폐라면 국경을 넘어선 경제활동도 간단하게 할 수 있고, 국가의 사정이나 정치적인 영향을 걱정하지 않고 사용할 수 있지. 이상적인 화폐가 생겼어!

가상화폐를 잘 알지는 못하지만 지금 사 두면 가격이 올라서 돈을 벌 수 있나봐.

어제 100곰달러로 100베어코인을 샀는데 오늘 100베어코인이 150곰달러가 됐어! 이대로라면 내일은 200곰달러가 될지도 몰라!

다음 날

어떡해, 오늘은 80곰 달러가 돼 버렸어.

150
↓
80

가상화폐는 특정된 국가와 기관, 회사 등이 발행하는 것이 아니라서 어디도 보증해주지 않아.

중앙은행이 발행한 돈을 사용할 수 있는 것은 법률로 보증하고 있습니다.

중앙은행

법률

곰달러

세계통화

임원

우리는 정식적인 화폐인 곰달러 시세가 불안정해지지 않도록 하기 위해 여러 대책을 세웠습니다.

많은 이들이 가치를 인정하고 가지려고 해서 가상화폐의 가격이 올랐어. 그러자 가상화폐로 돈을 벌 수 있다고 생각하는 이들이 투기 목적으로 사들였고, 그 탓에 가격이 심하게 변동하는 경우가 생겼어.

가상화폐는 국가의 관리나 간섭을 받기 힘든 동시에 보증도 받을 수 없어. 또 관리나 거래가 인터넷을 경유해서 행해지기 때문에 해킹(컴퓨터에 부정 침입) 등의 피해를 받을 위험도 있어.

act.2 돈과 경제

여러 가지 가상화폐와 비트코인

가상화폐에는 어떤 것이 있을까요? 또 대표적인 가상화폐인 비트코인은 어떤 특징을 가지고 있을까요?

여러 가지 가상화폐

비트코인
▷ 단위 : BTC
▷ 세계 최초로 생겼고, 시장 규모도 최대인 가상화폐

Ethereum 이더리움
▷ 단위 : ETH
▷ 19세의 비탈릭 부테린이 창설. 프로젝트 이더리움에서 생겨났다. 일본의 은행, 자동차 회사 등도 연구에 참여했다.

Ripple 리플

▷ 단위 : XRP
▷ 구글의 자회사가 출자한 리플사에 의해 중앙집권적으로 발행. 결제 속도가 빠르고 화폐 간에 다리가 되는 '브릿지 화폐'의 기능을 갖고 세계의 주요 금융기관이 제휴를 진행하고 있다.

Bitcoin Cash 비트코인 캐시
▷ 단위 : BCH
▷ 세계 최대의 채굴머신 유통사인 비트메인(Bitmain)사의 CEO인 지하우씨가 비트코인에서 나와서 생겨났다. 한꺼번에 많은 데이터를 처리하는 것이 가능.

Litecoin 라이트코인

▷ 단위 : LTC
▷ 비트코인과 나란히 역사와 신뢰가 있는 가상화폐. 거래승인 속도가 비트코인의 약 4배. 개발자는 '비트코인이 금화라면 라이트코인은 은화'라고 표현.

Cardano 카르다노
▷ 단위 : ADA
▷ 2017년 10월에 탄생한 가상화폐. 카르다노재단이 제공하는 '온라인 카지노'에서 사용할 예정의 가상화폐. 일본에서는 온라인 카지노는 위법.

Stellar Lumen 스텔라루멘
STELLAR
▷ 단위 : XLM
▷ 2014년 7월31일 마운트곡스의 창립자이고 리플의 개발자였던 제드 맥케일럽씨가 리플을 바탕으로 개발한 가상화폐. 개인을 대상으로 한 송금 및 결제 시스템.

Iota 아이오타
▷ 단위 : MIOTA
▷ 블록체인을 사용하지 않고 Iot(Internet of things/사물인터넷)에 특화된 새로운 가상화폐.

Ethereum Classic 이더리움 클래식
▷ 단위 : ETC
▷ 이더리움 프로젝트에서 만들어낸 가상화폐THE DAO가 당시의 시세로 약 52억 엔을 도난당한 것을 계기로 2016년에 이더리움에서 나와 등록한 가상화폐.

Neo 네오
NEO
▷ 단위 : NEO
▷ '중국의 이더리움'이라 불리는 가상화폐. 2017년에 명칭을 'Antsharea(ANS)'에서 변경했다. 중국의 거대 IT기업 알리바바 등이 관여하고 있다고 한다.

Nem 넴
nem
▷ 단위 : XEM
▷ 신규 발행할 때 마이닝(채굴)이 아니라 하베스팅(수확)을 이용해 많은 전력을 사용하지 않는 것이 특징. 2018년 대량 유출 사건으로 주목받았다.

> 가상화폐라면 비트코인이 유명하지만 전부 약 1600종류(2018년 2월 기준)가 있어. 특징도 각각 다르고 리스크의 정도도 다르기 때문에 주의해야 해.

가상화폐 시장에서의 시가총액의 내역

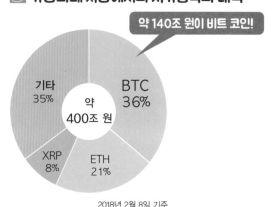

약140조 원이 비트 코인!

기타 35%
약 400조 원
BTC 36%
XRP 8%
ETH 21%

2018년 2월 8일 기준

> 2018년 2월 기준, 시가총액으로 본다면 세계에 유통되고 있는 가상화폐의 약 3분의 1은 비트코인이야. 가상화폐는 비트코인이 독주할 것이라 생각했지만 이더리움이나 리플 등도 늘고 있어서 앞으로 어떻게 될지는 아직 몰라.

한마디 메모   비트코인 등의 가상화폐를 살 때는 '가상화폐거래처(법률상으로는 가상화폐교환업자)'라는 업자를 통하지만 거리에 거래처가 있는 것이 아니라 인터넷상에서 절차를 밟아.

실체가 없는 가상화폐가 돈으로서 유통되기 시작한 것은 가상화폐라는 구조를 신뢰할 수 있다고 생각하게 된 이후입니다.

이 구조의 근원이 되는 것이 비트코인이라는 말을 처음으로 사용한 어느 논문이었습니다. 이 논문에는 가상화폐의 교환을 공개하는 형식으로 보존하는 블록체인이라는 기술과 그것을 특정 컴퓨터 등이 아니라 네트워크에 연결한 여러 개의 단말기로 관리하는 구조에 대해 쓰여 있습니다.

이전에도 가상화폐가 있었지만, 세계에 널리 퍼져 현실 사회의 경제활동에도 사용할 수 있다는 점에서 비트코인이 사실상 세계 최초의 가상화폐라고 해도 되겠지요.

🟠 비트코인이란?

현재 세계에서 시가총액이 가장 큰 가상화폐이며 가치가 급격히 확대되고 있다.

2008년에 사토시 나카모토라는 수수께끼 같은 사람의 논문에서 처음 소개되었다.

단위는
비트코인

가상화폐는 비트코인이 단독 강세로 보였지만 다른 가상화폐의 추격을 받고 있다.

일본에서는 2018년 3월 기준 약 250개의 가게와 약 70개의 통신판매 등에서 실제로 사용할 수 있다.

비트코인을 처음으로 소개한 논문을 발표한 나카모토 사토시는 일본인의 이름 같지만 진짜 그런지는 몰라. 여러 사람이 펜네임을 사용해서 공동으로 썼을 가능성도 있어.

●1비트코인(BTC) 가격(달러)의 추이

약 2만 달러! →○

유통되는 비트코인의 전부를

미국 달러로 환산한 경우 금액의 추이

가격(미국 달러)
($)
20,000
15,000
10,000
5,000
0

2013년 7월 | 2014년 1월 | 2014년 7월 | 2015년 1월 | 2015년 7월 | 2016년 1월 | 2016년 7월 | 2017년 1월 | 2017년 7월 | 2018년 1월
(coinmarketcap)

비트코인의 시가총액이 2017년에 들어서 급격하게 늘어난 것은 비트코인을 원하는 사람이 늘어서야. 그렇지만 2017년 후반에는 급격히 줄어 절정기의 반이 되었어.

🟠 가상화폐의 현명한 사용 방법

가상화폐는 위험성을 이해하고 사용하는 것이 중요!

●도둑맞는 경우도 있다
- 인터넷상의 월렛(핫월렛)은 출금과 송금은 편리하지만 해킹 등의 피해를 겪을 위험이 있다.
- 인터넷과 분리된 월렛(콜드월렛)은 출금과 송금은 불편하지만 해킹 등의 피해는 겪기 어렵다.
- 단지 콜드월렛 자체를 도둑맞거나 누군가 엿보았다면, 현금이나 현금카드의 비밀번호와 같이 엄중한 관리가 필요하다.

●가치가 떨어지는 경우도 있다
- 가상화폐는 아직 발전 도중에 있으므로 투기적으로 매매가 이루어지는 측면이 강하다. 가치가 상승할 가능성이 있지만 폭락할 위험도 그만큼 있다는 것을 이해해 두어야 한다.
- 상승을 기대한 투자나 저축 목적의 이용은 신중해야 한다.

●분실 및 오송금에 대한 보호책이 없다
- 콜드월렛을 잃어버린 경우, 재발행이 안 된다. 또 송금의 경우 도중에 은행 등이 개입하지 않아 일단 송금하면 도중에 취소할 수가 없다.
- 현금과 같은 '사물'이 아니지만, 현금과 같은 감각으로 관리할 필요가 있다.

📝 용어 체크

월렛▷ 본래의 의미는 지갑. 비트코인 등의 가상화폐는 지갑에 넣는 돈은 아니지만 소유하고 있는 비트코인을 취급하기 위한 암호키를 보관해 둔다.

핫월렛▷ 온라인 네트워크상에 있는 월렛. 핫월렛에 접근하기 위해서는 패스워드 등이 필요하지만 온라인상에 있기 때문에 부정접근의 피해를 당하기 쉽다.

콜드월렛▷ 네트워크로부터 완전히 분리된 컴퓨터나 종이, 전자단말 등에 암호키를 보존(기록)한 것. 암호키는 매우 긴 숫자와 알파벳의 나열로 구성되기 때문에 수작업으로 종이에 쓰거나 입력하거나 하는 것은 현실적이지 않으므로 QR코드 등을 사용하는 경우가 많다.

act.3 물건의 가격

청과물시장 안에 있는 채소가게 앞입니다. 여러 가지 채소와 빛깔 고운 과일로 가게 앞이 활기찹니다. 고구마가 상자 단위로 팔리는 것은 거리의 채소가게나 음식점에서 사가기 때문이겠죠.

그런데 우리가 편의점에서 빵을 살 때의 가격은 1년 내내 거의 동일합니다. 때때로 세일을 하는 경우도 있지만 크게 변하지는 않죠.

그러면 채소 등은 어떨까요? 사람들은 종종 "오늘은 무가 저렴했어", "요즘 시금치가 비싸"라고 얘기합니다. 또 1개에 1,500원에 살 수 있던 양상추가 날씨의 영향으로 5,000원 이상 올랐다는 뉴스를 보기도 합니다. 또한 폐점시간이 가까워지면 3개에 5,000원이던 사과를 4개에 5,000원에 팔기도 하고 한 팩에 4,000원이었던 딸기를 3,000원에 팔기도 합니다. 이처럼 채소 등의 가격은 하루에도 몇 번씩 바뀌기도 합니다. 그렇다면 물건의 가격은 대체 어떻게 정해지는 것일까요?

act.3 물건의 가격

물건의 가격은 어떻게 정할까?

"오늘은 달걀이 저렴했어", "요즘 채소가 비싸져서 힘들어"라는 이야기를 합니다. 그러면 물건의 가격은 어떻게 정하는 걸까요? 또 왜 변하는 걸까요?

🍅 수요·공급 곡선

양배추는 17개 밖에 없어요.

양배추가 먹고 싶어!

나도 먹고 싶어! 비싸도 괜찮으니 나한테 팔아요!

⬆가격이 오른다

양배추를 많이 수확했어요. 사세요!

그렇게 필요하지는 않지만, 싸다면 사둘까?

⬇가격이 내린다

수요보다 공급이 적다

수요보다 공급이 많다

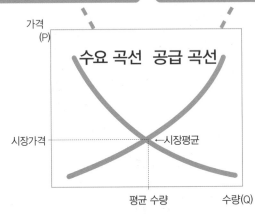

가격(P)

수요 곡선 공급 곡선

시장가격

←시장평균

평균 수량

수량(Q)

수요과 공급 어느쪽이 많은가에 따라 가격이 오르거나 내리거나 해.

📋 초과 경제노트

'일구팔'로 싸다는 것을 강조

마트의 광고지에는 '2,980원', '19,800원' 등 '98'이 붙은 가격이 자주 등장합니다. 냉정하게 생각하면 2,980원은 거의 3,000원, 19,800원은 거의 20,000원이지만, 조금이라도 저렴하게 하여 소비자가 '득템'이라고 느껴서 사고 싶게 만드는 가격이죠. 이렇게 가격은 소비자가 어떤 이미지를 가지는지도 연관되어 있습니다.

980원 균일세일	
무 1개 980원	당근 1봉지 980원
오이 1팩 980원	양배추 1개 980원

한마디 메모 — 소비자에게 이득이라고 느끼게 하기 위해 일본에서는 가격을 '1,980엔'처럼 '8'로 끝내는 경우가 많고, 미국에서는 가격을 $199', '$299'같이 '9'로 끝내는 경우가 많아.

물건의 가격은 그것을 만들기 위해 돈이 얼마나 들었는지 '원가'만으로는 결정할 수 없습니다. 예를 들어 수요보다 공급이 많아지면 가격은 내려갑니다. 그렇다고 또 가격이 수요와 공급의 관계만으로 결정되는 것은 아닙니다.

예를 들어 사는 사람의 입장에서 봤을 때 '이 상품은 이 가격이 적당해'라고 느낀다면 그 가격으로 상품을 구매하게 됩니다. 이처럼 가격은 그 상품과 파는 사람, 사는 사람을 둘러싼 여러 가지 조건과 상황이 관련되어 정해집니다.

또 인터넷 경매 등에서는 서로 경쟁하면서 가격이 오르는 경우도 있습니다. 따라서 가격의 적정성을 판단하는 능력이 필요합니다.

🕐 '경매'와 '직거래'

● 경매

이 양배추 얼마에 사실래요? 가장 비싸게 부른 사람에게 팔게요.

1,000원   2,000원

그럼 저쪽 분

'경매'는 시장에서 파는 물건에 대해 사려는 사람이 가격을 정하고 가장 높은 가격을 부르는 사람이 물건을 사게 되는 매매 방법이다.

● 직거래

이 양배추 2,000원에 어때요?   좀 더 싸게는 안될까요?

그럼 1,500원으로 합시다.

직거래는 시장을 통하지 않고 파는 사람과 사는 사람이 직접 교섭해서 가격과 조건을 정하는 매매 방법이다.

🍑 '독점가격'과 '통제가격'

● 독점가격

카르텔(기업연합)

같은 업종의 기업들이 협정을 맺어 생산량과 가격 등을 결정하는 독점 형태

트러스트(기업합병)

흡수·합병·매수

같은 업종의 기업들이 합병·매수 등을 통하여 1개의 기업으로 만들어 시장의 지배력을 강화하는 독점 형태

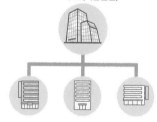

콘체른(기업결합)

모회사를 중심으로 다른 업종의 기업을 묶어 시장의 지배를 강화하는 독점 형태

● 통제가격

주요 공공요금

국회와 정부가 결정하는 것	사회보험진료보수, 노인장기요양보수
정부가 인가·상한인가 하는 것	전기요금, 철도운임, 도시가스요금, 버스요금, 고속도로자동차요금, 택시요금
정부에 신고하는 것	전기통신요금(고정전화의 통신요금 등), 국내항공요금, 우편요금(편지, 엽서)
지방공공단체가 결정하는 것	공영수도요금, 공립학교 수업료, 공중목욕탕 입장료, 인감증명 수수료

카르텔, 트러스트, 콘체른 등 특정 기업의 독점에 의해 정해진 가격을 독점가격이라고 해. 독점은 독점금지법으로 엄격하게 제한하고 있어.

정부에 의해 정해진 가격을 '통제가격'이라고 해.

물건의 가격에 포함된 것

가게에서 물건을 살 때 그 가격에 포함된 것은 그것을 만들 때 필요한 재료의 가격만이 아닙니다.
물건의 가격에는 어떤 것이 포함되어 있는지 알아봅시다.

🌐 가게에서 판매가격이 포함된 것

세금 판매가격에 대해 일정 비율로 '소비세'
가 발생합니다.

가게는 이익을 내지 못하
면 다음 물건을 사들일 수
가 없어.

세금

제조에 관한 비용

**소비자
판매가격**

포테이토

판매에 관련한 비용

물류에 관한 비용

판매에 관련한 비용

●판매점 가겟세 등의 비용
건물을 빌리거나 세입자로서 건
물에 입점하는 경우는 가겟세가
발생하며, 건물주의 경우는 건설
비나 구입비가 듭니다.

●판매점 관리비 등의 비용
가게의 가스요금, 전기요금, 수
도요금 등 조명과 냉난방 등에
많은 전기를 사용합니다.

●판매점의 인건비
점원에게 임금을 줘야 합니다.

●판매점의 이익
이익을 내지 못하면 장사를 계속
할 수 없습니다.

과자 가게

포테이토

500원   1,000원

한마디 메모 항공요금에는 여러 비용이 포함되어 있어. 그중 연료(석유)는 수입에 의존하고 있어서 원유가격의 변동과 외화환율에 의해
크게 변화해. 그래서 운임 외에 연료의 인상분을 조정하는 유류할증료를 지불하는 경우도 있어.

우리가 구매하는 상품은 그 물건을 만드는 것부터 시작해서 수많은 단계와 손을 거쳐 우리 손에 들어옵니다. 따라서 우리가 물건을 살 때의 가격에는 그 비용까지 포함되어 있습니다.

아래의 그림은 그 속에 포함된 주요한 부분을 뽑아서 적은 것입니다. 제조와 유통, 판매는 각각의 기업인 경우가 많으므로 인건비와 이익도 각각 필요합니다.

또 실제로 제조와 유통을 복수의 기업이 행하거나, 제조와 유통 사이에 도매회사(도매상)가 끼어 있는 경우도 있습니다.

이렇게 우리가 지불하는 물건의 가격에는 많은 비용이 포함되어 있습니다.

제조에 관련한 비용

●**재료 등의 비용**

재료 등을 매입하는 데 돈이 듭니다.

●**기계 등의 비용**

제조에 사용되는 기계를 사거나 만들거나 할 때도 돈이 듭니다.

●**연료 등의 비용**

기계를 작동하기 위해서는 연료와 전기 등이 필요합니다.

●**제조를 위한 인건비**

공장 등에서 일하는 사람에게 임금을 지불해야 합니다.

물건이 만들어져서 우리 손에 들어올 때까지 여러 가지 비용이 듭니다.

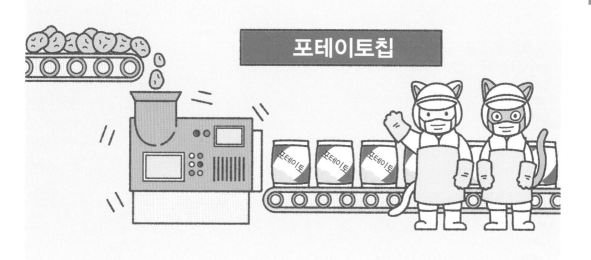

포테이토칩

유통에 관한 비용

●**창고 비용**

만든 상품을 일시적으로 보관하기 위해 창고를 빌리거나 지어야 합니다.

●**운송비**

만든 상품을 운반하기 위해서는 운송비가 듭니다.

act.3 물건의 가격

서비스 가격

돈을 지불하고 구매하는 것은 형태가 있는 '물건'만이 아닙니다. 우리는 형태가 없는 '서비스'도 구매하여 생활하고 있습니다.

🔵 상품(물건)과 형태가 없는 상품(서비스)

상품(물건)

상품(물건)을 산다

상품(물건)이 남는다.

서비스

서비스를 산다

아무것도 남지 않는다.

보통 장을 보고 돈을 내면 구입한 상품(물건)이 수중에 남아. 그런데 돈을 내서 콘서트를 관람한 후는 어떨까? 다 관람한 후에는 수중에 아무것도 남지 않아. 돈을 냈다고 해서 반드시 물건의 교환이 있는 것은 아니야. 이처럼 돈을 내면 제공받는 물건 외의 것을 '서비스'라고 해.

한마디 메모   '서비스(service)'라는 영어는 봉사, 도움이 되는 일, 구조, 진력, 수고 등의 의미야. 이 영어의 어원은 라틴어의 serve(서브)이지만, 이 말은 '노예'라는 뜻이야.

'서비스'라면 '덤'이나 '특별대우'와 같은 이미지가 있지만 경제의 세계에서는 물건의 거래를 수반하지 않는 업종을 한꺼번에 '서비스업'이라고 합니다.

병원이나 학교 등도 이용하려면 돈을 내야 하지만, 돈을 냈다고 해서 무엇인가 물건이 수중에 남는 것은 아닙니다.

현대사회에서 '서비스업'으로 분류하는 업종은 많이 있습니다. 요즘에는 생활의 여러 장면에서 컴퓨터를 이용하는 경우도 늘고 있어, 그런 새로운 서비스를 제공하는 회사도 앞으로 늘어날지 모르겠습니다.

🍊 여러 가지 서비스업

호텔·여관

세탁소

미발·이발

목욕탕

장의

탐정

자동차 정비

주차장

영화관

병원

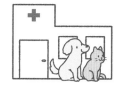
동물병원

변호사·회계사

학교·유치원

종교

📋 경제노트

물건의 교환이 없는 '서비스'의 5개 특징

서비스에는 다음과 같은 특징이 있습니다.
- 동시성 사고 판 뒤에 물건이 남지 않고 생산됨과 동시에 소비된다.
- 불가분성 생산과 소비의 장소와 시간을 분리할 수 없다.
- 불균질성/변동성 품질이 항상 일정한 것은 아니다.
- 무형성/비유형성 만질 수 없어서 구입 전에 보거나 체험할 수가 없다.
- 소멸성 보관할 수가 없다.

모든 서비스가 위의 특징을 모두 가지고 있는 것은 아니지만, '형태'가 없는 서비스의 특성을 나타내고 있습니다.

일본의 산업 분류에서는 산업을 '농업', '임업', '어업', '건설업', '제조업', '운송업', '우편업', '도매업', '소매업', '금융업', '보험업', '부동산업', '물품임대업', '공무' 등 20개로 분류하고, 19가지 안에 들지 않는 것을 '서비스업'이라고 해.

act.3 물건의 가격

싸면 팔릴까?

물건의 가격은 기본적으로 수요와 공급 때문에 결정되지만 항상 그럴까요? 소비자는 어떤 이유로 '산다' 혹은 '사지 않는다'를 정하는 걸까요?

적정가격

● 너무 싸면 팔리지 않는다?

● 적정가격이라면 팔릴까?

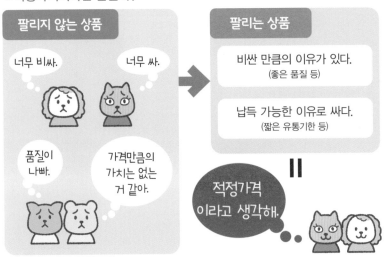

우리는 물건의 가격만으로 살지 말지를 결정하는 것은 아닙니다. 싸다는 이유만으로 사버리면 기대했던 것보다 나쁜 물건이어서 오히려 손해를 보는 일도 있기 때문입니다. 따라서 우리는 무의식적으로 상품의 질과 가격의 균형을 생각하며 살지 말지를 결정하는 것입니다.

한마디 메모 '이렇게 좋은 물건이니 팔리는 게 당연해'라고 생각하더라도 살 사람이 필요하다고 생각하지 않거나 원하는 것과 어긋나면 팔리지 않아. 어떤 물건이 어떤 가격이라면 팔리는지 조사하는 것을 '마케팅'이라고 해.

우리는 물건을 살 때, 상품에 알맞은 가격인지 판단합니다. 생각보다 너무 가격이 싸다면 '원래 물건보다 질이 나쁘니 싼 거 아닐까?'라고 의심을 품고 구입하는 데 저항감을 갖곤 하죠.

따라서 가격을 내리는 것만으로 손님을 모으려고 한다면 원래 가격으로는 팔지 못하거나, 팔리더라도 이익을 거의 남기지 못합니다. 가격과 매상은 밀접하게 관련되지만 싼 가격만 가지고 물건을 팔려고 하면 잃는 게 많습니다.

그래서 다소 비싸더라도 상품의 질을 좋게 하는 것으로 만족감을 높여 보다 많은 사람에게 팔려는 기업도 있습니다.

가격경쟁

가격 이외의 차별화

고급 햄버거

리조트 기차(레일크루즈 기차)

햄버거는 패스트푸드의 대표 격이지만 다른 가게보다 비싼 가격에 좋은 상품을 내놓아서 성공한 가게도 있어. 여행대금이 비싼 호화로운 기차를 운행해서 새로운 수요를 발굴한 철도회사도 있지.

위조지폐와의 전쟁

● 영국에서는 사형이었던 위조지폐 제작

세상에는 '스스로 돈을 만들자'라고 생각하는 사람도 있습니다. 그러나 당신이 스스로 만든 5만 원 지폐를 가게에 가지고 가서 '내가 만든 5만 원입니다'라고 말하면 어떨까요? 당연히 아무도 받아주지 않을 것입니다. 돈은 진짜일 때만 가치가 있기 때문이죠. 그래서 위조지폐를 만들려는 범죄자는 진품과 구분할 수 없이 똑같은 것을 만들려고 합니다. 사람의 눈뿐만 아니라 자동판매기 등의 기계 센서조차 속이려고 하는 것이죠.

위조지폐는 예전부터 있었습니다. 들통나면 죄가 무거웠죠. 예를 들어 영국에서는 19세기까지 사형이 내려졌습니다. 현재의 일본에서는 무기형 또는 3년 이상의 징역형이 내려집니다.

위조지폐가 나돌면 '이 돈은 진짜 진품인 걸까?'라고 사람들의 의심이 생겨 불안해집니다. 진짜 돈을 사용하려고 해도 '이 돈은 위험하니 받지 않아'라고 거부당하는 사람도 있겠죠. 그렇게 되면 그 나라의 지폐 전체의 신용이 무너져 경제가 대혼란에 빠져버립니다. 그래서 어떤 나라든, 어떤 시대든 위조지폐에 대한 형벌은 무겁습니다.

● 위조지폐를 방지하는 방법

위조지폐는 간단하게 만드는 것이 불가능하도록 여러 가지 방법을 사용합니다.

그중 유명한 것은 '숨은 그림'입니다. 무늬 등이 인쇄되지 않은 하얀 부분을 빛에 비추면 보이는 그림을 말하죠. 일본의 지폐에 사용되는 숨은 그림은 농담을 표현할 수 있는 '검정 숨은 그림'이라는 특수한 방법을 사용하여 쉽게 따라할 수 없습니다. 현재 1만 엔 지폐에는 가운데의 타원, 앞면의 오른쪽, 후쿠자와 유키치의 초상화의 옆까지 세로선 3개의 숨은 그림이 있습니다.

위조 방지의 방법은 이외에도 여러 가지가 있습니다. 예를 들어 일본의 1만 엔 지폐에서 '万円' 글자와 초상화, '10000' 숫자에는 도톨도톨한 느낌이 나는 특수 인쇄가 적용되어 있습니다. 또 왼쪽 밑의 숫자, 벚꽃, 일본은행 마크와 무늬에는 각도를 달리하면 바뀌는 홀로그램이 있습니다. 또 무늬 속에는 눈에 보이지 않는 1밀리미터 이하의 마이크로 문자도 인쇄되어 있습니다. 최근 복사기의 성능이 좋아졌다고는 하지만 이렇게 작은 글자를 복사하면 글자가 이상해져 버립니다. 이 밖에도 각도를 달리하면 핑크색으로 보이는 펄잉크나 자외선에 닿지 않으면 보이지 않는 특수한 잉크까지 사용하고 있습니다.

일본은 세계 여러 나라에 비해 신용카드 보급률이 낮다고 하는데, 이것은 위조지폐가 적은 것과도 관계가 있습니다. 위조지폐가 많으면 현금을 거래할 때 진짜인지 어떤지 주의해야겠죠. 때문에 위조지폐가 많을수록 그럴 걱정이 없는 신용카드를 사용하는 사람이 늘어나는 것입니다. 즉, 일본에 현금을 사용하는 사람이 많은 것은 그만큼 일본의 돈은 안심하고 사용할 수 있다는 증거입니다.

위조지폐일 수도 있으니 신용카드로 계산해주세요.

제2장

우리들의 생활과 경제 이야기

은행에 저금하면
왜 이자가 붙을까?
보험에 들면
왜 사고가 나거나 아플 때
돈을 받을까?

제2장 **우리들의 생활과 경제 이야기**

act.1 **생활과 경제**

사람이 일생 동안 구입하는 물건 중에 가장 비싼 것은 '주택 또는 아파트'일 것입니다. 분명히 단독 주택을 지으려고 하면 땅값까지 포함해서 싸다고 해도 1억 원, 도시에서는 수십억 원 이상의 돈이 필요합니다. 만약, 2억 원의 집을 사기 위해 매달 조금씩 돈을 모은다면 얼마나 걸릴까요? 매월 50만 원씩 모은다고 해도 400개월, 30년 이상 걸립니다. 매월 저금액을 늘린다면 더 빨리 살 수 있겠지만, 집을 사기까지는 월세나 전세로 살게 됩니다. 따라서 집세도 내야 하기 때문에 매월 저금액을 늘리는 것이 쉬운 일은 아닙니다. 그래서 이용하는 것이 주택대출입니다. 은행 등에서 주택 구입 자금을 빌려 매월 조금씩 갚는 제도인 것이지요. 만약, 주택대출제도가 없었다면 주택을 구입할 수 있는 사람은 능력이 있는 몇몇 일부 사람들로 한정될지도 모릅니다. 이렇듯 경제의 구조는 우리들의 생활과 밀접하게 관련되어 있습니다.

개인 수입의 종류

개인의 '수입'은 임금만이 아닙니다. 유산을 상속받거나 토지 및 건물을 빌려주어 수입을 얻는 경우도 있습니다. 이처럼 개인이 회사 등에서 근무하지 않으면 '임금'은 없습니다. 그렇다면 개인의 수입에는 어떤 것이 있을까요?

💰 샐러리맨의 소득은?

급여소득

회사에 취직해서 얻는 급료나 보너스입니다.

●급여

회사 등의 근무처로부터 받는 소득. '임금'이라고도 한다. 일반적으로 계약에 근거해서 달마다 정해진 금액을 받는 경우가 많다. '후불'이라고 받아들여지고 있다.

●상여금

이른바 '보너스다. 회사와 부처, 본인의 실적에 따라 임시로 지급받는 특별 급여인데, 임시이기는 하지만 일본에서는 연 2회(여름과 겨울) 지급이 거의 고정되어 있는 기업이 많다.

●퇴직금 등

회사 등을 그만둘 때 지급되는 돈을 말한다. 근무한 기간과 실적에 따라 차이가 있다. '실질적으로는 임금의 후불'이라고 받아들여지고 있다.

💰 사업주의 소득은?

사업소득

가게나 판매, 집필 등의 사업을 스스로 행하여 얻는 수입. 회사를 경영하는 사장은 '사업주'라고 불리기 때문에 그 임금을 '사업소득'이라고 생각할 수 있지만, 사장도 회사로부터 임금을 받기 때문에 그 임금은 '급여소득'입니다. 한편, 자신이 만든 수제품을 인터넷에서 판매하는 경우 '사업'이라고 말할 정도의 규모가 아니더라도 그 수입은 '사업소득'입니다.

생선

야채

한마디 메모　일본에서 보너스의 원조는 에도 시대의 '사착'이야. 상가 등에서 명절에 고용인에게 옷을 해 입히는 제도였지. 지금은 '일방적으로 강요하거나 정해진 것'을 얘기하는 말의 어원이기도 해.

우리의 수입에는 여러 가지가 있습니다.
쉽게 떠오르는 것은 회사나 관공서 등 단체 조직에서 일하며 얻는 '임금'입니다. 이것을 '급여소득'이라고 합니다. 아르바이트의 수입도 여기에 속합니다.
반대로 어딘가에 근무하지 않고 스스로 장사를 하며 수입을 얻기도 하죠. 이것이 '사업소득'입니다. 또 수입은

일을 해야만 얻을 수 있는 것은 아닙니다. 퀴즈를 맞혀서 상금을 받거나 주운 물건을 신고해서 사례금을 받는 경우도 있습니다.
일본에서는 소득의 종류를 상세하게 분류하고 있는데, 이것은 소득의 성질에 따라 세금의 세율과 계산방법이 다르기 때문입니다.

그 밖의 소득은?

이자·배당소득
예금의 이자나 주식의 배당금도 수입입니다.

●이자소득
은행예금과 우편저금, 회사채 등의 이자로 받는 수입. 다만 개인적으로 돈을 빌린 경우에 받는 '이자'는 잡수입으로 분류된다.

●배당수입
주주와 출자자가 이익의 배당과 분배 등으로 받는 수입. 주식의 배당금 등이 있으며 주식의 매매에 의한 수입은 여기에 해당되지 않는다.

일시소득
가끔씩 얻는 것이 가능한 수입. 노동의 대가로서의 수입은 제외합니다. 여러 종류가 있고, 아래는 그 일부입니다.

●현상금·상금
'이벤트'에 당첨되거나, 퀴즈를 맞혀서 받는 수입.

●경마·경륜
갬블[8] 의 환급금.

●생명보험의 만기환급금
생명보험이 만기가 되어 받는 환급금.

●분실물의 소득
잃어버린 물건을 주워 신고한 것에 대한 사례금.

부동산소득
토지나 건물 등의 부동산을 빌려주며 얻는 수입.

양도소득
자산(부동산, 주식, 미술품, 골동품 등)을 양도했을 때 얻는 수입.

산림소득
산림을 벌채해서 양도하거나, 입목채로 양도해서 얻는 수입.

기타 소득
다른 어떤 소득에도 해당하지 않는 소득은 잡소득이라고 한다.

●연금
국민연금과 후생연금 등 공적연금의 수령.

●강연사례금
강연을 행했을 때의 사례 등.

●원고료·인세
원고를 쓰는 깃이 본업이 아닌 사람이 받은 원고료와 인세. 소설가 등 원고를 쓰는 것이 본업인 사람의 원고료는 해당하지 않음.

●FX·가상화폐거래
FX(외환거래)와 가상화폐 거래에 의한 이익.

8 주사위 또는 카드 게임, 롤렛 또는 경기와 같은 찬스에 일어난 사건의 결과에 대한 금전상의 모험

act.1 생활과 경제

일본인들은 돈을 얼마나 가지고 있을까?

'일본인들은 부자다'라고들 하죠. 진짜 그럴까요? 그렇다면 일본인은 돈을 얼마나 가지고 있을까요?

🔘 일본인이 가진 돈의 움직임은 어떻게 변했지?

가계의 금융자산 잔고의 추이

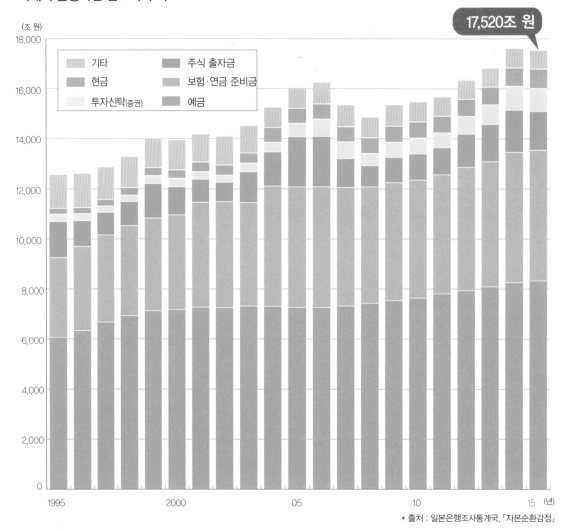

17,520조 원

(조 원)

범례:
- 기타
- 현금
- 투자신탁(증권)
- 주식 출자금
- 보험·연금 준비금
- 예금

1995   2000   05   10   15 (년)

* 출처 : 일본은행조사통계국, 「자본순환감정」

세계적인 경제상황의 영향을 받아 과거 20년간 가계자산도 크게 변화해 왔어. 20년 전과 요즘을 비교하면 요즘은 '현금'이 많아졌어.

한마디 메모   몰래 모아둔 돈을 '비자금'이라고 해. 옛날에 명주실을 둥글게 감은 실패를 '헤소'라고 했는데, 부업으로 명주실을 감아 돈을 모았던 것에서 헤소쿠리(비자금)라는 말이 생겨났대. 다만 그 밖에도 여러 가지 설이 있는 거 같아.

거품경제(버블경기)가 무너진 1990년대 후반부터 2000년대 초반에 걸쳐 일본의 가계재산의 총액은 감소가 지속되었지만, 그 후 회복기조에 들어섰습니다. 그러나 세계별 저축액을 보면 2인 이상 세대라도 3분의 1 이상은 '저축제로'입니다.

금융자산에는 현금으로 보유하고 있는 자산과 매일 생활을 위한 생활자산은 포함되어 있지 않기 때문에 '저축이 한 푼도 없는 세대가 이만큼 있다'라고는 할 수 없지만, 일본인의 개인 자산은 '현금·저금'이 차지하는 비율이 매우 크다는 것을 고려하면 금융자산을 거의 가지고 있지 않은 세대가 많다는 것을 짐작할 수 있습니다.

이는 일본 내에서도 경제적 격차가 생겼다고 말할 수 있는 것입니다.

일본인이 가진 자산은 현금·저금이 많다!

일본, 미국, 유럽의 가계의 금융자산 구성비율의 비교

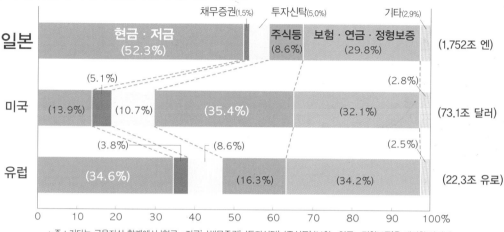

* 주 : 기타는 금융자산 합계에서 '현금·저금', '채무증권', '투자신탁', '주식등' '보험·연금·정형보증'을 제외한 나머지
* 출처 : 일본은행조사통계국, 「자금순환의 일미유럽비교」, 2016년

일본은 자산이 차지하는 '현금·저금'의 비율이 매우 큰 것을 알 수 있어. 미국은 투자로 돈을 늘리려는 경향이 있는 반면, 일본은 보다 안전한 방법으로 모으는 것을 좋아해. 국민성과 사회시스템의 차이가 이런 곳에도 나타나.

저축액이 늘고 있어?

저축제로 세대의 추이

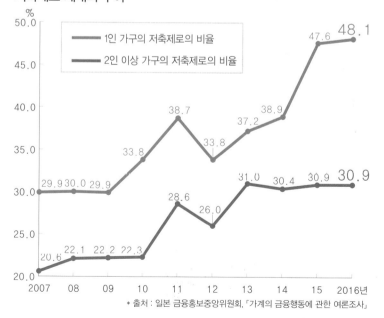

* 출처 : 일본 금융홍보중앙위원회, 「가계의 금융행동에 관한 여론조사」

'저축제로'라고는 해도 생활자금과 주택대출의 변제금, 수중의 현금 등은 포함되지 않기 때문에 '저축제로'='저금제로'는 아니야. 그렇지만 일본인은 자산을 '현금·저금'으로 가지고 있는 경향이 강하기 때문에 '저축제로'는 '자산제로'에 가깝다고 생각할 수 있지. 즉 일본도 경제적 격차가 심해지기 시작했다고 생각할 수 있어.

act.1 생활과 경제

일본인들은 돈을 얼마나 벌고 있을까?

돈은 많을수록 좋지만 직업에 따라 차이가 있습니다. 그렇다면 어떤 일을 하면 어느 정도의 돈을 벌까요? 또 일본인의 연평균 수입은 늘고 있을까요? 줄고 있을까요?

🟠 어떤 일의 임금이 많을까?

업종별 평균 급여(2015년)

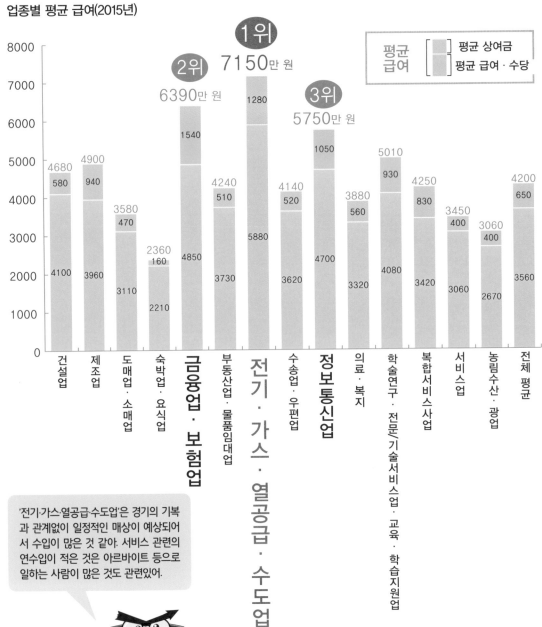

'전기·가스·열공급·수도업'은 경기의 기복과 관계없이 일정적인 매상이 예상되어서 수입이 많은 것 같아. 서비스 관련의 연수입이 적은 것은 아르바이트 등으로 일하는 사람이 많은 것도 관련있어.

* 출처 : 일본 국세청, 「민간급여실태통계조사」, 2017년
* 주 : 1엔=10원으로 계산

 한마디 메모 학교를 졸업하고 처음으로 취직해서 받는 임금을 '초봉'이라고 해. 2016년의 대학 졸업자 평균 초봉은 남성 200.6만 원, 여성 200만 원이었어. 남녀고용기회균등법이 있지만 아직 남녀 차가 있어.

수입은 어디에 취업하느냐에 따라 크게 달라집니다. 같은 샐러리맨이라도 어떤 업종의 회사에 다니는가에 의해 달라지는 것이죠. 또 직종에 따라 차이가 발생하기도 합니다. 또한 업종, 직종을 떠나 여성의 임금이 남성보다도 적은 경향이 있습니다. 남녀고용기회균등법이 있지만 아직 남녀 차가 있는 것입니다. 직장에서 같은 일을 하고 있다면 남녀의 임금은 같아야 합니다. 이런 차이가 생기는 것은 승진과 직무를 맡는 기회에 차이가 있기 때문이라고 생각합니다. 또한 연령별로 봤을 때 30대 이후에 남녀 차가 커지는 이유로 여성은 출산과 육아로 인해 직장을 떠나거나, 파트타임으로 일하기 때문에 결과적으로 연평균 수입이 낮아지는 것입니다.

성별, 연령별 급여의 차이는?

연령대별 평균 급여(2015)

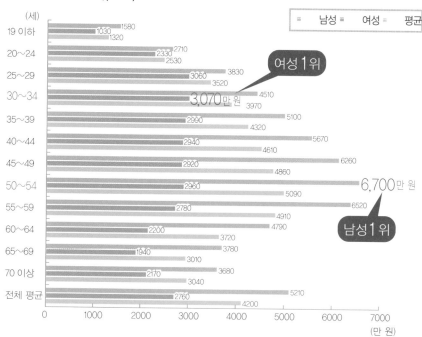

50대, 60대의 급여가 많지만 실은 젊은 층과의 차가 줄어들고 있어. 이전에는 연령과 경험으로 인해 수입도 늘었지만, 지금은 새로운 지식과 전례 없는 일에 대처하는 경우가 많아서 연령에 의한 수입차가 줄어들고 있어.

* 출처 : 일본 국세청, 「민간급여실태통계조사」, 2017년

10년 사이 임금은 어떻게 변했나?

평균 급여와 전년 대비 상승률의 추이

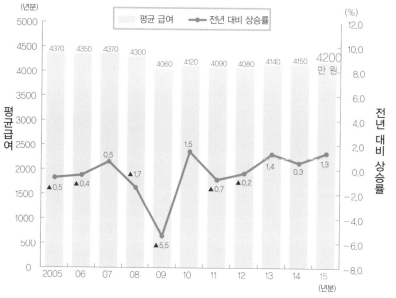

2008년에 리먼 사태가 발생하여 2009년에 크게 떨어졌어. 그 후에는 조금씩 회복하고 있어.

* 출처 : 일본 국세청, 「민간급여실태통계조사」, 2017년

act.1 생활과 경제

일본에서 생활하려면 돈이 얼마나 들까?

일본에서 생활하려면 매월 돈이 얼마나 필요할까요? 또 사는 지역이나 연령에 따라 어떤 차이가 있을까요?

🍊 매월 돈의 사용처는?

2인 이상 노동자 가구의 소비지출(전국)

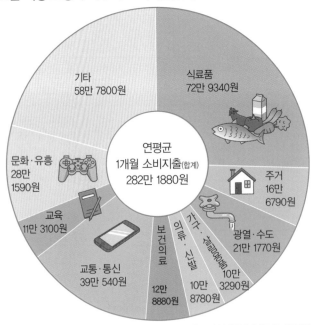

- 기타 58만 7800원
- 식료품 72만 9340원
- 연평균 1개월 소비지출(합계) 282만 1880원
- 주거 16만 6790원
- 광열·수도 21만 1770원
- 의류·신발 10만 3290원
- 가구·살림용품 10만 8780원
- 보건의료 12만 8880원
- 교통·통신 39만 540원
- 교육 11만 3100원
- 문화·유흥 28만 1590원

* 출처 : 일본 총무성 통계국, 「가계조사」, 2016년

'의식주'에는 돈이 들어. 교통·통신에 이렇게나 돈이 드는 게 조금 의외일지도….

지출의 변화를 보면 2000년 이후 많은 항목에서 감소 경향이 지속되고 있어. 근래 회복하는 것은 '식료품'이며, '교통·통신'이 많은 비중을 차지하는 것은 스마트폰의 보급이 영향을 준다고 생각해.

🍊 돈의 사용처는 어떻게 변화하고 있나?

1인 가구별 연평균 1개월간의 지출 변화

범례		
─── 식료	---- 광열·수도	─── 의류 및 신발
─── 교통·통신	---- 문화·유흥	─── 주거
-·-· 가구·살림용품	···· 보건의료	─── 교육
─── 기타		

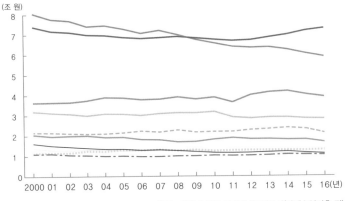

* 출처 : 일본 총무부 통계국, 「가계조사(가계수입지출 편)」

📋 경제노트

생활비의 내용

생활비에는 어떤 생활을 하더라도 최소한으로 사용되는 '고정비'와 생활방식에 의해 크게 변동하는 '변동비'가 있다.
'고정비'에는 식비, 집세, 광열·수도요금, 의복비, 보건의료비, 교통·통신비 등이 해당된다.
일반적으로 고정비는 선진국에서는 작고, 개발도상국에서는 크다.

한마디 메모 휴대전화의 계약 건수는 1995년경부터 급증해서 2000년 11월이 되자 고정전화의 계약 건수를 크게 웃돌았어. 그 후에도 계속 증가해 2017년 12월 말 휴대전화 계약 건수는 1억 6500만 건 이상에 달했다고 해.

똑같이 일본에 산다고 해도 사는 지역이나 가족 구성에 의해 필요한 금액은 다릅니다.

예를 들어 매우 추운 지역에서는 겨울에 광열비가 많아지고, 태풍이 빈번하게 지나가는 지역에서는 집을 튼튼하게 짓는 데 비용이 많이 들겠죠.

대도시는 그런 비용은 들지 않지만, 총 지출이 많습니다.

대개 물가가 높기 때문입니다. 가족 구성도 지출 내역과 깊게 연관되어 있습니다. 아이가 있는 가정은 교육비가 크게 늘어납니다.

시대는 물론 사회 구조나 사람들의 생활 변화도 지출에 변화를 줍니다. 통신비의 증가 경향이 계속되는 것도 그중 하나입니다.

⏱ 지역에 따라 돈의 사용처는 어떻게 다를까?

대도시와 지방의 소비지출 차이

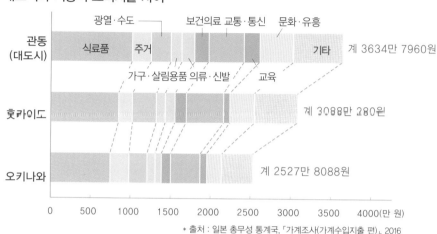

* 출처 : 일본 총무성 통계국, 「가계조사(가계수입지출 편)」, 2016

소비지출의 총액은 관동 대도시가 가장 많지만, 주거비는 오키나와가 많고, 광열·수도요금은 홋카이도가 가장 많아. 오키나와는 태풍의 피해 등에 준비가 필요하고, 홋카이도는 겨울의 난방비가 많아지기 때문일 거야. 교육비는 관동 대도시가 극단적으로 많아.

⏱ 연령에 따라 사용처는 어떻게 다를까?

세대주 연령대별 2인 이상 노동자 가구의 소비지출

(단위 : 원)

	식료	주거	열·수도	가구·생활용품	신발 및 의류	보건의료	교통·통신	교육	문화·유흥	그 외의 소비지출
평균	729,340	166,790	211,770	103,290	108,780	128,880	390,540	113,100	281,590	587,800
34세 이후	565,620	315,820	164,840	93,500	106,600	84,000	364,450	77,700	207,750	375,490
35~39	693,780	202,240	187,180	113,640	137,240	100,910	519,340	139,710	306,510	426,840
40~44	760,340	173,070	203,830	106,200	139,640	110,050	471,600	225,990	331,490	469,210
45~49	799,090	155,370	225,110	102,850	151,050	104,810	479,590	359,870	336,780	597,880
50~54	781,590	153,020	224,920	109,060	149,140	113,380	492,240	313,860	311,440	780,090
55~59	796,900	154,830	230,640	117,460	135,550	118,510	591,630	172,480	306,500	805,030
60~64	765,160	188,980	220,240	110,560	108,700	131,950	368,500	26,450	277,580	662,290
65~69	742,750	143,740	217,860	106,420	89,210	162,910	360,830	5,800	272,910	605,580
70~74	710,270	119,890	208,970	91,260	73,760	144,280	305,300	5,620	281,740	566,940
75~79	673,610	114,660	212,460	90,910	67,570	138,530	242,130	6,160	234,410	532,470
80~84	648,340	180,900	203,400	86,940	65,060	150,190	175,770	4,910	229,230	517,100
85세 이후	666,960	246,660	211,110	112,740	69,040	188,960	168,900	1,630	175,520	543,980

* 출처 : 일본 총무성 통계국, 「가계조사(가계수입지출 편)」, 2016년

연령에 따른 차가 큰 것은 교육비. 30대 후반부터 50대에 걸쳐 그 전후와 비교하면 극단적으로 커져 있어. 아이가 학교에 다니는 사람이 많은 연령대야. 보건의료는 나이가 들어감에 따라 늘어나는 경향이 있어.

✎ 경제노트

엥겔지수

엥겔지수는 생활 수준을 나타내는 지표의 하나로, 지출 전체에서 차지하는 식료품비의 비율을 나타낸다. 우리가 살아가기 위해서는 음식을 먹어야 하기에, 절약을 하는 데에는 한계가 있다. 생활 수준이 낮아져 전체 지출이 감소하면 식료품비의 비율이 커지고, 생활이 여유로워져 전체 지출이 커지면 식료품비의 비율이 감소한다. 현재 일본의 엥겔지수는 25% 정도라고 한다.

act.1 생활과 경제

개인대출이란?

은행의 출입구나 창구 앞에 '주택대출 상담' 등이 쓰여 있는 경우가 있습니다. 또 우리는 '대출을 받아서 자동차를 샀다'라는 이야기도 종종 듣습니다. 대출이란 무엇일까요?

 대출과 빚은 똑같다!?

'대출'은 '빌리다'라는 뜻입니다. 주택, 자동차 등 비싼 물건을 구매할 때 은행 등에서 돈을 빌려 매월 정해진 금액을 갚아가는 계약을 '대출을 받는다'라고 합니다.

> 집을 살 돈이 필요 하면 주택대출은 어떤가요?

> 매월 조금씩 갚으면 돼요.

> 집을 사고 싶지 만, 아직 돈을 못 모았네….

은행

> 은행에서 돈을 빌리 는 것이니까, 대출도 빚인 건 변함없어.

 **여러 가지 개인대출**

● **주택대출**
· 아파트나 주택을 구입하거나 주택을 지을 때 이용.
· 재건축이나 리모델링에도 이용 가능.

● **마이카대출**(자동차대출)
· 자동차를 구입할 때 이용.
· 이용하는 은행, 캐피털에 의해 명칭이 달라짐.

● **학자금대출**
· 진학 등 교육자금이 부족할 때 이용.
· 국가·공적기관 혹은 민간 금융 기관이 행하는 것으로 나뉨.

한마디 메모 일본의 어느 지방은행은 '철도모형대출'을 판매하고 있어. 철도모형대출은 사용처가 자유로운 자유 대출의 한 종류인데 특별히 금리가 낮지는 않아도 돈이 드는 취미를 가진 사람들도 대출을 이용할 수 있도록 만들어진 대출이야.

비싼 물건을 구매할 때 대출을 받거나 신용카드의 현금 서비스를 이용하는 경우가 있습니다. 대출이든 현금서비스든 돈을 빌리는 것은 같습니다. 편리해서 원하는 것을 바로 손에 넣을 수 있다고 쉽게 이용하면 다음번 상환에 어려움을 겪을 수 있죠.

물론 대출을 이용하는 것이 나쁜 것만은 아닙니다. 주택 등 고액의 물건을 사는 경우 현금으로 집을 살 돈을 마련하기는 힘들고 사고나 질병 등으로 급히 돈이 필요한 경우도 있기 때문이죠. 금리는 얼마나 되는지, 상환 부담은 어느 정도인지를 잘 알아보고 현명하게 이용하는 것이 중요합니다.

🍩 은행의 대출과 소비자금융(대부업체)의 차이는?

은행은 '은행법', 소비자금융은 '대부업법'이라는 법률로 규제하고 있습니다. 대부업법에는 '총량규제'라는 규정이 있어, 연수입의 3분의 1을 넘는 돈을 빌려줄 수는 없습니다.

더 자세하게!→p.196

	은행대출	은행의 카드대출	소비자금융
총량규제	대상 외		대상
차입금	심사에 의함		연수입의 1/3
금리	은행대출, 은행의 카드대출, 소비자금융 순으로 금리가 높다		
심사 속도	시간이 조금 걸림	은행대출보다는 빠름	
심사 난이도	엄격함	은행대출보다 통과되기 쉬움	

소비자금융 쪽이 간단하게 돈을 빌릴 수 있지만 금리가 높기 때문에 갚을 때는 힘들어. 돈을 빌릴 때는 어떻게 갚을 것인가를 확실히 생각해두지 않으면 큰일나.

●카드대출

- 전용카드를 사용해서 ATM(현금자동입출금기)이나 CD(현금자동지급기)에서 돈을 찾는 느낌으로 이용.
- 이용 한도액은 사전에 정해져 있어 그 범위 안에서라면 언제라도 이용 가능.

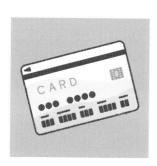

●자유대출

- 사용 목적을 특정 짓지 않는 대출.
- 보험이 적용되지 않는 고액의 의료가 필요한 경우나 결혼, 여행 등 여러 가지 목적에 부응할 수 있다.

●사업대출

- 기업과 사업주, 개인경영자 등에 특화된 대출.
- 법인명의로 빌리는 경우와 개인 명의로 빌리는 경우가 있다.

소비자금융과 카드대출

대출과 소비자금융은 계획 없이 이용하거나 무리하게 이용하면 생활 자체를 파탄시킵니다. 그렇다면 어떻게 이용하는 것이 좋을까요?

🪙 안전한 대출과 위험한 대출

안전한 대출

매월 생활비에는 여유가 있지만, 차를 살 수 있을 정도로 모으려면 시간이 걸리니 대출을 받자.

위험한 대출

매월 생활비는 간당간당. 그래도 차가 갖고 싶으니 대출이라도 받아서 사자!

충분한 수입이 없으면서 대출을 받으면 상환할 수 없게 돼.

🪙 대출을 갚을 수 없다면 어떻게 될까?

●주택대출의 경우

정해진 금액을 갚지 못했다.

⬇

우편, 전화 등으로 상환 전화가 온다.

⬇

체납(상환이 연체된 상태)이 3개월 정도 지속되면, 남은 채무액(갚지 않은 차입금과 이자) 전부를 한꺼번에 돌려주도록 요구받는다.

⬇

수개월 체납이 지속되면 금융기관에서 집의 매각을 권유받는다.

⬇

그럼에도 체납이 지속되면, 집이 경매(법원의 관리하에 강제적으로 파는 것)에 넘어간다.

⬇

경매가 성립되면 강제적으로 퇴거를 요구받는다.

●자동차대출의 경우

체납이 1개월 반 정도 지속되면 자동차를 몰수당하고, 2개월 정도 지속되면 몰수된 자동차가 매각된다.

●카드대출의 경우

체납이 2~3개월 정도 지속되면 법원으로부터 소송을 당하고 임금의 압류를 요구당한다.

주택과 자동차를 팔더라도 대부분의 경우 대출 잔액을 전부 갚을 정도의 금액은 안 돼. 빚만 남는 경우도 있어.

🪙 은행의 카드대출이 늘고 있다

은행 대출과 소비자금융의 대출잔액의 추이

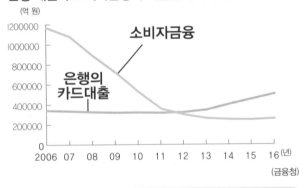

(억 원)

소비자금융

은행의 카드대출

(금융청)

총량규제의 도입 등으로 소비자금융의 이용은 줄어들었지만, 그만큼 은행의 카드대출 이용은 늘고 있어. 확실히 상환가능한 범위 내에서 이용하고 있는지 조금 걱정이야.

이런 방법으로도 갚을 수 없을 때는 '개인파산' 제도 등을 이용하게 돼.

한마디 메모   에도 시대에는 서민의 파산을 '분산'이라고 했어. 빌린 돈을 갚지 못하면 채권자가 읍내 관리 동석하에 남은 재산의 분배를 결정했지. 그 분배에 응하지 않는 채권자에게는 '출세증문'라는 차용증서를 써주고 출세한 후에 반드시 갚도록 약속을 했어.

소비자금융은 쉽게 이용할 수 있다는 특성 때문에 한때 '사라킹(샐러리맨금융)' 등으로 불렸습니다. 하지만 상환할 수 없을 정도의 빚을 진 '다중채무자'가 증가했고, 채무를 엄하게 징수하여 소비자금융이 사회문제가 되었던 시기도 있었죠. 그 후, 대부업법에 따라 너무 많이 빌리거나 빌려주는 것을 금지하고, 상한 금리를 명확히 하며 징수행위를 적정하게 하는 방안 등을 도모했습니다. 그러나 요즘 대부업법의 적용을 받지 않는 은행에 의한 카드 대출의 이용이 확대된 탓에 다중 채무자가 다시 늘어나는 것에 대한 염려가 늘고 있어요.

카드대출과 소비자금융은 우리의 생활을 도와주기도 하지만 올바르게 이용해야 한다는 점을 명심해야 합니다.

🛎 개인파산… 아무리 노력해도 갚을 수 없게 되었다면

개인파산이란 빚을 갚을 수 없을 때 법원에 파산신청서를 제출하고 면책허가를 받아 빚을 면제받기 위한 수속입니다. 개인파산을 인정받으면 법원으로부터 파산선고(지불 능력이 전혀 없는 사람이라는 판단)를 받게 되는데요. 그렇다고 빚이 사라지는 것은 아닙니다.

개인파산의 장점과 단점

장점	단점
① 빚이 면제된다.	① 신용정보(신용등급)가 남는다.
② 누구라도 수속할 수 있다.	② 재산을 처분당한다.
③ 대부업자로부터의 독촉이 멈춘다.	③ 직업 제한이 있다.
④ 수중에 남길 수 있는 재산도 있다.	④ 빚이 면제되지 않는 경우도 있다.
⑤ 가족에게 피해를 주지 않는다.	⑤ 관보 등에 기재된다.
	⑥ 보증인에게 징수당한다.

더 자세히! → p.196

개인파산을 선고받을 때 갖고 있던 주택, 보험, 귀중품, 자동차 등의 자산은 생활 필수품과 99만 엔 이하의 현금 등을 제외하고 처분되어 상환에 쓰여. 또, 신용정보(신용등급)에 오르면 신용카드를 만들거나, 대출을 받거나 할 수 없어. 그리고 그 빚에 보증인을 세운 경우는 빚이 없어지는 것이 아니라 보증인에게 상환하도록 요구하기도 해.

🛎 개인파산은 줄고 있다

개인파산 건수의 추이

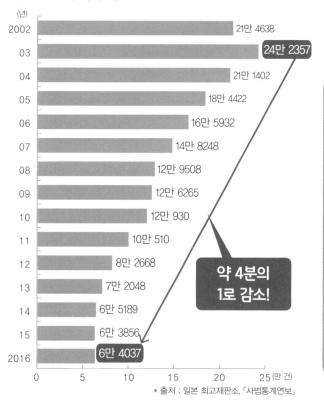

(년)	
2002	21만 4638
03	24만 2357
04	21만 1402
05	18만 4422
06	16만 5932
07	14만 8248
08	12만 9508
09	12만 6265
10	12만 930
11	10만 510
12	8만 2668
13	7만 2048
14	6만 5189
15	6만 3856
2016	6만 4037

약 4분의 1로 감소!

0 5 10 15 20 25 (만 건)

* 출처 : 일본 최고재판소, 「사법통계연보」

📝 경제노트

개인파산 외의 방법

개인파산에는 장점도 있지만, 단점도 있습니다. 따라서 개인파산 외에 다음과 같은 방법을 검토해보는 것도 필요합니다.

개인재생

빌린 돈을 5분의 1로 줄여 3~5년에 걸쳐 상환하는 제도. 일정한 수입이 있고 상환 능력이 인정되는 등의 조건이 필요.

임의정리

빚을 지고 있는 사람이나 그 대리인(변호사나 법무사 등)이 대부업자와 교섭해서 상환해야 할 금액을 매월 무리하지 않는 범위에서 분할해 상환하기 쉽도록 한 것. 법원이 개입하지는 않지만 신용정보(신용등급)에는 오름.

생애임금과 노후에 필요한 자금

일본인은 일생 동안 어느 정도의 돈을 벌고 있을까요? 또 나이가 들어 일을 그만두었을 때를 대비해 어느 정도의 자금을 준비해 두어야 하는 걸까요?

💰 일생 동안 벌 수 있는 돈은 얼마일까?

표준노동자의 남녀별·기업별의 생애임금 비교

남성의 경우

대졸·대기업 남성이라면
약 30억 원 이상!

30억 1200만 원

1,000명 이상의 기업

24억 3700만 원

100~999명의 기업

19억 9600만 원

10~99명의 기업

'표준노동자'는 학교 졸업 후 바로 기업에 취직해서 그 회사에 계속 근무하는 사람을 말해. 일반적으로는 도중에 회사를 바꾸면 생애임금이 내려간다고 했지만, 요즘은 반드시 그렇지만도 않아.

여성의 경우

대졸이라도, 소기업 여성은
대기업 남성의 약 절반!

24억 9900만 원

1,000명 이상의 기업

20억 5600만 원

100~999명의 기업

16억 920만 원

10~99명의 기업

* 출처 : 일본 후생노동성

남녀고용평등법으로 임금의 남녀 차는 없어졌지만, 승진 기회의 차로 결과적으로는 임금 차가 생긴다고 해.

한마디 메모   2016년 총무성의 가계조사에 의하면 60세 이상의 1인 가구의 1개월 가처분 소득 평균은 107만 6480원이고 소비자 지출 평균은 143만 9590원이라고 해. 즉, 36만 3110원이 적자야.

샐러리맨의 생애임금액은 성별, 학력, 근무하는 회사의 규모에 의해 크게 달라집니다. 생애임금액이 가장 큰 경우는 대학을 졸업한 후 종업원이 1,000명 이상의 대기업에 근무하는 남성으로 평균 30억 원 이상입니다. 이와 비교했을 때 똑같이 대학을 졸업하더라도 종업원이 10~99명의 소기업에 근무하는 여성은 약 13억 원이나 적습니다. 또 학력이 전문대학 졸업, 고등학교 졸업, 중학교 졸업이면 임금은 더욱 내려갑니다. 남녀고용평등법에 의해 같은 일을 한다면 남녀의 임금에 차이를 두는 것을 금지하고 있지만 격차가 아직 남아 있음을 알 수 있습니다. 생애임금의 차는 노후 생활에도 이어집니다. 결코 넉넉지 않은 노인의 경제적인 환경을 예상할 수 있습니다.

노후에 필요한 자금은 3억 원?

65세 정년퇴임 후 90세까지 살 경우

수입	연금(200만 원×300개월=6억 원	**3억 원 부족**
지출	생활비(300만 원×300개월=9억 원)	

노인의 수입은 얼마일까?

노인 가구의 평균소득액

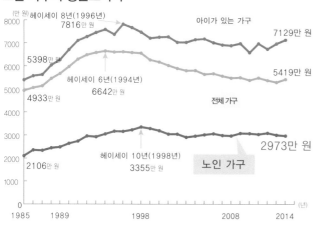

* 주 : 1) 헤이세이 6년(1994년)의 수치는 효고현을 제외한 것이다.
2) 헤이세이 22년(2010년)의 수치는 이와테현, 미야기현 및 후쿠시마현을 제외한 것이다.
3) 헤이세이 23년(2011년)의 수치는 후쿠시마현을 제외한 것이다.

* 출처 : 일본 후생노동성, 「국민생활기초조사」

일본인의 노후 여유는?

각 가구의 생활수준에 관한 의식

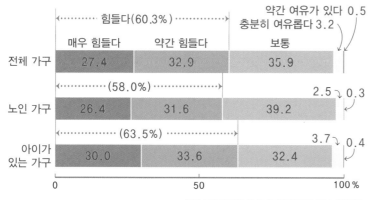

* 출처 : 일본 후생노동성, 「국민생활기초조사」, 2015년

경제노트

노후에는 10억 원 이상 필요할까?

부부 2인 기준 노후 자금은 3억 원이라는 것이 정설입니다. 매월 생활비가 300만 원 나가고, 연금이 200만 원 들어온다고 가정했을 때 65세부터 90세까지 25년으로 본다면 필요한 돈이 3억 원이기 때문이죠.

그러나 생활비는 생활 수준에 따라 크게 다르고 고액의 의료비가 필요하거나 요양시설에 입소하게 될 수도 있습니다. 이런 상황을 염두하여 실제로 부부 2명이 10억 원은 모아두는 것이 좋다는 의견도 있습니다.

그러나 생애임금을 보면 노후에 10억 원을 확보할 수 있는 사람은 극히 일부입니다. 때문에 노인도 일을 할 수 있게 하자는 움직임도 있습니다. 다만, 노인이 일을 하게 되면 수입이 확보되긴 해도 연금지급개시 연령이 올라갈 수도 있다는 점을 고려해야 합니다.

노인은 유유자적하는 이미지가 있지만 생활은 매우 힘들어. 앞으로 고령화가 더욱 진행되면 어떻게 될까……?

act.1 생활과 경제

빈곤 문제

풍요로워 보이는 일본 경제이지만, 경제적인 곤란을 안고 있는 '빈곤층'이 늘고 있습니다. 왜 빈곤이 생기는 걸까요? 또 어떤 영향이 있을까요?

🔍 일본인의 6분의 1이 빈곤?

기초생활수급자 수의 추이

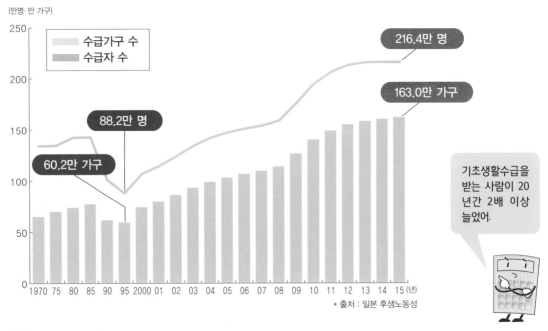

(만명·만 가구)

- 수급가구 수
- 수급자 수

216.4만 명

163.0만 가구

88.2만 명

60.2만 가구

기초생활수급을 받는 사람이 20년간 2배 이상 늘었어.

* 출처 : 일본 후생노동성

🔍 빈곤의 악순환과 영향

건강 빈곤해서 적절한 의료를 받지 못하면 건강에 문제가 생깁니다. 그것이 일을 구할 때 장해가 되어 더욱 빈곤으로 이어집니다.

환경 소년원에 수용된 사람 4분의 1 이상은 빈곤층입니다. 빈곤 가정의 경우 생활에 쫓겨 부모의 관심을 덜 받게 되고, 적절한 교육을 받지 못하게 됩니다. 그렇게 도덕의식이 결여된 채 부모가 된다면, 자녀 역시 도덕의식이 결여되기 쉽습니다.

학력 빈곤해서 적절한 교육을 받지 못하면 기본적인 지식과 학력이 부족해 좋은 직장에 취업할 수 없습니다. 그렇게 되면 자녀 역시 적절한 교육을 받지 못해 빈곤의 악순환에서 빠져나올 수 없습니다.

경제적 빈곤

자녀 세대에 이르는 빈곤

젊은 층의 빈곤

성인의 빈곤

한마디 메모 가난한 소녀 이야기인 『성냥팔이 소녀』의 작가 안데르센은 가난하고 힘든 유년시절을 보냈어. 그의 초기 작품의 결말에 주인공이 죽는 이야기가 많은 것은 죽음 외에는 편안해지는 것을 생각해본 적이 없을 정도의 가난을 체험했기 때문일 거야.

빈곤에는 일시적으로 수입이 줄어든 '일시적 빈곤'과 수입이 적은 상태가 지속하는 '만성적 빈곤'이 있습니다. 일본에서 늘고 있는 것은 만성적 빈곤입니다. 만성적인 빈곤은 악순환을 만들기에 완전히 벗어나기가 어렵습니다. 빈곤이 지속되면 건강 상태의 악화와 학력 저하를 초래해 사회 전반의 활력이 떨어지고 국제 경쟁력이 낮아지며 사회보장비 부담이 증가됩니다.

빈곤이라고 하면 개인의 능력과 노력의 문제라고 여기지만, 빈곤의 근본에는 사회 구조의 변화가 관련있는 경우가 많으므로 사회 전체가 나서야 합니다.

🕐 매년 증가하는 비정규직 비율

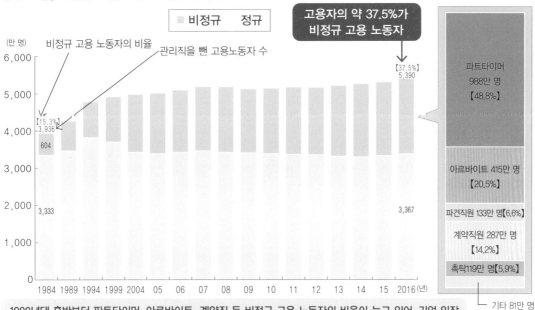

정규 고용, 비정규 고용 노동자 비율의 변화

비정규 고용 노동자의 내역

■ 비정규   정규

고용자의 약 37.5%가 비정규 고용 노동자

(만 명)

비정규 고용 노동자의 비율

관리직을 뺀 고용노동자 수

6,000

5,000

4,000

3,000

2,000

1,000

0

【15.3%】 3,936

604

3,333

3,367

【37.5%】 5,390

1984 1989 1994 1999 2004 05 06 07 08 09 10 11 12 13 14 15 2016 (년)

파트타이머 988만 명 【48.8%】

아르바이트 415만 명 【20.5%】

파견직원 133만 명【6.6%】

계약직원 287만 명 【14.2%】

촉탁 119만 명【5.9%】

기타 81만 명 【4.0%】

1990년대 후반부터 파트타이머, 아르바이트, 계약직 등 비정규 고용 노동자의 비율이 늘고 있어. 기업 입장에서는 비용 절감에 유리하기 때문이지. 비정규 고용 노동자의 수입과 위치는 정규 고용자보다 낮고 불안정해. 이처럼 일을 해도 수입이 적은 사람들을 '워킹 푸어'라고 하는데, 이들의 증가가 일본에서도 문제가 되고 있어.

🕐 전체 가구의 반은 '생활이 힘들다'

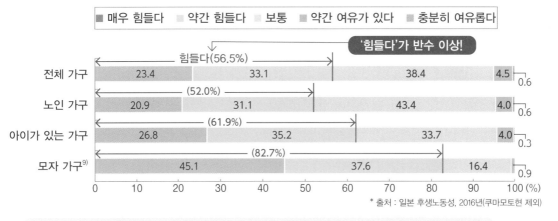

가구별 생활의식

■ 매우 힘들다   ■ 약간 힘들다   보통   ■ 약간 여유가 있다   ■ 충분히 여유롭다

'힘들다'가 반수 이상!

	힘들다		보통	여유	
전체 가구	23.4	33.1	38.4	4.5	0.6
노인 가구	20.9	31.1	43.4	4.0	0.6
아이가 있는 가구	26.8	35.2	33.7	4.0	0.3
모자 가구[9]	45.1	37.6	16.4		0.9

힘들다(56.5%)

(52.0%)

(61.9%)

(82.7%)

0 10 20 30 40 50 60 70 80 90 100 (%)

* 출처 : 일본 후생노동성, 2016년(쿠마모토현 제외)

2016년의 '가구별 생활의식'에서 '생활이 힘들다'의 비율을 보면, 아이가 있는 가구는 60%이고, 모자 가구는 약 80%야. 같은 한부모 가정이더라도 엄마가 아이를 키우는 경우 생활이 더 힘든 것이지. 이는 남녀고용평등법 시행 후에도 계속되는 남녀 격차의 영향이야. 아이를 키울 때는 시간 제약 때문에 돈을 많이 벌기가 힘들거든. 이처럼 한부모 가정의 증가가 빈곤의 증가로 이어진다고 볼 수 있어.

⑨ 가구주인 어머니와 18세 미만의 미혼 자녀로 구성된 가구

제2장 **우리들의 생활과 경제 이야기**

act.2 은행

이 그림은 메이지 7년(1874년) 동경 스루가쵸(현재 츄오쿠 무로마치)의 모습으로 안쪽의 서양식 건물은 나중에 일본 최초이 민간은행 미츠이은행이 되는 외환뱅크 미츠이 조직입니다.

메이지 5년(1872년) 정부가 '국립은행조례'를 제정하자 당시 사실상 은행 업무를 보고 있던 미츠이 조직과 오노 조직이 합병하여 미츠이 오노 조합은행을 설립하였고 미츠이 조직이 5층짜리 서양식 건물 해운교미츠이 하우스를 건설하였습니다. 그런데 정부는 이 서양식 건물을 일본은행으로 사용하겠다며 양도하라고 했습니다. 결국 미츠이 오노 조합은행은 정부가 관여하는 '제1 국립은행'으로 설립되었습니다.

그러나 다음 해 정령 개정의 영향으로 공동출자자 오노 조직이 파산하면서, 제1 국립은행은 정부계의 보통은행이 되었습니다. 하지만 미츠이는 은행 설립을 포기하지 않고 메이지 7년(1874년) 이 그림에 그려진 외환뱅크미츠이하우스를 세우고, 메이지 9년(1876년)에 일본 최초의 민간보통은행 미츠이은행을 개업하였습니다.

― 「동경스루가쵸 미츠이 묘사지도」(출처 : 일본국립국회도서관)

act.2 은행

금융기관이란?

'금융기관'이란 어떤 것일까요? 또 어떤 종류가 있을까요?

🕐 금융기관의 종류

'금융'이란 '자금의 여유가 있는 사람으로부터 자금을 필요로 하는 사람에게 돈을 융통하는 것'입니다.

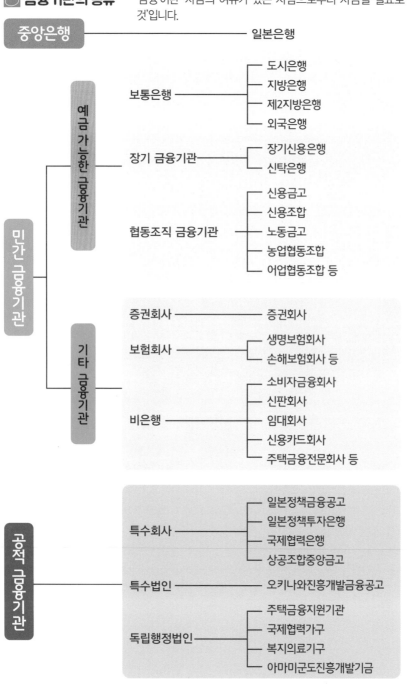

```
중앙은행 ──────── 일본은행

민간 금융기관
  예금 가능한 금융기관
    보통은행 ─── 도시은행
              ─── 지방은행
              ─── 제2지방은행
              ─── 외국은행
    장기 금융기관 ─── 장기신용은행
                ─── 신탁은행
    협동조직 금융기관 ─── 신용금고
                  ─── 신용조합
                  ─── 노동금고
                  ─── 농업협동조합
                  ─── 어업협동조합 등
  기타 금융기관
    증권회사 ─── 증권회사
    보험회사 ─── 생명보험회사
            ─── 손해보험회사 등
    비은행 ─── 소비자금융회사
          ─── 신판회사
          ─── 임대회사
          ─── 신용카드회사
          ─── 주택금융전문회사 등

공적 금융기관
  특수회사 ─── 일본정책금융공고
          ─── 일본정책투자은행
          ─── 국제협력은행
          ─── 상공조합중앙금고
  특수법인 ─── 오키나와진흥개발금융공고
  독립행정법인 ─── 주택금융지원기관
            ─── 국제협력가구
            ─── 복지의료기구
            ─── 아마미군도진흥개발기금
```

보험회사는 모은 보험료를 운용하고 있어. 운용도 융통의 한 종류이기 때문에 보험회사도 금융기관이라고 여길 수 있어.

공적 금융기관은 정책금융기관, 정부계 금융기관이라고도 하는데 경제발전, 국민생활안정 등 일정한 정책을 실현하기 위해 출자금의 대부분을 정부가 출자해서 설립한 금융기관이야. 민간 금융기관이 융자하는 것이 어려운 분야에 대해 재정투융자 등의 제도를 이용해 융자하고 있어. 예금은 받지 않아.

한마디 메모　최초의 일본 은행은 메이지 6년(1873년)에 개업한 제일국립은행(구 제일간업은행, 현 미즈호은행)이야. '국립'이 붙어 있지만 '국영'이라는 의미가 아니고, '국법(국립은행조례)에 의해 설립된 은행'이라는 의미야.

금융기관이라고 하면 우선 은행이 떠오르지만 이밖에도 많은 것이 포함됩니다. 예금(저금)을 하거나, 돈을 빌려주는 일을 하는 곳만 봐도 신용금고, 신용조합, 농협(농업협동조합), 수협(수산업협동조합) 등 여러 가지 금융기관이 있습니다.
최근에는 실제의 점포를 갖지 않고 인터넷만으로 영업하는 인터넷 은행이나 편의점에 설치된 ATM의 네트워크를 전개하는 유통기업계 은행 등도 생기고 있습니다. 이것들도 금융기관입니다.
이용 방법이나 설치 목적의 차이에 따라 여러 가지 금융기관이 있습니다.

◎ 예금 가능한 금융기관

좁은 의미의 금융기관은 '예금(저금)을 맡아주는 기능을 가진 기관'입니다.

보통은행	도시은행	대도시에 본점을 두고 광역으로 전개하는 은행
	지방은행	전국지방은행협회 회원의 은행. 본점을 지방에 두고 해당 지역을 주요 영업 범위로 하는 경우가 많음
	제2지방은행	제2지방은행협회 회원의 은행. 대부분은 상호은행에서 보통은행으로 전환한 것
	외국은행	외국은행의 일본지점
	새로운 형태의 은행	인터넷 은행 등
신탁은행		신탁이란 소유하는 금전과 토지 등의 재산을 전문가 등에 맡겨 운용·관리하는 것. 신탁은행은 보통은행의 업무에 '신탁업무'가 더해진 은행
협동조직 금융기관		개인사업주와 중소기업, 농업자, 수산업자 등이 상호부조를 목적으로 조직한 협동조합 등이 금융업무를 행하는 것 〈신용금고〉 신용금고법으로 규정된 금융기관으로, 지역에서 모은 자금을 지역의 중소기업과 개인에게 환원하는 것으로 지역사회의 발전에 기여하는 것을 목적으로 하기 때문에 대기업과 영업지역 외의 법인·개인에게는 융자할 수 없음 〈농업협동조합〉〈수산업협동조합〉 농업자, 수산업자의 협동조합이 은행과 거의 동등한 금융 업무를 행하며 조합원이 아니더라도 이용할 수 있음

우체국은행은 이전에는 공적 금융기관에 속해 있었지만, 민영화되면서 은행법이라는 법률을 운용을 받기 때문에 보통은행의 일종으로 속하게 되었어.

비은행이란 대출만을 행하는 기업이야. 은행법의 적용을 받지 않고 대부업규제법에 근거하여 영업하고 있어. 예금을 받지 않기 때문에 자금은 은행 등에서 조달하고 있어.

▶ 경제노트

새로운 형태의 은행

인터넷의 발달과 ATM 망의 보급에 의해 은행 점포에 가지 않아도 돈을 맡기고, 찾고, 보내고, 받을 수 있게 되었습니다. 그래서 최소한의 점포만으로 통장을 발행하지 않는 인터넷 전용 은행이나 전국적인 편의점, 마트 등의 유통업자가 ATM 망을 사용해서 전개하는 점포 없는 은행이 생겨났습니다.

은행

act.2 은행

은행의 역할

은행은 단지 돈을 맡아주기만 하는 곳일까요? 또 은행은 어떤 역할을 맡고 있을까요?

은행의 기능과 업무

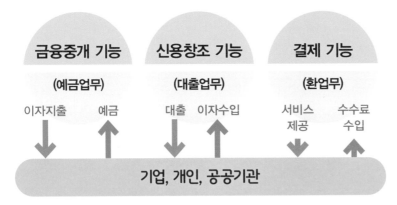

금융중개 기능	신용창조 기능	결제 기능
(예금업무)	(대출업무)	(환업무)
이자지출 ⬇ 예금 ⬆	대출 ⬇ 이자수입 ⬆	서비스 제공 ⬇ 수수료 수입 ⬆

기업, 개인, 공공기관

금융중개 기능이란?

우리는 은행에 돈을 '맡긴다'고 말하지만, 실제로는 우리가 맡긴 돈을 운용하여 은행이 운영됩니다. 그 결과로 이자를 받는 것이지요. 은행은 많은 돈을 맡기고 싶어하는 예금주와 자금을 필요로 하는 개인과 기업 등을 엮어줍니다. 은행이 가진 이런 기능을 '금융중개 기능'이라 하고 그 때문에 이뤄지는 것이 '예금업무'입니다.

> ### 경제노트
>
> **메가뱅크**(초대형 은행)
> 메가뱅크는 예금잔고가 현저하게 많은 은행과 은행그룹을 뜻한다. 일본의 메가뱅크는 거품경기 붕괴 후에 불량채권을 대량으로 떠안고, 총회꾼 그룹에 대한 이익공여 등으로 은행에 대한 비판이 커지는 한편, 장래의 호송선단방식의 금융정책에 대한 지적이 강해졌다. 이 상황을 타개하려고, 대형 시중은행이 합병·경영통합을 행하여서 생겨났다.
> 당초에는 합병에 의한 합리화가 주된 목적이었지만, 경영상황이 회복된 후는 합병에 의한 스케일 메리트(규모 확대로 얻는 이익)로 3대 기능이 강화되어 '메가'라고 표현할 정도로 강력한 금융기관이 되었다.

> 은행의 예금과 저금통 속 돈의 큰 차이는 저금통은 한번 돈을 넣으면 꺼낼 때까지 그대로 있지만, 은행에 맡긴 돈은 대출에 활용됨으로써 경제를 활성화시킨다는 점이야.

한마디 메모 ATM(현금자동입출금기)은 방범을 위해 여러 가지 방법을 연구하고 있어. 어떤 ATM은 무리하게 현금을 빼내려고 하면 녹색의 특수한 액체가 지폐에 뿌려져 훔친 돈이라는 것을 금방 알 수 있게 돼.

우리는 대부분 은행을 돈을 맡겨두거나 고액이 필요할 때 돈을 빌리는 기관으로 생각합니다.

그러나 은행은 사회의 경제활동을 여러 가지 면에서 지탱하는 큰 역할을 담당합니다. 그 역할은 금융중개 기능, 신용창조 기능, 결제 기능의 3가지입니다. 이 기능의 주요 업무인 예금, 융자, 환은 은행의 신용에 의해 실현되고 있습니다.

또한 경영이 안정화되어 맡긴 돈을 적정하게 빌려주는 은행이 아니라면 귀중한 돈을 맡길 수 없습니다. 따라서 대중들이 신뢰할 수 있게 책임감 있는 모습을 보여주어 신용을 높이는 것이 사회의 안정을 위해서 필요합니다.

신용창조 기능이란?

은행은 유통하고 있는 화폐의 양을 늘리는 역할이 있습니다. 이것을 '신용창조 기능'이라 하고, 그것을 위해 행하는 것이 '대출업무'입니다.

예를 들면 다음과 같은 흐름이 됩니다.

① X사가 A은행에 1,000만 원을 맡긴다.

② A은행은 그중 900만 원을 Y사에 빌려준다.

③ Y사는 900만 원을 일단 A은행의 계좌에 둔다.

④ A은행은 그중 800만 원을 Z사에 빌려준다.

⑤ Z사는 800만 원을 일단 A은행에 둔다. 은행의 돈은 X사의 1,000만 원을 자본으로 1700만 원의 대출이 반복되어 2,700만 원이 되었습니다.

Y사에 빌려준 900만 원을 자본으로 Z사에 빌려주자.

① 예금 1,000만 원

A은행

② Y사에 900만 원 대출

X사

Y사

③ 바로 쓰지 않으니 우선 900만 원은 A은행의 Y사 계좌에 둔다.

①에서는 1,000만 원이었던 예금을 자본으로 1,700만 원(Y사에 900만, Z사에 800만 원)의 대출이 가능하였다.

④ Z사에 800만 원 대출

A은행

Z사

⑤ 바로 쓰지 않으니 우선 800만 원은 A은행의 Z사 계좌에 둔다.

결제 기능이란?

은행을 이용하면 다른 사람이나 회사의 은행계좌에 돈을 보내거나 받을 수 있습니다. 또, 자신의 계좌에서 자동이체로 공과금이나 신용카드의 돈을 낼 수 있습니다.

이런 은행의 기능을 '결제 기능'이라 하고, 그것을 위해 행하는 것이 '환업무'입니다.

'결제 기능'으로 먼 곳에 있는 사람이나 외국의 회사와 거래를 하거나, 큰 돈을 걱정없이 주고받을 수 있습니다.

만약 은행이 없으면 어떻게 될까?
멀리 있는 사람과 거래할 때는 돈을 우편으로 보내거나 스스로 갖고 가야겠지.
또 집을 짓거나 자동차를 사야 하는데 돈이 부족할 때는 돈을 빌려주는 사람을 스스로 찾아야 할 거야. 반대로 돈을 빌려줄 때도 불편해져. 상대방이 확실히 갚을지 어떨지 매우 걱정될 테니 말이야.

act.2 은행

일본은행

일본의 지폐를 자세히 살펴보면 '일본은행권'이라고 쓰여 있습니다. 이 '일본은행'은 어떤 은행일까요?
또 일반은행과는 어떻게 다를까요?

🔵 일본은행의 3개의 역할

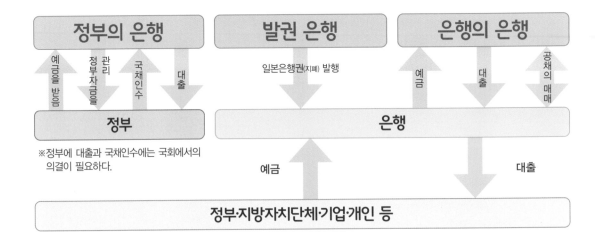

일본은행의 역할

정부의 은행	발권 은행	은행의 은행

정부의 은행
- 예금을 받음
- 정부자금을 관리
- 국채인수
- 대출

정부

※정부에 대출과 국채인수에는 국회에서의 의결이 필요하다.

발권 은행
일본은행권(지폐) 발행

은행의 은행
- 예금
- 대출
- 공채의 매매

은행

예금   대출

정부·지방자치단체·기업·개인 등

🔵 정부의 은행이란?

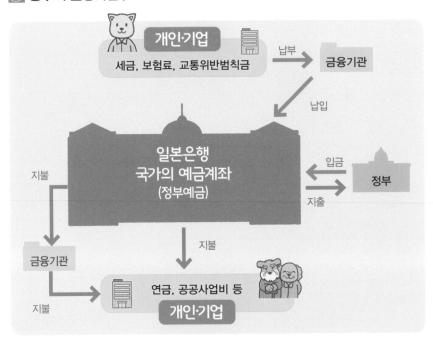

개인·기업
세금, 보험료, 교통위반범칙금

납부 → 금융기관

납입

일본은행
국가의 예금계좌
(정부예금)

입금 ← 정부

지출

지불

금융기관

지불

지불

연금, 공공사업비 등
개인·기업

일본은행은 국가(정부)가 일본은행에 개설한 예금 계좌를 통해서 세금이나 사회보험료, 교통범칙금 등의 세입금을 받거나, 공공사업비나 연금 등의 세출금을 지불하는 등 국가의 여러 가지 돈(국고금)의 수납 및 지불 업무를 하고 있어. 그 때문에 '정부의 은행'으로 불려.

한마디 메모   만약 실수로 돈을 태우거나 해도 놀라지 마. 전체의 3분의 2 이상 면적이 남아 있으면 액면가대로 돈과 교환할 수 있어. 하지만 남아 있는 부분이 5분의 2 이상 또는 3분의 2 미만이라면 액면가의 반을 받을 수 있고, 5분의 2 미만이면 교환할 수 없어.

중앙은행은 특정 국가나 지역에서 금융구조의 중심을 담당하는 기관입니다.

많은 국가에 중앙은행이 존재하는데, 일본의 중앙은행은 '일본은행'입니다. 중앙은행은 '정부의 은행', '발권 은행', '은행의 은행'의 3가지 역할을 짊어지고 있습니다. 일본은행의 총재는 일본은행법에 의해 중참 양의원[10]의 동의를 얻어 내각이 임명하지만, 정부에 속한 기관이나 국영 은행이 아니라 독립된 법인기관입니다. 이것은 정부가 눈앞의 정책 때문에 쉽게 금리를 조정하는 것을 방지하여 통화의 안정을 지키기 위함입니다. 이런 이유로 중앙은행은 '통화의 파수꾼'으로 불리기도 합니다.

🕐 발권 은행이란?

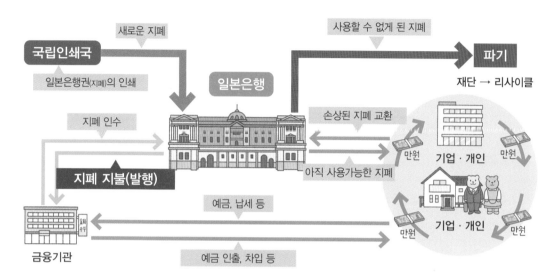

발권 은행이란 그 나라의 지폐를 발행하거나 손상된 지폐를 깨끗한 지폐로 교환해주는 은행이야. 지폐의 수명은 1만 엔이 4~5년 정도, 1천 엔과 5천 엔이 1~2년 정도야.

🕐 은행의 은행이란?

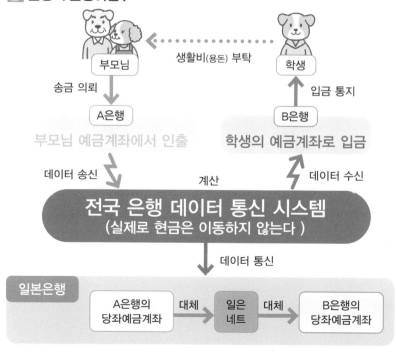

금융기관은 일본은행에 당좌예금계좌를 가지고 있어 준비예금을 그 계좌에 맡기고 있어. 또, 일본은행에서는 그 계좌를 '일본은행 금융 네트워크 시스템(일은네트)'라고 부르는 온라인 시스템으로 관리하고 있어. 우리가 어떤 은행에서 다른 은행의 계좌에 논을 송금할 때는 이 '일은네트'를 통해서 데이터를 주고 받는 거야.

act.2 은행

이자와 이식(利息)의 구조

빌린 돈을 돌려줄 때에는 원금과 더불어 '이자'를 요구받는 경우가 있으며, '이자'와 비슷한 말로 '이식'과 '금리' 등이 있습니다. 이것들의 차이는 무엇일까요? 또 어떻게 계산할까요?

이자, 이식이란?

(예) 10만 원을 금리 0.02%로 1년 동안 빌렸을 때에 지불하는 이자

100,000원 × 0.02% = (10)(10) 이자
원금   금리   20원

예를 들어 은행에서는 맡길 때나 빌릴 때도 '이식'이라 하고, 우체국에서는 맡길 때나 빌릴 때도 '이자'라고 해.

빌렸던 돈에 이자를 붙여서 돌려드립니다.

빌려줬던 돈과 '이식'을 받겠습니다.

10만 원을 금리 0.02%로 1년 동안 맡기거나 빌릴 때에 받게 되는 이식도 같은 계산식으로 구할 수 있어.

원금·금리·이자의 구조

 × =

원금 × 금리 = 이자

=   =   =

원본   이율   이식

=

연리

원금·원본
빌리거나 빌려주었던 원래 금액. 빌린 금액을 원금, 빌려준 금액을 원본으로 나눈다.

이자·이식
돈을 빌릴 때 일정한 이율로 지불하는 것을 이자라고 하고, 돈을 빌려주거나 맡기거나 할 때 일정한 이율로 받는 것을 이식이라고 하는 경우가 많다. 그러나 이자와 이식은 기본적으로 같은 것을 나타내고 있다.

금리·이율·연리
원금을 일정 기간 빌렸을 때 이자가 원금의 몇 퍼센트(%)인지를 나타낸 것이긴 하나 이자나 이식 그 자체를 나타내는 경우도 있다. 보통 1년 동안 빌렸을 때 몇 퍼센트가 되는가를 나타내는 경우가 많고, 1년 동안 빌리거나 빌려주었을 때의 금리를 '연리'라고 한다.

한마디 메모 소설이나 영화 등에 '토이치의 고리대금(업자)'이라는 말이 나오는 경우가 있어. 토이치는 열흘에 1할의 금리가 붙는 빚을 의미해. 1년을 빌리면 단리라도 365%, 복리라면 놀랍게도 3142%(10만 원을 빌리면 314만 2000원의 이자)나 되지. 물론 위법이야.

'연 금리 1.5%'라고 하면 '별거 아니네…'라고 생각할지도 모릅니다. 예를 들어 1,000만 원을 빌린다면 1년간 이자는 15만 원으로 해결되기 때문입니다. 그러나 이것은 금리의 계산을 단리로 계산하였을 경우이며, 만약 일보(날수로 계산하는 이자)의 복리로 계산한다면, 1년 후 원금과 이자를 합치면 4,500만 원 이상으로 늘어납니다.

물론 현재 일본에서 돈을 빌릴 때 이런 단위로 금리를 계산하는 계약은 인정되지 않지만, 돈을 빌리거나 대출을 받을 때는 계약 내용 중 어떤 계산 방법을 택하는지 확인해 두지 않으면 상환할 때 예상했던 것 이상의 부담이 생길 수 있습니다.

🔘 단리와 복리의 계산

단리 원금에 대해서만 이자가 붙는 계산 방식.

(예) 1000만 원을 금리 2%로 맡긴 경우
1년째 이자 1000만 원×2% = 20만 원
2년째 이자 1000만 원×2% = 20만 원
3년째 이자 1000만 원×2% = 20만 원

복리 이자도 금리 계산의 '원금'에 포함되는 계산 방식. 일정 기간마다 이자가 지불되면 다음 기간에는 '원금 + 앞 기간의 이자'의 금액이 이자 계산의 밑천이 됨.

(예) 1000만 원을 금리 2%로 맡긴 경우
1년째 이자 1000만 원×2% = 20만 원
2년째 이자(1000만 원+20만 원)×2% = 20만 4000원
3년째 이자(1000만 원+20만 4000원)×2% = 20만 8080원

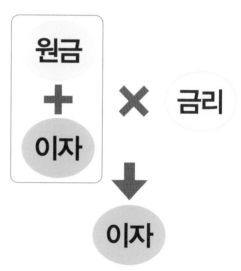

'단리'의 금리계산식

연리의 계산
이자=원금×금리×연수

월리의 계산
이자=원금×금리÷12×월수

일보 계산
이자=원금×금리÷365×일수

'복리'의 금리계산식

연리의 계산
이자=원금×$(1+$금리$)^{연수}$ − 원금

월리의 계산
이자=원금×$(1+$금리$÷12)^{월수}$ − 원금

일보 계산
이자=원금×$(1+$금리$÷365)^{일수}$ − 원금

3억 원을 연리 1.5%의 복리로 20년간 빌린 경우에 지불하는 이자는 3억 원×$(1+1.5\%)^{20}$−3억 원=1억 405만 6410원으로, 원금과 이자를 합하면 상환액은 4억 원 이상이 돼.
※주택대출 등의 경우 매월 상환액을 일정하게 유지하도록 원금을 갚아가며 금리도 지불하기 때문에 위의 계산과는 달라.

act.2 은행

투자·출자·융자의 차이

'투자', '출자', '융자'는 매우 비슷한 뜻을 가지고 있습니다. 각각 어떤 의미이고 어떤 차이가 있을까요?

투자·출자·융자의 차이는?

투자

사업 등에 필요한 자금을 제공하는 것
전체를 나타내는 말

출자

주식을 사는 등의
형태로 자금을 제
공하는 것

융자(대출)

대출 등의 형태로
자금을 제공하는 것

출자와 융자는 어떻게 다를까?

	출자	융자
목적	사업의 성공과 성장을 기대한 투자	상환과 이자의 지불이 약속된 투자
상환 의무	없음	없음
대표적인 형태	•주식투자(회사의 주식을 사는 것)	•대출(빚) •채권(국채, 사채 등)의 구입
투자자의 경영 참여	있음	없음
이자	없음	있음
투자에 의해 얻어지는 권리	•회사가 이익의 배당을 했을 때에 비율에 따라 받을 수 있는 권리, 회사를 매각하거나 청산했을 때의 비율에 따라 매각액과 청산금을 받을 수 있는 권리(이익배당청구권) •대표이사의 선임권, 해임권, 회사규칙인 정관의 변경 등의 결의에 대해 주주총회에서 투표를 하는 권리(의결권) 등	•상환을 받을 권리 •이자를 받을 권리
리스크 (투자하는 쪽)	•투자한 자금은 돌려받지 못한다. •사업이 잘되지 않을 경우는 이익을 얻을 수 없다.	•사업이 잘 되지 않을 경우 등은 상환받을 수 없다.
리스크 (투자받는 쪽)	•경영에 관여받을 수 있다.	•사업의 추이에 상관없이 계약에 따라 상환(이자 지불)을 해야 한다.

한마디 메모 메이지 정부는 메이지 유신부터 얼마 지나지 않은 메이지 5년(1872년)에 '학제'를 공포. 신분·성별에 구별없이 국민 전원이 다니는 학교를 전국에 설치하는 것을 목표로 했어. '교육 투자'라고 할 수 있는 이 정책이 일본의 발전으로 이어졌어.

'투자', '출자', '융자'는 전부 자금을 필요로 하는 곳에 자금을 제공하는 것으로 이익을 얻으려는 경제활동을 나타냅니다.

투자는 이 경제활동 전체를 나타내고, 출자는 회사와 사업에 자금을 제공하는 것으로 배당을 받거나 사업에 관여하는 권리를 얻는 활동입니다. 융자는 제공한 자금을 상환받는 동시에 이자를 받습니다. 이처럼 출자와 융자는 각각 장단점이 있습니다. 따라서 자금을 제공하거나 받는 경우 '출자'인지 '융자'인지를 정확하게 확인해 두는 것이 중요합니다.

은행

투자의 주요 종류

●주식투자(출자)
주식에 투자하는 것으로, 기업이나 사업이 성공했을 경우에 배당이나 주식의 양도로 이익을 얻는다.

●채권투자(융자)
자금을 빌려주어 이자를 얻는다. 시장의 동향에 따라 채권 자체를 양도해서 이익을 얻는 경우도 있다.

●상품투자
금 또는 가치가 오를 것 같은 물건 등의 상품을 구입하거나 구입하는 권리를 얻어서 가격이 오른 후 그것을 매각해서 이익을 얻는다.

●부동산투자
토지, 주택, 아파트 등의 부동산을 구입하여 그 임대료를 받거나 가격이 오른 후에 매각해서 이익을 얻는다.

●환투자
금리가 낮은 통화로 금리가 높은 통화를 구입해서 이익을 얻는다. 또는 환율 변동에 따른 이익을 얻는다.

투자에는 출자와 융자 외에도 여러 가지가 있어. 자금을 내는 것으로 이익을 얻는 행위는 넓은 의미로 투자라고 할 수 있어.

융자를 상환하는 방법의 종류와 차이

	원리금균등상환	원금균등상환
이미지	매월 상환액 / 상환 기간 — 이자, 원금	매월 상환액 / 상환 기간 — 이자, 원금
개요	매월 일정액을 상환한다. 대출 초기에는 대출 잔고가 많기때문에 이자 지불이 차지하는 비율이 커진다.	원금을 상환 횟수로 나눈 금액과 이자를 지불한다. 대출 초기의 지불액이 크고, 차차 줄어든다.
장점	•매월 상환액이 같아서, 상환계획을 세우기 쉽다. •초기 상환액이 원금균등상환에 비해 적다.	•원금이 빨리 줄어든다. •총 상환액이 원리금균등상환보다 적다
단점	•원금이 늦게 줄어든다.	•초기 매월 상환액이 많다.

융자를 받을 경우는 상환 방법도 확실히 생각해둬야 해.

act.2 은행

예금과 적금의 차이

금융기관에 돈을 맡기는 것을 '예금'이나 '적금'이라고 하는데, 이 두 가지는 어떤 차이가 있는 걸까요?
또 예금과 적금의 종류에는 어떤 것들이 있을까요?

예금과 적금은 어떻게 다를까?

은행, 신용금고, 신용조합, 노동금고 등

예 금

이 돈은 나중에 필요할 때 쓸테니 맡겨 둘게요.

알겠습니다. 잘 맡아 두도록 하겠습니다.

농협(JA뱅크), 수협(JF마린뱅크), 우체국

적 금

매월 조금씩 모으겠습니다.

알겠습니다. 많이 모이면 좋겠네요.

예금과 적금은 거의 같은 구조이지만 은행 등은 '예금자의 결제용 자금을 맡아 둔다'라는 성격이 강한 반면, 우체국 적금과 농협 등은 중소사업가나 농림수산업자들의 '돈을 모은 다'라는 성격이 강하기 때문에 '적금'이라고 부르게 되었어.

은행에 맡긴 자금의 흐름

은행에 맡겨진 돈은 그대로 은행이 가지고 있는 것이 아니라, 일정 금액을 일본은행의 계좌에 넣어 두거나 빌려줍니다.

일본은행

일정액을 맡김

단, 물건으로서의 지폐의 움직임은 이것과는 달라.

개인·기업 등 → 은행 →  → 대출 → 개인·기업 등

한마디 메모   우체국 적금은 일본의 우편제도의 아버지라 불리는 마에지마 히소카가 영국의 우편제도를 시찰했을 때, 우체국에서 환과 적금 업무도 보는 것을 알게 되어서 그것을 따라서 도입하였어. 하지만 적금이라는 개념이 생소하였던 당시 일본인들은 거의 이용하지 않았대.

금융기관을 이용하는 경우, 그 금융기관과 계약을 하고 '계좌'를 개설하게 됩니다.
계좌마다 '통장'이 발행되면, 금융기관이 입금과 출금을 관리합니다. 계좌에는 몇 가지 종류가 있어서 이용목적에 따라서 고를 수 있습니다.
그렇다면 금융기관에 맡긴 돈은 어떻게 움직일까요?

장부상에는 일부를 준비예금으로 일본은행에 예금하고 나머지는 대출로 돌립니다. 그러나 대부분의 대출은 현금을 건네지 않고 계좌로 입금합니다. 최근에는 현금수송을 맡은 운송회사가 현금의 관리도 맡는 경우도 많아지고 있습니다.

🔘 주요 예금의 종류

은행을 이용하는 경우, 그 은행에 '계좌'를 개설합니다. 계좌에는 '보통예금계좌'와 '정기예금계좌' 등 몇 종류가 있지만, 최근에는 모든 것을 한번에 관리하는 '종합계좌'가 늘고 있습니다.

보통예금계좌

- 돈을 맡기거나 찾는 것이 자유롭다.
- 금리가 붙는다.
- 현금카드가 발행된다.

정기예금계좌

- 만기일(또는 조치기간)을 설정하여 그때까지는 찾을 수 없는 조건으로 일정의 금리로 맡긴다.
- 일반적으로 보통예금보다 금리가 높다.

당좌예금계좌

- 어음이나 수표를 결제하기 위한 계좌.
- 금리는 붙지 않는다.
- 금융기관이 파산하여도 전액 보증된다.
- 개인이 개설하는 것은 어렵다.

종합계좌

보통예금계좌와 정기예금계좌 등을 하나의 통장으로 관리할 수 있는 계좌.

계좌대월

보통예금계좌의 잔고가 부족하면 정기예금계좌의 잔고 범위 내에서 자동적으로 지급하는 것이 가능. 이것을 계좌대월 또는 당좌대월이라고 한다. 대월의 금액과 기간에 따라 이자가 발생하므로 장기간이라면 정기예금을 해약하는 것이 득인 경우도 있다. 대월기간 중 보통예금계좌의 잔고표시는 마이너스가 된다.

대여금고

은행의 금고 안에 개인의 중요한 물건을 맡아주는 서비스. 은행이나 지점 등에 따라 다르지만, 서류함 정도 크기의 열쇠로 잠그는 상자(서랍)에 중요한 서류나 귀중품 등을 넣어 맡긴다. 출납은 맡겨놓은 은행 지점 안의 전용 부스 안에서 행하는 경우가 많다. 도난이나 분실을 방지하는 것이 가능하고, 화재나 큰 재해 등을 대비해 이용하는 사람도 많다. 월 단위 또는 연 단위로 이용요금이 발생한다.

🔘 운송회사가 현금을 관리

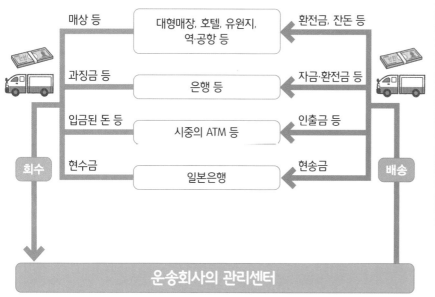

현재는 편의점의 ATM에서 현금출납이 가능해. 이 '현금'은 은행에서 의뢰받은 운송회사가 관리하는 경우가 많아. 운송회사는 자사의 관리센터에 현금을 보관하고 계약한 은행의 지시에 따라 출납을 해. 지금은 이 센터가 은행의 금고와 같은 역할을 하고 있어.

act.2 은행

금융기관의 파탄

금융기관도 여러 가지 이유에 의해 일반 기업과 같이 경영이 파탄(도산)나는 경우가 있습니다. 금융기관이 도산하면 맡겨뒀던 돈은 어떻게 될까요?

◎ 금융기관의 경영 파탄 흐름

- 빌려준 돈을 돌려받지 못하게 되었다.
- 구입한 주식 등의 자산이 폭락하였다.
- 직원의 공금 사용 등 부정행위가 있었다.

↓

지불할 수 없게 된다=채무 초과가 된다

↓

금융청이 은행 업무의 정지를 명령(파탄 인정)

파탄

일반 회사가 도산하는 것처럼 은행 등의 금융기관도 경영이 파탄하는 경우가 있어. 금융기관이 파산하면 일정 한도액 이상의 예금은 보호되지 않기 때문에 사회에 끼치는 영향이 커.

◎ 예금자를 보호하는 예금보험제도

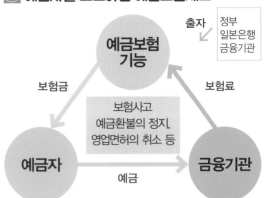

출자 → 정부 / 일본은행 / 금융기관

예금보험 기능

보험금 ↙   보험료 ↗

보험사고
예금환불의 정지,
영업면허의 취소 등

예금자 ─ 예금 → 금융기관

예금보험제도에는 금융기관이 파탄했을 경우에 대비한 예금보험기능이 있어! 예금자에 보험금을 지불하는 것으로 예금자를 보호하고 자금결제를 확보해서 신용질서를 유지하는 구조야.

◎ 예금보호의 2가지 방식

① 보험금지불방식 보험금을 예금보험공사에서 예금자에게 지불한다.

파탄 금융기관 ── 도산 수속 ── 예금보험공사 ── 보험금 지불 ── 예금자
파탄 금융기관 ── 배당 지불 ──
정산·소멸

② 자금원조(지원)방식 파탄한 금융기관을 이어받는 금융기관에 예금보험공사가 자금을 지원한다.

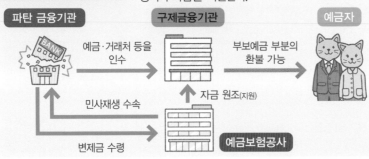

파탄 금융기관 ── 예금·거래처 등을 인수 → 구제금융기관 ── 부보예금 부분의 환불 가능 → 예금자
자금 원조(지원) ↑
민사재생 수속
변제금 수령
예금보험공사

어떤 방식이라도 예금보호 범위는 같지만, 은행의 파탄으로 일어나는 혼란을 최소한으로 하고, 파탄 처리를 위한 비용을 줄이기 위해 '자금원조방식'을 우선으로 해.

한마디 메모   일본에서는 미국의 투자은행 리먼 브러더스의 경영 파탄으로 인한 세계 금융기관의 위기를 '리먼 사태'로 불러. 같은 사건을 세계적으로는 '2008년 금융위기(the 2008 financial crisis)'라고 해(한국에서는 '리먼 사태'라고 함).

일본에서는 금융기관이 경영 파탄했을 때 예금보험제도에 의해 예금자 1명에 대해 예금의 원금 1억 원과 그 이자까지 보호하고 있습니다. 이렇게 금융기관의 경영이 파탄한 경우에 일정 한도까지의 예금을 보호하는 것, 반대로 말하면 일정 한도 이상을 보호 대상 외로 하는 것을 '페이오프'라고 합니다.

일본에서는 1971년에 예금보험법이 생겨 페이오프 제도가 도입되었지만, 금융 불안이 커진 탓에 1995년에 운용이 동결되어 사실상 국가가 전액 보증하는 상태가 지속되었습니다. 그 후 금융기관의 경영개선이 진행되어 2005년에 전면적으로 해제되었으며, 2010년에 일본진흥은행의 경영이 파탄했을 때, 처음으로 운용되었습니다.

🕐 보호받는 금액의 계산

(예1)
하나의 금융기관 어느 지점에 원금 1억 2,000만 원의 결제용 자금에 해당하는 예금과 원금 4,000만 원 보통예금(이자) 및 원금 8,000만 원의 정기예금이 있는 경우

(예2)
하나의 금융기관 복수의 지점에 원금 2,000만 원의 결제용 자금에 해당하는 예금과 원금 4,000만 원의 보통예금(이자) 및 원금 8,000만 원의 정기예금이 있는 경우

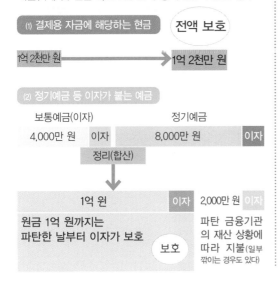

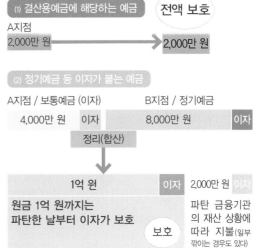

🕐 예금의 보호 범위

현금 등 분류	예금보험제도의 대상예금 등		예금보험제도의 대상예금 등
	결제용예금	일반예금 등	
	당좌예금. 이자가 붙지 않는 보통예금 등	이자가 붙는 보통예금·정기예금·정기적금 등 • 원금보전계약을 한 금전신탁(대부신탁을 포함) 등	외화예금·양도성예금·금융채(모집 및 보호보관계약이 종료한 것) 등
보호 범위	전액 보호	일부 깎이는 경우 있음	일부 깎이는 경우 있음

실질적인 경영 파탄 상태가 되어도 예금보험제도의 운용 전에 다른 금융기관에 의한 흡수병합 등에 의해 구제되는 경우는 전액 보증돼.

🕐 은행의 안전성을 아는 지표

자기자본비율	자기자본비율이란 총자본(총자산)에 어느 정도가 자기자본으로 마련되는지를 나타내는 지표
불량채권충당률	불량채권이 된 대출처가 도산해서 회수할 수 없는 경우 어느 정도 충당할 수 있는지 나타내는 값
불량채권비율	모든 대출금에 대한 불량채권의 비율을 나타내는 값
유가증권 미실현 이익	주식 등의 유가증권을 보유하고 있는 상태로, 확보된 가격 상승 이익

이 값은 각 은행의 홈페이지에 공개되어 있어.

제2장 **우리들의 생활과 경제 이야기**

act.3 **보험**

큰일났습니다! 교통사고입니다. 고속도로에서 다중 충돌이 일어났네요. 구급대원과 구급차 등이 도착해 부상자의 구출 작업을 진행하고 있습니다.

교통사고를 내면 자신의 차만 망가지는 것이 아닙니다. 다른 사람에게 상처를 입히거나 때로는 다른 사람의 목숨까지 잃게 만들지요.

그 원인이 자신에게 있는 경우에는 배상금을 지불해야 합니다. 상대방이 목숨을 잃거나 평생 누워서 지내야 하는 큰 부상을 당한 경우, 그 금액은 수십억 원이 되는 경우도 있습니다.

반대로 사고를 당한 경우 상대방이 배상금의 지불 능력이 없는 경우도 생각할 수 있습니다.

이런 사고, 질병, 부상, 재해 등 만일의 사태에 대비하기 위해 생긴 것이 '보험'이라는 제도입니다. 돈으로 모든 것을 해결할 수는 없지만, 보험이 있으면 안심하고 생활할 수 있습니다.

act.3 보험

보험이란?

우리는 생각지 못한 사고를 당하거나 병에 걸렸을 때, 금전적으로 곤란한 상황에 빠지지 않기 위해 보험을 이용합니다. 그렇다면 보험이란 어떤 구조이고, 어떻게 생겨난 것일까요?

💰 보험의 구조

유리를 깨는 사고가 반드시 일어난다고는 할 수 없어. 그렇지만 유리를 깼을 때의 부담은 크지. 그래서 같은 위험을 가진 사람들이 매월 조금씩 돈을 내어 모아 둔다면, 만일의 경우 그 돈으로 지불할 수 있기 때문에 자기 팀만으로 유리 값을 내는 것보다도 적은 비용으로 해결할 수 있게 되는 거야!.

한마디 메모 생명보험의 기원에 관한 설은 여러 가지가 있어. 그중 대표적인 것은 중세 유럽의 동업자 조합인 길드에서 관혼상제 등을 겪는 조합원의 경제적인 손실분을 나눠 부담했던 제도나, 17세기 영국에서 목사들이 만일의 경우를 대비해 돈을 각출했던 제도가 그 기원이라는 설이 있지.

사고 등이 일어나면 큰돈이 들어 곤란해지는 경우가 있습니다. 그러나 언제 일어날지도 모르는 사고나 어쩌면 일어나지 않을지도 모르는 사고를 위해 돈을 모아 두는 것은 힘듭니다. 또 돈이 모이기 전에 사고가 일어나버리면 소용 없는 일이 되기도 하고요.

그래서 같은 위험을 가진 사람들이 조금씩 돈을 각출해서 만일의 경우 위험성이 생겼을 때 돈을 받을 수 있는 제도가 현재의 보험입니다.

그러나 보험이 생겨났을 때는 보험을 책임지는 쪽은 보험금의 지불이 생기지 않으면 많은 이익이 생기고, 보험금을 지급하면 큰 손해를 보는 도박에 가까운 성격을 띠기도 하였습니다.

💿 보험의 역사

고대 오리엔트 시대

교역할 때 발생하는 자연재해·도적·해적 등에 대비해서 자금을 빌리는 제도가 생김
→ 그러나 금리가 너무 높아서 바빌로니아[11]의 교역 자체가 후퇴함

기원전 300년경

지중해 상인이 배와 적하(차나 배에 화물을 실음)를 담보로 금융업자에게 돈을 빌린 뒤 무사히 귀항하면 돈을 갚고, 귀항하지 못하면 갚지 않는 제도가 생김
→ 해상보험의 원형

17세기 말

런던의 항구 근처의 에드워드 로이스가 경영하는 커피하우스에서 해상운송 관계자들 사이의 보험인수가 행하여짐
→ 이것이 근원이 되어 국제적인 보험 조직 '로이즈[12]'가 생김

---

[11] 메소포타미아의 동남부 유프라테스강과 티그리스강의 하류 지방으로 메소포타미아 문명의 발생지이다.
[12] 런던에 있는 개인 보험업자 단체로 1871년에 정식 법인으로 발족하였다.

보험

act.3 보험

여러 가지 보험

생명보험부터 의료보험, 자동차보험, 손해보험 등 보험의 종류에는 여러 가지가 있습니다. 각각 어떻게 구분하고, 어떤 특징이 있을까요?

🔵 보험은 3가지로 나뉜다

생명보험 제1분야/'생사'의 보장

피보험자가 사망하였을 때에 보험금이 지급되는 보험

《상품의 종류》

- 정기보험…일정 기간 이내에 일어난 사망에 대하여 보험금이 지급된다. 순수보장 타입의 보험이며, 일반적으로 가입 기간과는 상관없이 보험 금액이 일정하다. 아이가 성장할 때까지 세대주가 납입하는 경우가 많으며, 일정 기간 보장이 필요한 경우에 적합하다.

- 종신보험…보험기간을 정하지 않고 생애에 걸쳐 보장된다. 보험료는 비교적 높은 편이며, 중도해지 시 해약환급금을 받을 수 있다.

- 학자금보험…만기 시(대부분 아이의 대학 입학 시기)에 보험금이 지불된다. 도중에 부모가 사망한 경우, 그 이후의 보험료 납입은 면제된다. 초·중·고등학교의 입학 시기에 축하금을 주는 경우도 있다.

손해보험 제2분야/'손해'의 보상

우연한 사고에 의해 손해가 생긴 경우에 지급되는 보험

《상품의 종류》

- 화재보험…건물이나 건물 내부의 것이 화재나 풍수해에 의해 손해를 본 경우에 보상된다.

- 자동차보험…자동차 이용에 의해 발생한 손해를 보상한다. '자동차 손해배상 책임보험(자배책보험)' 가입이 의무화되어 있지만, 전부 조달할 수 없기 때문에 임의로 보험에 가입하는 경우가 많다.

- 배상책임보험…타인에게 손해를 끼쳐서 배상책임을 졌을 때 그것을 배상한다. 예를 들어 골프 중에 친 타구로 타인에게 상처를 입힌 경우를 대비해서 든 골프보험 등도 배상책임보험의 일종.

상해보험, 의료보험 등 제3분야/'의료·간병'의 보장

'제1분야'와 '제2분야'의 중간적인 성격으로 두 분야 중 어디에도 속하지 않는 보험

《상품의 종류》

- 의료보험·질병보험…질병에 걸리거나 부상을 당했을 때 입원 일수와 수술 내용에 따라 지급된다. 암과 같은 특정 질병을 대상으로 하는 것도 있다.

- 간병보험(민간간병보험)…간병이 필요해진 경우에 간병 서비스를 받기 위한 비용과 요양시설에 입소하기 위한 비용으로서 지급된다. 공적 장기요양보험을 보완하는 면도 있다.

- 취업불능장해보험…질병이나 부상 등으로 편마비나 거동이 불가능해 자리보전으로 일을 할 수 없을 때에 보험금이 지급된다. 일시금이 지급되는 타입과 매월 일정액이 지급되는 타입이 있다.

	생명보험 (제1분야)	손해보험 (제2분야)	상해보험·의료보험 등 (제3분야)	
취급하는 보험회사	생명보험회사	손해보험회사	생명보험회사, 손해보험회사	
보험 대상	사람의 사망	우연한 사고	상해 · 질병 등	
보험금의 지급액	처음 정한 금액	실제 든 비용	처음 정한 금액	실제 든 비용

보험에는 계약기간 종료까지 사망이나 손해가 발생하지 않는 경우는 보험금을 지급하지 않는 '순수보장형'과 만기가 되어 중도해약 시 얼마의 보험금이 지급되는 '만기환급형'이 있어. 만기환급형의 보험료가 비싸.

한마디 메모   해상보험은 영국의 로이드가 운영하는 커피하우스에서 시작되었다고 해. 당시 런던에서는 커피하우스가 상담의 장으로 활발하게 이용되었는데, 로이드 커피하우스는 템즈강의 강변에 가까워 해운업자나 무역업자의 집합소였어. 그곳에서 해상보험이 생겨난 거야.

보험계약을 체결할 때는 주계약에 특약을 추가하게 됩니다. 특약을 많이 추가할수록 보장은 커지지만, 보험료는 비싸집니다. 반대로 순수보장형 보험은 아무 일도 일어나지 않고 보험 기간이 만료한 경우 납입한 보험료는 일절 받을 수 없지만, 보험료가 저렴합니다.
'보장이 좋으니까', '나중에 돌려 받을 수 있으니까'라고 해서 비싼 보험에 들었다가 생활에 지장이 생긴다면 주객전도입니다. 반대로, 만일의 경우가 발생했을 때 도움이 안 되는 계약이라면 의미가 없습니다. 보험에 가입할 때는 어떤 보상이 필요한지를 생각하고 계약 내용을 확실히 살펴보는 것이 중요합니다.

예금과 보험이 차이(만기환급형 생명보험의 경우)

예금

조금씩 쌓이며, 쌓인 만큼 찾을 수 있다

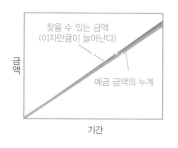

생명보험

사망 등이 발생하면 지급된다. 만일의 상황이 발생하면 납입 보험료와 관계없이 보장금액의 전액을 받는다.

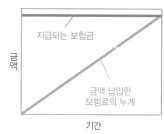

중도에 해약하면 지급되는 금액이 납입한 보험료보다 적은 경우도 있다.

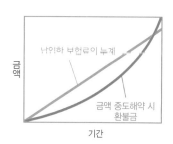

보험의 주계약과 특약

보험의 계약에는 메인 계약인 '주계약'과 주계약을 보완하는 '특약'이 있습니다. 예를 들어 생명보험이라면 사망보험이 주계약이고, 거기에 입원보장의 특약을 추가하는 형태가 됩니다. 의료보험일 경우 입원 급부금[13]의 주계약을 맺고, 사망보장 특약을 추가하는 형태가 됩니다.

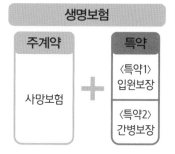

같은 것처럼 보이지만, 보장의 범위와 그 밖에 어떤 특약을 추가하는 것이 가능한가 등 조건이 다르기 때문에 주의해야 해.

세계의 독특한 보험

●가슴털보험

가슴털을 85% 이상 잃게 되었을 경우 보험금이 지급된다. 자연히 빠지거나 질병으로 인하여 빠진 경우는 대상에서 제외된다.

●유령보험

유령에게 습격당했을 경우 부상치료비를 보장하는 보험. 영국의 보험회사가 취급하고 있다.

●우주인보험

우주인에게 유괴당했을 경우 1000만 달러의 보험금이 지급된다. 미국의 복수 보험회사가 취급하고 있다.

●날씨보험

여행지에 일정 기간 비가 계속 내리면 지급된다. 여행사는 보험회사와 계약을 맺고 '비 오면 여행대금 할인' 등의 투어를 짠다. 일본 보험회사의 보험이다.

●월드컵휴업보상보험

네덜란드의 보험회사가 판매. 월드컵의 시합 당일과 그 다음 날에 시합 관전을 위해 쉬는 사원이 있는 경우에 지급된다.

●드론보험

드론을 날려 타인에게 부상을 입히거나, 무언가를 파괴했을 경우 배상을 위해 지급되는 보험. 드론 보급과 함께 급증했다.

[13] 피보험자가 재해나 질병으로 병원에 입원하는 경우에 지급하는 금액.

act.3 보험

보험금이 지급되는 구조

보험금은 어떤 구조로 지급되는 걸까요? 또 보험회사는 어떻게 이익을 얻는 걸까요?

🔵 보험금이 지급되는 구조

보험회사는 보험금의 지급 등을 위해 '보험계약 준비금'을 적립하는 것이 법률로 의무화되어 있습니다. 맡긴 보험료 중 약 90%는 보험금 지급에 사용하고, 남은 자금을 증권이나 부동산 등으로 운용해서 이익을 얻습니다.

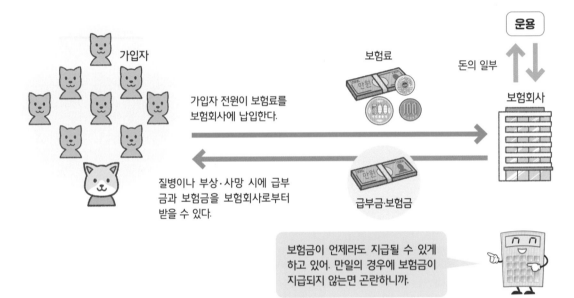

가입자

운용

보험료

돈의 일부

보험회사

가입자 전원이 보험료를 보험회사에 납입한다.

질병이나 부상·사망 시에 급부금과 보험금을 보험회사로부터 받을 수 있다.

급부금·보험금

보험금이 언제라도 지급될 수 있게 하고 있어. 만일의 경우에 보험금이 지급되지 않으면 곤란하니까.

🔵 보험회사의 건전성을 나타내는 지표

솔벤시 마진비율 = 지급 여력 비율 이라고도 한다

대규모 지진 및 주가 대폭락 등의 위험에 대응할 지급 여력이 어느 정도인지를 나타내는 것. 솔벤시 마진 비율이 200% 이상 있다면 안전하다고 여겨지지만, 200% 이상의 보험회사가 파산한 예도 있어 200%를 조금 넘은 정도로는 안심할 수 없다.

예를 들어 보험료가 싸다고 해도 만일의 경우에 보험금이 지급되지 않으면 곤란해.

신용평가※

각 보험회사의 재무능력을 신용평가 회사가 전문적인 조사에 근거해서 순위를 매긴 것. 스탠다드푸어스(S&P), 무디스, 신용평가투자정보센터 등이 있다.

(예) S&P
최상급의 신용평가인 AAA부터 AA, A, BBB, BB, B, CCC, CC까지의 등급과 R(채무이행 능력에 관해 규제 당국의 감시하에 있다), NR(신용평가가 없으며 보험재무 능력에 관한 의견을 S&P는 가지지 않는다)의 10단계로 분류.
AA부터 CCC의 신용평가에는 A+와 같이 플러스 기호 또는 마이너스 기호가 붙어 있는 경우가 있는데, 이는 각각의 카테고리 안에서 상대적인 강점을 나타낸다. BB 이하로 평가되는 보험회사는 강점을 넘어서는 불안정 요인을 가지고 있을 가능성이 있다고 본다.

※신용평가는 스탠다드&푸어스나 무디스 등의 신용평가 회사가 전문적인 조사에 근거해 발표하는 것으로, 각 보험회사의 재무 능력을 알기 쉽게 지표로 나타낸 것이다.

한마디 메모　로이드 커피하우스는 경영자 에드워드 로이드의 사후에도 보험 인수업자들에 의해 경영이 지속되어서 현재 영국에 있는 로이드 보험거래소가 되었어. 거기에서 보험 거래를 하는 사람들을 로이드라고 부르기도 해.

만일의 경우에 버팀목이 되는 보험은 의지가 되는 존재입니다. 그러나 사고나 자연재해는 언제 일어날지 모릅니다. 당분간 일어나지 않을지도 모르지만, 짧은 기간에 연속해서 일어나는 경우도 있습니다.

보험회사는 보험금의 지급에 대비해서 자금을 준비하고 있지만, 어떤 경우에도 지급에 곤란하지 않을 정도의 자금을 준비해두려 한다면 경영이 유지되지 않습니다. 보험에서는 만약 모든 계약의 보험금을 지급해야 한다면 보험료의 총액보다 훨씬 많아지기 때문입니다.

그래서 보험회사에서는 보험료의 일부를 운용해서 이익을 얻는 것 외에 '재보험' 등의 시스템을 사용해 경영리스크를 줄이고 있습니다.

🌀 재보험의 구조

일반적인 재보험

예를 들면 보험계약을 맺은 항공회사의 대형 여객기가 추락한 경우, 보험회사는 한번에 많은 보험금을 지급해야 하므로 항상 큰 리스크를 안고 경영해야 합니다. 그래서 이 리스크에 대비해 보험회사도 보험을 들고 있습니다. 이것을 '재보험'이라 하고, 재보험을 보증하는 회사를 '재보험회사'라고 합니다.

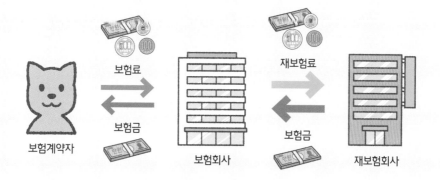

> 보험회사는 여러 가지 재보험을 조합해서 계약하고, 리스크를 가능한 한 줄이고 있어.

지진보험의 재보험

지진으로 큰 손해가 발생한 경우에 대비하기 위한 보험이 지진보험입니다. 큰 지진이 발생하면 많은 건물에 큰 피해가 발생하므로 일제히 막대한 금액의 보험금의 지급이 필요해지는 어려움이 있습니다. 민간 손해보험회사가 그 리스크를 감수하는 것은 힘들기 때문에 많은 화재보험은 지진이 원인인 경우는 보상되지 않는 계약입니다. 그러나 피해가 크기 때문에 생활을 재건하기 위해 자금이 빨리 필요합니다. 그래서 1966년에 창설된 지진보험은 일반 손해보험과 달리 최종적으로 일본 정부가 재보험을 보증하고 있습니다.

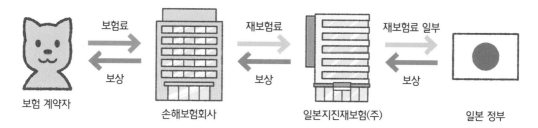

> 지진보험의 판매는 민간 손해보험회사에 의해 행하여지고, 화재보험과 함께 계약하게 돼.

마이너스 금리가 뭐지?

● 저금을 하면 이자를 빼앗겨?

'금리'는 원래 이자와 같은 의미이지만 원금에 대한 이자의 비율을 금리라고 표현하는 경우가 많습니다. 금리가 1%라는 말은 돈을 맡기거나 빌렸을 때 원금의 1%만큼 이자가 발생한다는 말입니다. 금리 1%로 10만 원을 1년간 맡기면 10만 원의 1%, 다시 말해 1,000원의 이자를 받죠.

그런데 일본의 각 은행은 일정액 이상을 일본은행에 예금하는 것이 의무입니다. 만일 대량의 예금자가 한꺼번에 돈을 찾으려 하거나 예금을 해약하려는 사태가 일어나더라도 대응 가능하게 하기 위함인 것이죠. 이때의 금리를 '기준금리'라고 합니다.

그리고 2016년, 이 기준금리의 이율이 어쩐지 마이너스가 되었습니다. 이것을 '마이너스 금리 정책'이라고 합니다.

대개 돈을 맡겨두면 이자를 받게 되지만 마이너스 금리가 되면 반대로 이자에 해당하는 돈을 내야 합니다.

우리가 은행에 예금했을 때의 금리는 기준금리의 영향을 받습니다. 그렇다면 기준금리가 마이너스일 때는 예금에 이자가 붙는 것이 아니라 예금이 줄어들어 버리는 걸까요?

법률로 정해져 있어서 일본은행에 예금을 하고는 있지만, 금액을 최소한으로 줄이자.

그리고 남은 금액은 빌려줘서 이자를 벌자.

금리가 저렴하다면 빌려도 좋아.

금리 주세요.

BANK

● 은행에서 돈 빌리기가 쉽도록 하기 위한 것

2009년 리먼 사태의 영향으로 2016년경까지 일본 경제는 침체되었습니다. 기업이 투자를 하지 않아 시장에 나도는 자금이 줄었고 개인 소비도 얼어붙었죠.

그러자 일본 정부와 일본은행은 대출 금리가 낮아지면 기업이 자금을 빌리기 쉬워져 설비 투자가 활발해질 것이고 개인이 주택대출을 체결하는 게 쉬워질 것으로 판단하고, 이로써 소비를 활성화시키고 경기를 상향시키고자 했습니다. 그러나 당시의 기준금리는 이미 상당히 낮은 수준이 되어 있어 그 이상 낮출 수 없었습니다. 그래서 결국 기준금리를 마이너스하기로 결단했습니다.

기준금리가 마이너스가 되면 은행은 일본은행에 맡겨두는 자금을 법률로 정해둔 범위의 한계까지 줄입니다. 그러나 일본은행에서 찾은 돈을 각 은행이 가지고 있어도 이익은 생기지 않기 때문에 대출금리를 내려서라도 대부처를 늘리려고 합니다. 결국 기업과 개인이 돈을 빌리기 쉬워지는 것입니다. 일본 정부는 이런 예측에 따라 경기회복을 기대했습니다.

다만, 기준금리가 마이너스가 된다고 해서 일반적인 금리까지 마이너스로 해 버리면 은행에 예금하는 사람이 없어져 버립니다. 그렇게 되면 은행은 자금을 잃고 눈 깜짝할 사이 경영이 파탄나게 되는 것이죠. 그래서 은행은 기준금리가 마이너스라도 예금에 이자를 붙입니다. 즉, 우리의 예금이 마이너스 금리가 되는 일은 없습니다.

마이너스 금리는 매우 특수한 상황이라는 것은 확실하며 이에 관한 찬반여론이 있습니다. 마이너스 금리 실시 이후 경기는 회복경향으로 들어섰지만 장기적으로 어떤 영향이 있을지 세계가 주목하고 있습니다.

제3장

기업활동과
경제 이야기

회사에는
어떤 종류가 있을까?
회사의 이익이란
어떻게 계산하는 걸까?

act.1 회사

어느 증권회사 앞의 주가지수입니다. 여러 회사의 주가가 표시되어 있죠.

일본에는 많은 회사가 있는데 회사 이름이 '주식회사 ○○'이나 '○○주식회사'로 된 것이 많습니다. 이는 '주식을 발행해서 자금을 모아 시작한 회사'라는 의미입니다.

주식이란 자금을 제공한 사람이 얻을 수 있는 권리로 표현할 수도 있습니다. 많은 자금을 제공한 사람은 많은 주식을 갖기에 '대주주'라고도 불립니다. 경영에 관여하는 권리도 커서 업적이 좋으면 회사로부터 배당금을 받는 것도 가능합니다.

또한 주식은 사고 팔 수 있습니다. 업적이 좋아지면 회사의 주식 가격(주가)이 오릅니다. 따라서 주가가 저렴할 때 사서 비쌀 때 팔면 그 차액이 이익이 되는 것이죠. 반대로 업적이 안 좋아지면 주가도 낮아져 손해를 보게 됩니다.

이번 장에서는 이러한 '회사'라는 것은 무엇인지, 어떤 구조로 경영되는지 알아보도록 하겠습니다.

act.1 회사

일본의 기업 형태

회사라고 하면 '주식회사'를 떠올리기 쉽지만, 이외에도 몇 가지 종류가 있습니다. 그렇다면 회사의 종류에는 어떤 것들이 있을까요? 또 자주 듣는 '모회사', '자회사'는 무엇을 의미하는 것일까요?

🍊 기업의 형태

기업의 형태는 크게 '공기업'과 '사기업'으로 나눌 수 있습니다. 사기업은 '개인기업'과 '공동기업'으로 나눌 수 있고, 공동기업에는 법인격을 가진 '법인기업'과 법인격을 갖지 않는 '비법인기업'이 있습니다.

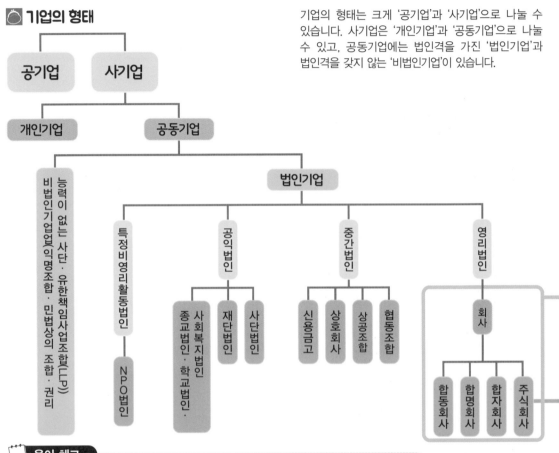

```
                    기업
            ┌────────┴────────┐
          공기업             사기업
                      ┌────────┴────────┐
                    개인기업          공동기업
                                ┌────────┴────────────────────────────────┐
                         비법인기업        법인기업
                    능력이 없는 사단·     ┌──────┬──────────┬──────────┬──────────┐
                    유한책임사업조합(LLP)· 특정비영리    공익법인    중간법인    영리법인
                    익명조합·민법상의     활동법인
                    조합·권리                │         ┌──┼──┐    ┌──┬──┬──┐      회사
                                          NPO법인   종교 재단 사단  신용 상호 상공 협동  ┌──┬──┬──┬──┐
                                                   법인 법인 법인  금고 회사 조합 조합 합동 합명 합자 주식
                                                   ·사회            회사 회사 회사 회사
                                                   복지법인
                                                   ·학교법인
```

📝 용어 체크

협동조합▷목적이 같은 개인이나 법인 등이 조합원이 되어 설립하나 상호부조를 위한 사업체.
상호회사▷일반적으로 고객과 사원이 일치하는 형태의 법인. 일본에서는 특히 보험업법에 근거해서 설립된 보험업을 행하는 사단.
특정비영리활동법인(NPO법인)▷특정비영리활동촉진법에 근거해 특정비영리활동을 하는 목적으로 설립된 법인.
사단법인▷일정한 목적을 위해 구성원이 모인 단체 중에 법률에 의해 '법인격'으로 인정된 것.
재단법인▷개인이나 기업 등의 법인에서 거출 된 재산의 운용이익을 주요한 사업 자본으로서 운영하는 법인.
공기업▷국가나 지방공공단체가 소유하거나 경영하는 기업.
제3섹터▷국가나 지방공공단체(제1섹터)와 민간기업(제2섹터)의 공동출자에 의해 설립된 법인.

'법인'이란 '개인'이 아니라 '단체'이지만 개인과 같은 권리를 주장하는 것이 가능한 단체로, 그 권리를 '법인격'이라고 해.

더 자세히!→p.196

한마디 메모 기업이라 하면 누구라도 알고 있는 대기업을 떠올리기 쉽지만 일본의 기업 99.7%는 중소기업이야. 「헤이세이 26년(2014년) 경제 센서스 – 기초조사」에 의하면 일본의 기업은 약 382만 개였고, 그중 대기업은 1만 1천 개뿐이었어.

회사는 출자자의 출자에 의해 설립됩니다. 회사에 이익이 생기면 출자자는 그 이익을 받을 권리가 있죠. 반대로 회사의 사업과 관련해 매입 대금을 지불하거나 빌린 돈을 갚는 일이 있을 때 출자자는 그 책임을 지게 됩니다. 책임의 범위는 회사의 종류에 따라 달라지죠.
회사의 규모와 사업내용, 목적 등에 의해 어떤 형태의 회사로 할지 선택합니다.

한편, 한 회사가 다른 회사의 주식을 사서 매수하거나 회사가 출자해서 다른 회사를 설립하기도 합니다. 이런 것을 통해 '모회사–자회사' 관계도 생겨나는 것이죠.

4종류의 회사

회사법에 따르면 회사는 주식회사, 합명회사, 합자회사, 합동회사의 4종류로 분류되며, 각각 출자자와 책임 등에 차이가 있습니다.

	주식회사	합명회사	합자회사	합동회사
자본금(하한)	자본금 1엔(또는 0엔)			
출자자 (최저인수)	1명 이상	1명 이상	2명 이상	1명 이상
책임 범위	유한책임	무한책임	무한책임 유한책임	유한책임
설립 비용 예상	20만 엔 이상	6만 엔 이상	6만 엔 이상	6만 엔 이상

용어 체크

출자자▷어느 회사에 대해 재산을 제공하고 있는 개인이나 법인. 제공하는 재산에 따라 이익 등의 분배를 받는다.

유한책임▷회사가 도산한 경우 등에 출자액을 한도로 한 책임만을 지는 것. 최악의 경우 출자금은 되돌려받지 못하지만, 그 이상의 변제를 요구받지 않는다.

무한책임▷회사가 도산한 경우 등, 회사가 지고 있던 책무 전부를 책임지는 것. 중소기업의 경영자는 명목상은 유한책임이지만, 회사가 돈을 빌릴 경우 개인보증을 하는 경우가 많고 실질적으로는 무한책임을 진다.

주식회사를 더 자세히 분류하면

지주회사	구체적인 사업활동을 하는 다른 회사의 주식을 소유하고, 지배하는 것을 목적으로 하는 회사. 지배만 하는 것이 '순수지주회사', 스스로 사업을 하고 타사도 지배하는 것이 '사업지주회사', 금융기관을 지배하는 것이 '금융지주회사'이다.
관련회사 (그룹회사)	넓은 의미로는 자본 관계가 있는 회사의 집합체를 의미하며, 좁은 의미로는 자본 관계가 있는 회사 중 모회사가 20~50%의 주식을 갖고, 재무·영업·사업 방침 결정에 중요한 영향을 끼치는 것이 가능하지만 지배권은 갖지 않은 회사를 의미한다. '자회사'의 구별하는 의미로 사용하는 경우가 있다.
모회사	자본관계 회사의 집합체 중에 주식을 갖는 등 다른 회사에 대해 지배권을 행사하여 영향을 끼치는 것이 가능한 회사.
자회사	자본관계 회사 중에 주식의 과반수를 갖지만, 그것과 동등한 지배권 행사가 가능하도록 모회사가 존재하는 회사.

주식회사에서는 주주총회가 최고의 의사결정기관이므로 회사의 주식을 과반수 가지고 있으면, 그 회사의 지배권을 가지고 있는 것이 돼. 또한 과반수에 달하지 못하더라도 같은 그룹 내에 타사가 가지고 있는 주식과 합쳐서 과반수에 달하는 경우도 실질적인 지배권을 가지고 있는 셈이야.

주식회사

일상생활 속에서 '주식회사 ○○', '××주식회사' 같은 회사명을 자주 봅니다. 또 우리는 뉴스를 통하여 주주총회나 주식거래라는 말을 듣습니다. 이처럼 우리가 보고 듣는 주식회사는 어떤 구조를 가진 회사일까요?

🕐 주식회사는?

주식회사는 주식을 발행해서 자금을 조달하는 회사입니다. 발행한 주식을 구입하면 주주가 됩니다. 주주를 출자자라고 합니다.

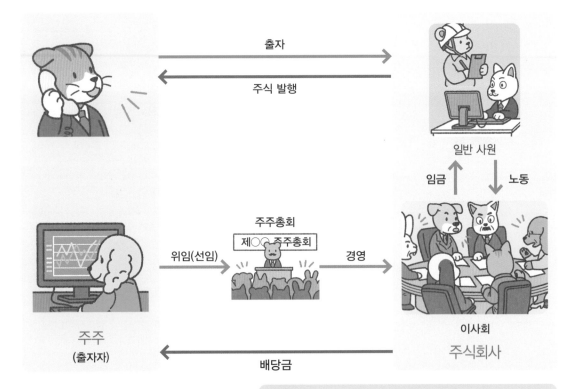

주식회사에서 가장 높은 사람은 사장님이 아니라 주주야. 주주가 출자한 회사가 돈을 벌면 큰 이익을 손에 넣을 수 있지만, 그 회사가 도산하면 출자했던 돈을 잃게 돼.

📝 용어체크

주주▷주식회사의 주식을 가진 개인이나 법인. 그 주식 회사의 출자자.

주식▷주식회사에 있어서 주주로서의 권리. '주식을 산다'라는 것은 출자해서 주주로서의 권리를 얻는 것.

> 더 자세히!→p.197

출자▷사업의 성공이나 성장을 기대해서 돈을 내는 것. 주식회사의 경우는 주식을 사는 것.

주주총회▷주주를 구성원으로 하는 주식회사의 최고의

사결정기관으로 이사를 선임한다.

이사회▷회사의 사업 집행의 결정기관.

이사▷회사의 업무 집행 권한을 가진다. 주주총회에 의해 선임된다.

감사▷회사의 회계를 감독한다. 주주총회에 의해 선임된다.

배당금▷회사가 이익을 냈을 때 출자자 (주주)가 출자금 (가지고 있는 주식 수)에 따라 받을 수 있는 분배금(주식회사의 경우).

 한마디 메모   '주(株)'라는 것은 식물을 꺾었을 때 남는 그루터기 부분인데, 거기서부터 계속 남아 있는 것이라는 의미가 생겨났어. 에도 시대에는 이 글자가 '어가인주(御家人株)', '명주주(名主株)' 같은 특정의 권리나 신분 등을 나타내게 되었고 그 주를 사고 파는 일도 있었어.

회사를 설립하기 위해서는 많은 돈이 필요하지만 막 설립했을 때는 수입이 없습니다. 그래서 주식회사는 주식을 발행해서 파는 것이죠. 그 돈이 바로 회사를 설립하기 위한 자금, 즉 '자본금'이 됩니다.

주주는 회사의 이익에 따라 배당을 받습니다. 이익이 적으면 배당이 줄거나 없어지므로 주식의 가치가 떨어집니다. 그렇게 되면 주주들은 주주총회에서 '경영방식이 나빴던 것은 아닌가?'라고 실제로 경영하는 이사들을 추궁합니다.

때로는 이사를 해임하고 다른 사람을 임명하는 경우도 있습니다. 그래서 주주총회가 주식회사의 최고 의사결정 기관이라고 불리는 것입니다.

🍊 자본과 경영의 관계   주식회사의 최고 의사결정 기관은 '주주총회'이지만 실제 경영의 책임은 이사가 집니다.

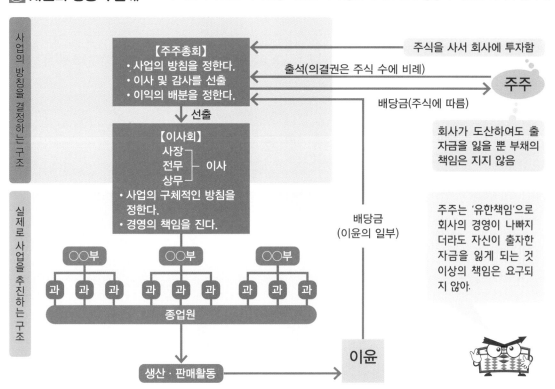

🍊 주식회사의 역사

●세계 최초의 주식회사

세계 최초의 주식회사는 네덜란드에 의해 1602년에 설립된 '연합 동인도 회사'라고 합니다. 이 회사는 아시아에서 향신료 거래 등으로 격전을 벌였던 복수의 회사를 모아서 네덜란드의 이익을 지키기 위해 설립되었습니다. 자본금은 650만 길더로, 네덜란드의 유력한 은행 호프상회도 설립에 참가했습니다. 회사라고는 해도 상거래만 담당한 것이 아니라 '조약체결권'이나 '군대교전권', '식민지 경영권' 등도 부여된 특수한 회사였습니다.

또한 '동인도'란 현재의 인도 동쪽이라는 의미가 아니라 아프리카의 희망봉에서 동쪽에 있는 아시아 전체를 의미했습니다. 에도 시대에 나가사키의 데지마[14]에 두었던 네덜란드 상관(商館)[15]은 실은 네덜란드의 연합 동인도회사 지점으로, 나가사키 사람들은 '콘팡니아', '콘팡야'라고 불렀습니다. 이것은 네덜란드어로 Compagnie, 다시 말해 영어의 Company(회사)에서 생겨난 말입니다.

●일본 최초의 주식회사

일본 최초의 회사는 막부 말기에 사카모토 료마 등이 중심이 되어 나가사키의 카메야마에서 결성한 '카메야마사추'였습니다. 이는 후에 해원대의 전신이 되기도 하죠. 카메야마사추는 막부의 고베해군조련소의 폐쇄 후 설립되어 무역의 중개와 물자운반 등으로 이익을 얻으며 해군, 항해술을 습득했습니다.

'사중'이라는 것은 '사람이 모이는 곳'이나 '사람들의 모임'이라는 의미로, 지금의 '회사'의 의미에 가깝습니다. 카메야마사추는 사츠마번이나 나가사키 상인 등의 시원자로부터 자금을 제공받아 설립되었지만 '주식'이라는 생각은 갖고 있지 않았습니다.

일본에서 최초로 '주식회사'로서 생겨난 회사는 메이지 6년(1873년)의 제일국립은행입니다. 그러나 이 회사(은행)는 국립은행조례라는 법률에 근거해 설립한 것으로 일반 주식회사와는 조금 성질이 다릅니다. 일본에서 처음으로 상법에 근거해 설립한 주식회사는 미츠비시 재벌의 중심기업이 되는 '일본우선(일본우편선)'으로 메이지 26년(1893년)이었습니다[설립은 메이지 18년(1885년)].

---

14 1636년 나가사키 시내에 살고 있던 포르투갈인을 이주시키기 위해 만든 인공섬이었으나, 나중에는 일본의 쇄국정책으로 영업을 금지당한 네덜란드의 무역상사가 이곳으로 이전해 왔다.

15 규모가 큰 상점. 특히 외국인이 경영하는 상점을 의미한다.

act.1 회사

주식거래

매년 1월, 시무식 뉴스에서 '증권거래소의 대발회(신년 첫 거래)'가 소개됩니다. 증권회사와 증권거래소는 어떤 역할을 담당하고 있을까요?

증권거래소와 증권회사

주식의 매매는 증권거래소에서 진행하지만, 투자자가 직접 증권거래소에 매매주문을 하는 것은 아닙니다. 투자자는 증권회사에 매매주문을 하고 증권회사가 증권거래소에 전하는 것입니다.

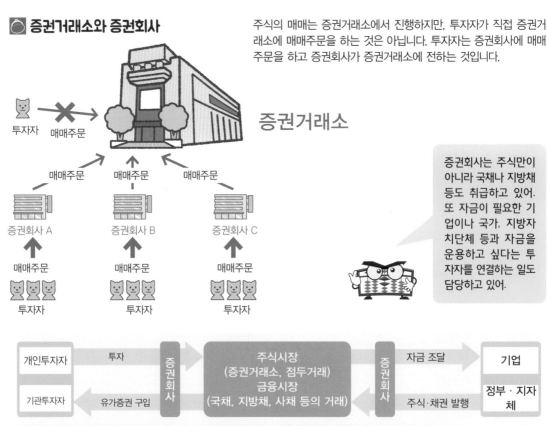

증권거래소

투자자 → ✗ 매매주문

매매주문 ↗ 매매주문 ↑ 매매주문 ↖

증권회사 A   증권회사 B   증권회사 C

↑ 매매주문   ↑ 매매주문   ↑ 매매주문

투자자   투자자   투자자

증권회사는 주식만이 아니라 국채나 지방채 등도 취급하고 있어. 또 자금이 필요한 기업이나 국가, 지방자치단체 등과 자금을 운용하고 싶다는 투자자를 연결하는 일도 담당하고 있어.

| 개인투자자 | 투자 → | 증권회사 | 주식시장 (증권거래소, 점두거래) 금융시장 (국채, 지방채, 사채 등의 거래) | 증권회사 | 자금 조달 → | 기업 |
| 기관투자자 | ← 유가증권 구입 | | | | ← 주식·채권 발행 | 정부·지자체 |

기관투자자 : 보험회사나 신탁은행 등 주식이나 채권 등으로 자금운용을 조직적으로 하는 법인투자자.

경제 노트

M&A와 TOB

M&A는 어느 기업이 다른 기업을 매수하거나 합병하는 것으로 그 사업과 자산을 손에 넣으려는 것입니다. M&A에는 여러 가지 방법이 있으며, TOB는 그중 하나인 주식의 공개 매입입니다. 매수당하는 기업이 합의하지 않는 경우 매수하려고 하는 기업이 시장 가격보다 비싼 가격을 제시하는 것으로, 다른 주주로부터 단기간에 많은 주식을 손에 넣으려는 것입니다. 이렇게 상대의 합의없이 M&A나 TOB를 하는 것을 '적대적 M&A', '적대적 TOB'라고 합니다. 또 업적이 좋거나 큰 자산 가격임에도 불구하고 주주가 안

정하지 못하거나 주주와 이사와의 관계가 좋지 않은 경우에도 적대적 M&A를 취하기 쉽습니다.

따라서 적대적 M&A에 대해 증자(새로운 주식의 발행)를 해서 매수하는 주식의 비율을 낮추는 대항책을 취합니다. 또는 우호적인 관계에 있는 다른 기업에 대항적인 TOB를 하게 해서, 적대적인 기업으로 주식이 넘어가는 것을 방해하는 방법도 있습니다.

이처럼 적대적인 기업에게 넘어가지 않게 주식을 대신 매수해주는 기업을 '백기사'라고 합니다.

적대적인 매수라도 매수당하는 기업의 경영과 이사에게 문제가 있는 경우 그 기업의 종업원과 고객으로서는 매수당하는 것이 나은 경우도 있습니다.

한마디 메모   주식을 매매할 때 희망하는 가격을 정해 발주하는 것을 '지정가 주문'이라 하고 그 가격을 '지정가'라고 해. 가격이 지정 가격에 달하지 않으면 매매가 성립되지 않지. 또 가격을 정하지 않고 주문하는 것은 '성행 주문'이라고 해.

주식의 가격(주가)은 그 주식을 발행한 회사의 업적에 의해 오르거나 내리므로 그 주식을 샀을 때의 가격보다 비싸졌을 때 팔면 그 차액을 이익으로 손에 넣을 수 있습니다.

주식의 매매는 증권거래소에서 행해지지만 거기에서 취급하는 것은 증권거래소의 심사로 인정받은 회사뿐입니다. 증권거래소에서 주식이 취급되는 것을 '상장'이라고 합니다. "역시 도쿄증권 제1부 상장 회사네"라는 말을 하는 이유는 도쿄증권 제1부(하기 참조)에 상장하기 위해서는 엄격한 심사를 거쳐야 하기 때문입니다.

💿 주식 매매의 흐름

현재 주식 거래의 대부분은 컴퓨터에 의해 진행되고 있습니다.

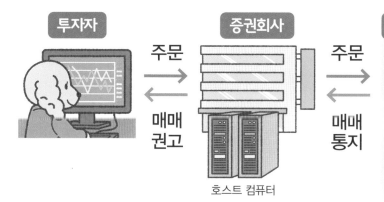

증권거래소에서의 주식 매매라고 하면 몇몇 사람들이 손을 높이 들고 여러 가지 사인을 주면서 "팔았다!, "샀다!"라고 외치는 이미지를 떠올릴 수 있지만, 지금은 실제 거래의 대부분을 컴퓨터로 하고 있어.

💿 일본의 증권거래소

도쿄증권거래소〈현물거래〉
•시장 제1부, 시장 제2부
•마자즈, JASDAQ
•TOKYO PRO Market
•TOKYO PRO-BOND Maket

오사카거래소〈디리버티브(파생상품)거래〉
•일본경제 225선물•옵션
•TOPIX 선물•옵션
•해외지수 선물•옵션
•OSE-FX

삿포로증권거래소
나고야증권거래소
후쿠오카증권거래소

💿 상장 기업 수의 추이

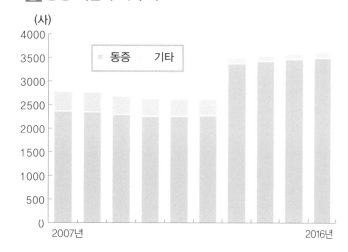

(사)

동증   기타

4000
3500
3000
2500
2000
1500
1000
500
0

2007년   2016년

이전에는 도쿄증권거래소와 오사카증권거래소가 있었지만 경영통합으로 일본거래소그룹이 되었어. 일본거래소그룹은 세계 제3위 규모의 증권시장이야.

1부 상장기업은 도쿄증권거래소의 시장 제1부에 상장하는 기업이라는 의미야.

act.1 회사

기업가치(기업평가)

기업에 투자하거나 매수 또는 합병을 할 때, 기업의 가치를 어떻게 평가하는 걸까요? 또 경제적인 면 이외로 회사의 가치를 고려할 필요는 없는 걸까요?

🏷️ 회사의 가치를 나타내는 3가지 평가 방법

자산의 가치로 평가 : 코스트 어프로치	타사와의 비교로 평가 : 마켓 어프로치	장래의 수익으로 평가 : 인컴 어프로치
그 기업이 보유하는 자산을 재구축할 경우에 드는 비용에 관점을 두고, 보유한 자산을 기초로 산출한다. '부가순자산법', '시가순자산법' 등이 있다.	평가 대상 기업의 가치를 유사 기업이나 유사 업종 기업의 거래가격을 참고해서 산출한다. '유사기업비교법(유사기업주가 지표배율법)', '유사업종비교법(유사업종 비준가격법)' 등이 있다.	장차 창출할 가치를 평가하려는 것. 이 중 DCF법은 그 기업이 장래 내놓을 프리 캐쉬플로의 총 합계 평가이다. 'DCF법(할인캐시플로법)', '수익환원법' 등이 있다.
지금 있는 회사를 다시 한 번 만들기 위해 드는 비용이 클수록 평가가 높다!	비슷한 기업의 시장가격으로 가치를 판단한다!	장래, 많은 이익을 창출할 것 같으면 가치가 올라간다!
더 자세히!→p.197	더 자세히!→p.197	더 자세히!→p.197

어떤 목적으로 그 기업의 가치를 알고 싶은지에 따라 평가 방법을 구별하는 것이 중요해.

🏷️ 기업의 가치와 주식 시가총액

투자를 위해 기업의 주식을 살 때 그 주가가 적절한지 판단하는 기준이 주식 시가총액입니다.

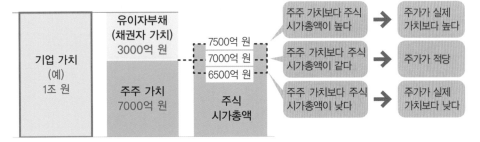

주주 가치보다 주식 시가총액이 높다 →	주가가 실제 가치보다 높다
주주 가치보다 주식 시가총액이 같다 →	주가가 적당
주주 가치보다 주식 시가총액이 낮다 →	주가가 실제 가치보다 낮다

기업 가치에서 유이자 부채를 뺀 만큼이 주주에 의한 가치로, 이것이 주식 시가총액보다도 큰 경우 주가는 본래의 가치보다도 저렴해집니다. 반면, 주주 가치가 주식 시가총액보다 작은 경우는 주가는 본래의 가치보다 높아집니다.

📝 용어 체크

주식 시가총액▷주식 시가총액은 상장기업의 주가에 발행된 주식 수를 곱한 것으로 주가가 변하면 주식 시가총액도 변한다. 또한 주가는 기업의 이익이나 자산상황에 시장의 기대치도 반영된 것이며, 이는 기업가치를 나타내고 있다고는 할 수 없지만, 예를 들어 어느 기업의 주식을 사려고 할 때 그 주가가 적절한지 어떤지를 판단하는 기준이 된다.

한마디 메모 ▷ 회사의 주식을 가지고 있으면 주주 배당 외에 그 회사의 상품이나 상품권 등을 받는 경우도 있어. 철도회사나 항공회사에는 주주를 위한 할인권을 발행하는 곳도 있지. 이런 주주 우대를 목적으로 주식을 사는 사람도 있어.

기업의 가치를 평가하는 것은 매우 어려운 일입니다. 물론 상장기업이 발행한 주식을 전부 취득하면 그 기업을 살 수 있으므로 주식 시가총액(아래의 설명 참조)을 회사의 가치로 생각하기 쉽지만, 기업의 실제 가치는 주식 시가총액보다 크거나 작을 수 있습니다.
또 그런 경제적인 수치만으로는 나타내지 못하는 회사의 가치도 있습니다. 예를 들어 수익성이 강한 회사라도 사회 전체의 이익에 반하거나, 종업원이 그 회사에서 일하는 것을 힘들어한다면 그 회사의 가치가 높다고는 할 수 없습니다. 따라서 회사의 가치를 판단하는 경우 이것들을 종합적으로 고려할 필요가 있습니다.

🕐 세계 주요 기업의 주식 시가총액

순위	기업명	국가	주요 사업	주식 시가총액(원)
1	애플	미국	맥, 아이폰, 아이패드 등	876조 400억
2	알파벳	미국	구글, 안드로이드 등	742조 6100억
3	마이크로소프트	미국	소프트웨어, 인터넷 서비스	593조 1200억
4	아마존	미국	윈도우즈, 오피스 등	522조 9400억
5	페이스북	미국	SNS	482조 6800억
6	바크샤 하사웨이	미국	워런 버핏이 이끄는 투자 회사	448조 3600억
7	존슨 앤드 존슨	미국	제약, 의료기기, 기타 건강 관련 제품	379조 9400억
8	엑손모빌	미국	종합 에너지 기업	375조 1000억
9	텐센트	중국	SNS	357조 9400억
10	알리바바	중국	각종 인터넷 기업을 가진 주식회사	327조 2500억

* 출처 : 2017년 5월 말 세계거래소연맹(WEF) 자료

이전에는 금융기관이나 다국적제조업이 상위에 들어 있었지만, 최근에는 컴퓨터나 인터넷 관련 기업이 상위를 차지하고 있어. 이는 세계경제의 변화를 나타내고 있는 것이기도 해 .

🕐 일본 주요 기업의 주식 시가총액

순위	기업명	주요 사업	주식 시가총액(원)
1	토요타	자동차	237조 8070억
2	미츠비시UFJ파이낸셜 그룹	금융	116조 4160억
3	NTT	통신	112조 8280억
4	NTT도코모	휴대전화	104조 1960억
5	소프트뱅크	인터넷 서비스, 휴대전화	98조 9160억
6	키엔스	전기기기	77조 7410억
7	JT	담배, 의료품, 식품, 음료	73조 9000억
8	KDDI	휴대전화	72조 7650억
9	혼다	자동차	70조 5370억
10	미츠이스미토모파이낸셜 그룹	금융	69조 4490억

* 출처 : 2017년 12월 말 《일본경제신문(日本經済新聞)》

일본에서는 제조업자와 금융이 상위에 들어 있어.

수익을 높이는 것만이 기업의 존재 이유가 아니야. 환경문제를 일으키거나 고객에게 손해만 끼치거나, 종업원에게 무리한 노동을 강요하는 기업은 가치 있는 기업이라고 할 수 없어.

🕐 사회적으로 본 기업의 가치

지금까지 알아본 기업의 가치는 기업이 투자하거나 매수할 때 필요한 경제적인 가치입니다.
그러나 기업이 사회에 얼마나 가치가 있는가, 고객에게 얼마나 가치가 있는가, 또 그 회사에서 일하는 종업원에게 얼마나 가치가 있는가와 같은 경제 이외의 가치도 있습니다. 따라서 이 모든 것들을 종합적으로 고려한 것이 기업의 가치라고 말할 수 있습니다.

act.1 회사

주가

신문 주식 란에는 작은 숫자가 많이 쓰여 있습니다. 또 뉴스에서는 '다우평균주가', '동증주가지수', '코스피', '코스닥' 등의 말을 합니다. 각각 어떤 의미가 있을까요?

⬤ 주가 보는 법

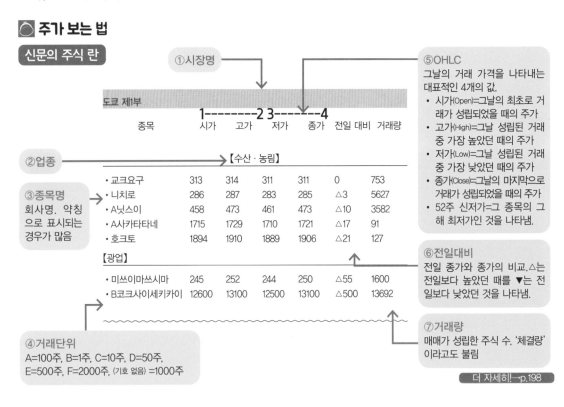

신문의 주식 란

①시장명

도쿄 제1부

종목	시가	고가	저가	종가	전일 대비	거래량

②업종 → 【수산 · 농림】

③종목명
회사명. 약칭으로 표시되는 경우가 많음

	시가	고가	저가	종가	전일 대비	거래량
교크요구	313	314	311	311	0	753
니치로	286	287	283	285	△3	5627
A닛스이	458	473	461	473	△10	3582
A사카타타네	1715	1729	1710	1721	△17	91
호크토	1894	1910	1889	1906	△21	127
【광업】						
미쓰이마쓰시마	245	252	244	250	△55	1600
B코크사이세키카이	12600	13100	12500	13100	△500	13692

④거래단위
A=100주, B=1주, C=10주, D=50주,
E=500주, F=2000주, (기호 없음) =1000주

⑤OHLC
그날의 거래 가격을 나타내는 대표적인 4개의 값.
• 시가(Open)=그날의 최초로 거래가 성립되었을 때의 주가
• 고가(High)=그날 성립된 거래 중 가장 높았던 때의 주가
• 저가(Low)=그날 성립된 거래 중 가장 낮았던 때의 주가
• 종가(Close)=그날의 마지막으로 거래가 성립되었을 때의 주가
• 52주 신저가=그 종목의 그 해 최저가인 것을 나타냄.

⑥전일대비
전일 종가와 종가의 비교. △는 전일보다 높았던 때를 ▼는 전일보다 낮았던 것을 나타냄.

⑦거래량
매매가 성립한 주식 수. '체결량'이라고도 불림

더 자세히!→p.198

⬤ 주가변동의 기본 패턴

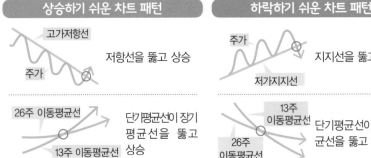

상승하기 쉬운 차트 패턴	하락하기 쉬운 차트 패턴

고가저항선
주가
저항선을 뚫고 상승

주가
저가지지선
지지선을 뚫고 하락

26주 이동평균선
13주 이동평균선
단기평균선이 장기평균선을 뚫고 상승

13주 이동평균선
26주 이동평균선
단기평균선이 장기평균선을 뚫고 하강

주가
하락하고 있던 주가가 W 형태를 그림(더블 보텀이라고도 함)

주가
상승하고 있던 주가가 M 형태를 그림(더블 톱이라고도 함)

회사의 업적이 좋으면 주가가 오르고 업적이 나쁘면 주가가 내려가는 일이 많아

이런 것들은 흔한 패턴이지만 반드시 그렇게 되라는 법은 없기 때문에 주의해야 해.

한마디 메모 증권거래소에서 주식이 매매되는 시간은 오전 9시부터 11시까지, 오후 12시 30분부터 3시까지로 정해져 있어. 오전의 거래시간을 '오전장', 오후의 거래시간을 '오후장'이라고 해. 오후장이 끝난 후에 올라온 주문은 다음 날 오전장으로 넘어가게 돼.

상장된 회사의 주가는 그 회사의 경영 상태와 회사에 일어난 일들의 영향을 받아 매일 변화합니다.
신문의 주식 란을 보면 품목별로 전날의 주가 등을 확인할 수 있습니다. 또한 주가차트를 보면 신문의 주식란 이상의 주가 변동을 파악할 수 있습니다.
주가차트에서는 주가만 확인할 수 있는 게 아닙니다.

'캔들스틱'이라고 불리는 기호를 사용해서 어느 기간에 주가가 어떻게 변화했는지, 지금 이 품목의 주가는 상승 경향에 있는지, 하락 경향에 있는지가 나타나 있습니다. 최근에는 인터넷을 사용해서 주가차트를 확인할 수 있습니다.

🍊 주가차트 보는 법

주가차트

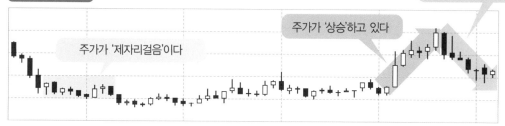

주가가 '하락'하고 있다

주가가 '상승'하고 있다

주가가 '제자리걸음'이다

캔들스틱

OHLC[16]를 그래프로 나타낸 것이 캔들스틱입니다. 캔들스틱 하나로 하루나 한 주간의 가격 변동을 나타냅니다.

시가보다 종가가 낮게 끝났을 때

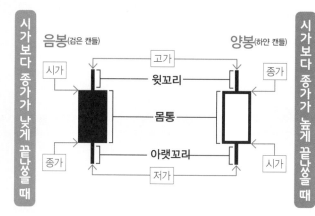

음봉(검은 캔들)
시가
고가
윗꼬리
몸통
아랫꼬리
종가
저가

양봉(하얀 캔들)
종가
시가

시가보다 종가가 높게 끝났을 때

세로의 사각형이 그 기간(일, 주 등)의 주가의 움직임을 나타내고 있어. 세로의 사각형을 '캔들스틱'이라고 해.

하락의 사인 <매도압력이 강함>	상승의 사인 <매수자가 나타남>	중립 <매도매수의 힘이 거의 동등>
고가 / 시가 저가 / 종가 주가는 일단 상승한 후, 시가보다 하락함	종가 고가 시가 / 저가 주가는 일단 하락한 후, 시가보다 하락함	 고가 / 시가 종가 / 저가 주가는 상승했다가 하락했다가 하지만, 종가는 시가와 동일
고가 / 시가 종가 저가 주가는 일단 상승했지만 그 후 하락하며 증기는 시가와 동일해짐	종가 고가 시가 / 저가 주가는 일단 하락했지만 전기의 종가까지 회복함	
고가 시가 / 종가 저가 주가는 하락을 계속함	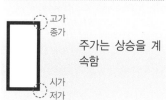 고가 종가 / 시가 저가 주가는 상승을 계속함	고가 / 종가 시가 / 저가 주가는 상승했다가 하락했다가 하지만, 종가는 전기의 종가 보다 상승했음

결산서를 이해한다 ①

회사의 매출이 클수록 경영이 잘되고 있다고 해도 괜찮을까요? 또 회사에 이익이 나고 있는지는 어떻게 판단하면 좋을까요?

손익계산서에 쓰여 있는 여러 가지 '이익'

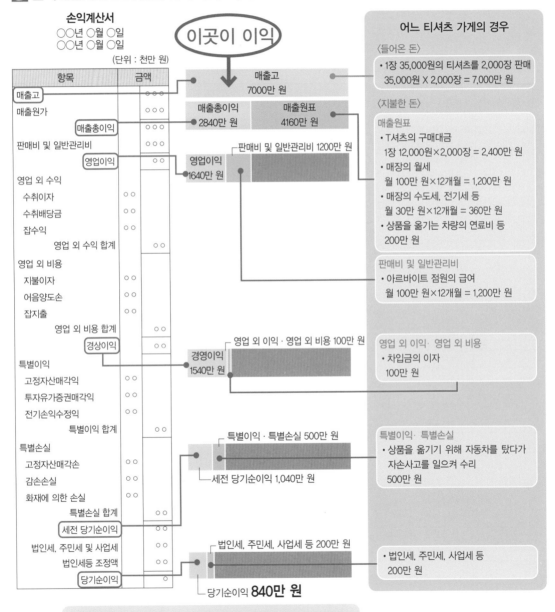

손익계산서
○○년 ○월 ○일
○○년 ○월 ○일
(단위 : 천만 원)

항목	금액
매출고	○○○
매출원가	○○○
매출총이익	○○○
판매비 및 일반관리비	○○○
영업이익	○○○
영업 외 수익	
수취이자	○○
수취배당금	○○
잡수익	○○
영업 외 수익 합계	○○
영업 외 비용	
지불이자	○○
어음양도손	○○
잡지출	○○
영업 외 비용 합계	○○
경상이익	○○
특별이익	
고정자산매각익	○○
투자유가증권매각익	○○
전기손익수정익	○○
특별이익 합계	○○
특별손실	
고정자산매각손	○○
감손손실	○○
화재에 의한 손실	○○
특별손실 합계	○○
세전 당기순이익	○○
법인세, 주민세 및 사업세	○○
법인세등 조정액	○○
당기순이익	○

이곳이 이익

매출고
7000만 원

매출총이익 2840만 원 / 매출원표 4160만 원

판매비 및 일반관리비 1200만 원
영업이익 1640만 원

영업 외 이익·영업 외 비용 100만 원
경영이익 1540만 원

특별이익·특별손실 500만 원
세전 당기순이익 1,040만 원

법인세, 주민세, 사업세 등 200만 원
당기순이익 **840만 원**

어느 티셔츠 가게의 경우

〈들어온 돈〉
• 1장 35,000원의 티셔츠를 2,000장 판매
35,000원 X 2,000장 = 7,000만 원

〈지불한 돈〉

매출원표
• T셔츠의 구매대금
1장 12,000원×2,000장 = 2,400만 원
• 매장의 월세
월 100만 원×12개월 = 1,200만 원
• 매장의 수도세, 전기세 등
월 30만 원×12개월 = 360만 원
• 상품을 옮기는 차량의 연료비 등
200만 원

판매비 및 일반관리비
• 아르바이트 점원의 급여
월 100만 원×12개월 = 1,200만 원

영업 외 이익·영업 외 비용
• 차입금의 이자
100만 원

특별이익·특별손실
• 상품을 옮기기 위해 자동차를 탔다가
자손사고를 일으켜 수리
500만 원

• 법인세, 주민세, 사업세 등
200만 원

7000만 원이나 매출이 나기 때문에 많은 돈을 벌고 있는 매장이라고 생각하겠지만 순수한 이익은 작다는 것을 알 수 있어. 이처럼 '이익'도 어떤 이익을 꼽을까에 따라 금액이 크게 달라져.

한마디 메모   일본의 회사법에는 주식회사의 결산 공고(공표하는 것)를 의무화하고 있어. 일반 기업은 대차대조표를 공개해야 하고 대기업은 손익계산서도 공개해야 해.

기업은 1년마다 결산을 합니다. 결산이란 그 기간의 수입과 지출을 계산하여, 그 기간에 어느 정도의 이익과 손실이 있었는지를 밝히는 것입니다.

결산서를 보고 회사의 상황을 아는 것은 매우 중요합니다. 업적을 유지하거나 개선하기 위해 무엇이 문제인가는 결산의 숫자로 나타나기 때문입니다.

결산서에서 중요한 것은 손익계산서와 대차대조표입니다. 일상생활에서는 좀처럼 보기 힘든 서류이지만, 읽는 방법을 알게 된다면 그렇게 어려운 서류는 아닙니다. 이것들을 보고 자신의 회사와 거래하는 회사의 경영 상황을 파악하는 것은 비즈니스를 하는 데 있어서 매우 중요합니다.

🍊 회사의 힘은 무엇으로 알 수 있을까?

회사의 상황을 알기 위해서 자주 사용되는 것은 영업이익과 경상이익이야. 취급하고 있는 상품이나 서비스의 힘은 영업이익에 나타나고, 경영의 힘은 경상이익에 나타나.

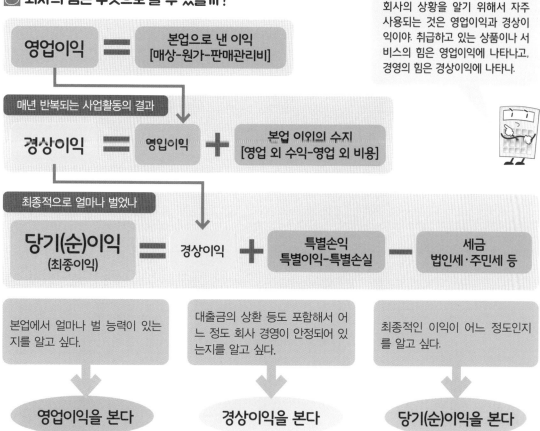

영업이익 = 본업으로 낸 이익 [매상-원가-판매관리비]

매년 반복되는 사업활동의 결과

경상이익 = 영입이익 + 본업 이외의 수지 [영업 외 수익-영업 외 비용]

최종적으로 얼마나 벌었나

당기(순)이익 (최종이익) = 경상이익 + 특별손익 특별이익-특별손실 − 세금 법인세·주민세 등

본업에서 얼마나 벌 능력이 있는지를 알고 싶다.
→ **영업이익을 본다**

대출금의 상환 등도 포함해서 어느 정도 회사 경영이 안정되어 있는지를 알고 싶다.
→ **경상이익을 본다**

최종적인 이익이 어느 정도인지를 알고 싶다.
→ **당기(순)이익을 본다**

📝 용어 체크

손익계산서▷1년 혹은 사분기와 같은 일정 기간의 기업 경영 성적. 수익과 대응하는 비용을 전부 대응시켜 순이익을 밝혀냄. '기업 경영의 성적표'로 불림.

매상고▷그 기업이나 가게의 상품(제품) 또는 서비스를 팔아서 얻은 대금의 총액.

매상원가▷상품(제품)이나 서비스를 매입하거나 제조 또는 제공할 때 든 비용.

매상총이익▷매상고에서 매상원가를 뺀 것.

판매비 및 일반관리비▷영업활동 전반이나 일반관리업무를 하는 것으로 발생하는 비용. 광고선전비, 판매촉진비, 판매수수료, 견본비, 운반비, 보관비, 영업사원인건비 등.

영업이익▷매상총이익에서 판매비 및 일반관리비(판관비)를 뺀 것.

영업 외 수익▷보통예금의 이자 등 기업이나 가게가 일상적으로 행하는 재무활동에 의해 얻은 수익.

영업 외 비용▷대출금의 이자 등 기업과 가계가 일상적으로 행하는 재무활동에 의해 생긴 지출.

경상이익▷영업이익에 영업 외 이익을 더해 거기에서 영업외 비용을 뺀 것. 기업과 가계가 일상적으로 행하는 활동에 의해 얻은 이익.

특별이익▷고정자산을 팔아 얻은 이익 등 특별한 요인으로 발생한 임시적인 이익.

특별손실▷기업의 업무 내용과는 관계없이 특별한 요인으로 발생한 임시적 손실.

세전 당기순이익▷경상이익에 특별이익을 더해 거기에서 특별손실을 뺀 것.

당기순이익▷세전 당기순이익에서 영업 외 비용을 포함한 총 비용 등을 뺀 순액. 순수한 기업경영활동의 성과.

act.1 회사

결산서를 이해한다 ②

손익계산서가 회사의 사업상황을 나타내고 있는 반면, 대차대조표는 회사의 재무상황을 나타냅니다. 그렇다면 대차대조표는 어떻게 이해하면 좋을까요?

🕐 대차대조표

대차대조표는 기업이 어느 일정 시점(3월 말, 12월 말 등)에 대한 자산, 부채, 순자산 등 기업의 재무상황을 나타내는 것으로 대차대조표의 좌측을 '대변', 우측을 '차변'라고 부르기도 합니다. 또 대변(자산)의 합계와 차변(부채와 순자산)의 합계는 같아집니다.

자산
기업이 소유하는 현금이나 예금, 유가증권, 토지, 건물 등의 자산.

유동자산
비교적 단기간에 환금되는 자산.

부채
기업이 채권자에 대해 변제 등의 필요(의무)가 있는 금전채무. 외상값, 지급 어음, 단기매입금, 1년 이내에 변제 예정인 장기매입금, 미지급금, 선수금, 빌린 돈, 상여충당금, 미납세 등.

고정자산
기업 등이 판매 목적이 아니라, 장기간에 걸쳐 이용 또는 소유하는 자산.

고정자산이나 유동자산에 비해 부채가 많아지면 순자산이 마이너스가 되어 자본금 등을 축내는 것을 알 수 있어.

대차대조표 (단위: 천 원)

(자산 부분)		(부채부분)	
유동자산	165,000	유동부채	67,500
현금	2,000	지급어음	20,000
예금	65,000	외상값	10,000
수취 어음	12,000	단기매입금	15,000
외상 매출금	25,000	이연세금부채	500
재고자산	7,000	선수수익	7,000
유가증권	12,000	미지급비용	15,000
대부금	7,000	고정부채	12,500
선불비용	13,000	장기매입금	12,500
미수수익	22,000	부채합계	80,000
고정자산	25,000	(순자산 부분)	
유형고정자산	20,000	주주자산	100,000
무형고정자산	5,000	평가환산차액	10,000
이연자산	10,000	신주 예약권	10,000
		자본합계	120,000
자산합계	200,000	부채·자본합계	200,000

합계가 일치

유동부채
단기간으로 지불 기간이 다가오는 부채.

타인자본

고정부채
지불 기간이 다가오는 것이 1년 이상인 부채.

자기자본

이연자산
이미 대가지불이 끝났거나 또는 지불 의무가 확정되어 그것에 대응하는 서비스의 제공을 받은 것으로, 그 효과가 장래에 걸쳐 나타날 것으로 기대되는 비용. 주식교부비, 사채발행비 등(신주 예약권 발행비를 포함), 창립비, 개업비, 개발비.

순자산
자산 총액에서 부채 총액을 뺀 금액. 액수가 마이너스가 되는 경우도 있다. 이전에는 자본, 자기자본, 주주자본이라 부르기도 했다.

📋 용어 체크

유동자산▷
- 당좌자산 … 현금, 예금, 수취어음, 외상판매대금(외상값), 유가증권 등
- 재고재산 … 상품, 제품, 반제품, 시제품, 원재료, 소모품, 저장품 등
- 기타 유동자산 … 전도금, 선불비용, 미수이익, 입체금, 단기대부금, 미수금, 예금, 가불금 등

고정자산▷
- 유형고정자산 … 토지나 건물, 기계, 차량, 공구, 기구, 비품 등
- 무형고정자산 … 특허권이나 실용신안권, 의장권, 저작권, 상표권, 임차권(지상권 포함), 어업권, 광산권, 영업권, 소프트웨어, 전화가입권, 수도시설이용권, 전기가스공급시설이용권, 전기통신시설이용권 등
- 투자 기타 자산 … 투자유가증권이나 장기대부금, 장기예금, 장기선불비용, 출자금 등

한마디 메모 예전에는 회사의 불상사 등의 정보를 근거로 회사를 협박해서 식품 등의 요구에 응하지 않는 경우, 주주로서 주주총회에 몰려들어 괴롭히는 '총회꾼'이라 불리는 사람들이 있었어. 많은 상장기업이 같은 날에 주주총회를 열게 된 것은 이것에 대한 대항책이었어.

대차대조표는 밸런스 시트라고도 불리며, 회사의 재무 상황의 밸런스가 맞는지를 나타냅니다.

회사는 차입 등에 의해 자금을 조달하고, 그 자금을 밑천으로 사업을 전개해 이익을 얻습니다. 그러므로 차입금 등이 있는 것 자체는 문제가 없습니다. 그러나 이익에 비해서 차입금이나 지불해야 할 금액이 많아지면 사업은 힘들어집니다.

대차대조표와 손익계산서 등의 재무제표는 회사의 경영 상황을 파악할 수 있는 자료이며, 안심하고 거래할 수 있는 상대인지 알아보거나 주식 구입 등 투자의 대상으로 적합한지 판단할 때도 활용할 수 있는 자료입니다.

◎ 재무제표에서 알 수 있는 것

재무의 건전성에 관한 것

유동비율

유동비율(%)=유동자산÷유동부채×100

1년 이내에 현금화 가능한 자산의 비율을 1년 이내에 변제해야 할 유동 부채로 나눈 값. 단기적인 회사의 안정성을 나타내고, 200% 이상이면 안정성이 높다.

자기자본비율

자기자본비율(%)=순자산÷(부채+순자산)×100

부채와 순자산의 합계는 '총자본'을 나타낸다. 총자본에 대한 순자산의 비율을 나타낸 자기자본비율이 높을수록 경영은 안정되었다는 말을 듣는다.

자본결손

순자산 '자본금+자본준비금+이익준비금'

순자산의 총액이 자본금·자본준비금·이익준비금의 합계를 밑돌고 있는(초기 자본의 일부를 거덜냈다) 상태. 기업의 재무가 악화되고 있다.

채무초과

자산 '부채'

자산의 합계보다 부채의 합계가 커서 순자산의 총액이 마이너스가 된 상태. 기업의 재무가 악화되고 있다.

경영의 효율에 관한 것

총자본이익률(ROA)

총자본이익률(%)=
(경상이익+지불이익)÷(부채+순자산)×100

부채와 순자산을 합친 '총자본'에서 얼마나 효율적으로 사업에 의한 이익을 내고 있는가. 총자본이익률이 높을 수록 효율이 좋다는 것을 나타낸다.

순자산이익률(ROE)

주주자본에서 얼마나 효율적인 이익을 높이고 있는가를 나타낸다. 주주가 경영을 판단할 때의 기준의 하나.

회사의 주식을 사는 등 투자를 할 때는 이 숫자들을 보고 안심하고 투자를 할 수 있는지 어떤지를 판단해.

◎ 캐시 플로 계산서

기업의 회계에서는 아직 받지 않은 돈도 '매상'으로 계산해 올리기 때문에 장부상의 수지와 바로 움직일 수 있는 현금 등이 일치하지 않는 경우가 있습니다. 그래서 실제의 돈의 흐름을 파악하기 위해 사용하는 것이 캐쉬 플로 계산서입니다.

영업활동에 의한 캐시 플로

본업에서 순조롭게 캐쉬(현금)가 늘고 있으면 플러스가 된다.

재무활동에 의한 캐시 플로

차입금 등을 상환하면 마이너스가 되고 차입 등 추가의 자금조달을 하면 플러스가 된다.

투자활동에 의한 캐시 플로

기업이 성장하기 위해서 투자가 행해지면 마이너스가 된다. 플러스가 된 경우는 어떤 이유로든 투자를 회수했다고 생각할 수 있다.

항목	금액
영업활동에 의한 캐시 플로	×××
투자활동에 의한 캐시 플로	×××
재무활동에 의한 캐시 플로	×××
현금 및 현금 동등물에 관련된 환산차액	×××
현금 및 현금 동등물의 증가액	×××
현금 및 현금 동등물의 기수잔고	×××
현금 및 현금 동등물의 기말잔고	×××

현금 및 현금 동등물의 증가액

이 항목이 마이너스이고 마이너스 폭이 현금 및 현금 동등물의 전기말 잔고를 넘어버리면 수중의 현금이 부족해져서 장부상은 흑자이지만 지불이나 변제를 할 수 없게 되어 이른바 '흑자도산'을 초래한다.

손익계산서상에는 큰 폭의 흑자인데도 실제로는 지불에 사용할 수 있는 돈이 모자라서 도산하는 경우도 있어.

act.1 회사

자금조달의 구조

새로운 회사를 설립하거나 새로운 사업에 주력할 때는 자금이 필요합니다. 그러나 보유한 자금만으로 조달할 수 없는 경우는 어떻게 자금을 조달할까요?

자금조달의 종류

더 자세히! →p.198

'부채' 형태의 자금조달 데트 파이낸스

금융기관에서 차입, 사채, 공모채, 사모채의 발행 등의 방법이 있다. 변제의 의무가 있어 담보 등이 필요하지만, 자금제공자의 경영관여는 없다.

'자본' 형태의 자금조달 에쿼티 파이낸스

주식을 발행한다. 담보는 필요없고 변제의무도 없지만, 이익이 생겼을 경우에는 배당금을 지불할 필요가 있다. 또 자금제공자가 경영에 관여하는 경우가 있다.

'부채'에 의해 조달한 자금을 '자본'으로 전환

전환사채를 발행한다.

자산의 현금화

어음할인, 채권의 팩터링, 부동산의 매각 등을 행한다.

여러 가지 펀드

기관투자자와 부유층에게서 모은 자금을 운용해서 운용이익을 분배하는 시스템을 '펀드'라고 합니다.

● 넓은 의미의 4가지 펀드

금융자산이나 부동산에 투자

투자신탁

주식이나 채권, 금융파생상품 등의 금융자산, 부동산 등에 투자하는 펀드.

선물에 투자

상품 펀드

귀금속·농산물·원유 등의 상품선물과 통화·금리·채권 등의 금융선물을 넓은 범위의 상품에 투자하는 펀드.

부동산사업에 투자

부동산 특정 공동사업

토지, 건물 등의 부동산에 투자하는 펀드.

좁은 의미의 '펀드'는 이것!

집단투자 스킴

많은 투자자에게서 모은 자금으로 사업운영이나 유가증권 등에 투자를 한다.

● '집단투자 스킴'의 대표적인 3가지 스타일

익명조합에서는 출자자가 누구인지 거래처 등에 밝히지 않아서 '익명'이라고 불러. '출자자명을 밝히지 않는다'라는 것이 '주주'와 달라.

투자사업조합 (합작투자)

조합원인 투자자에게 자금을 모아 출자처기업에 대해 출자형태로 자금을 공급하는 단체. 무한책임을 진다.

조인트 벤처 (공동기업체 등)

익명조합

출자자가 제공한 자금을 영업자의 자산으로 취급하고 그 영업에 의해 얻어진 이익을 출자자에 분배하는 계약.

태양광 발전사업 등

투자사업 유한책임조합

각각의 출자액을 한도로 하는 '유한책임'으로 한 투자사업조합.

벤처기업에 투자 등

한마디 메모 크라우드는 '구름'을 나타내는 영어이지만, 컴퓨터 세계에서는 데이터를 자신의 컴퓨터가 아니라 인터넷상에 보존하는 크라우드 컴퓨팅을 가리켜. 지금은 데이터의 보존뿐 아니라 여러 가지 서비스를 나타내고 있어.

기업이 행하는 자금 조달에는 '부채'에 의한 조달과 '자본'에 의한 조달 등이 있습니다. 부채에 의해 조달한 경우는 변제와 이자 지불이 필요하며, 자본에 의해 조달한 경우는 변제가 필요하지 않지만 이익을 분배합니다. 또 출자받은 금액에 따라 경영면에서의 결정에 영향이 미치는 경우도 있습니다.

최근에는 인터넷을 이용한 크라우드 펀딩도 행해지고, 개인의 창업에도 이용 가능하게 되었습니다.

기업에 있어 출자는 단지 돈을 내는 것만이 아니라 출자에 의해 이익을 얻는 경제활동의 하나라고 할 수 있습니다.

🎒 크라우드 펀딩의 자금조달

창업이나 신규 사업, 신제품 개발 등을 할 때 인터넷을 통해서 자금을 모집하여 소규모의 투자를 진행하는 구조를 '크라우드 펀딩'이라고 합니다.

기부형	구입형	대부형	펀드형	주식형

출자하는 쪽

기부형	구입형	대부형	펀드형	주식형
출자만 하고 금전이나 물품, 서비스 등의 보답은 없다.	출자금에 따라 상품·서비스 등의 보답이 있다.	출자금에 따라 이자가 지불되고 출자금 자체도 변제된다.	출자금에 따라 이익이 배당된다.	출자금에 따라 비상장주식을 취득한다.

크라우드 펀딩 운영회사

기부 / 상품·서비스 / 출자 / 이자·배당 / 출자

신상품 개발 프로젝트

목표 금액 ₩30,000,000

이 프로젝트에 대해서 xxxxxxxxxxx xxxxxxxxxxx xxxxxxxxxxx xxxxxxx

크라우드 펀딩은 기업 활동뿐만 아니라 이벤트와 사회운동 등의 자금 조달에도 이용돼.

출자를 받는 쪽

🎒 크라우드 펀딩의 문제점

출자하는 측의 문제점

• 출자한 자금이 유효하게 활용되지 않을 우려가 있다.
• 계획이 실패한 경우 출자금을 돌려받지 못한다.
• 출자 후에 권리는 매각하는 것이 어려운 경우가 많고, 유동성이 낮다.

출자를 받는 측의 문제점

• 사금이 모일 때까지 시간이 걸린다.
• 설정 금액까지 모이지 않으면 출자를 받을 수 없다.
• 아이디어를 공표해 자금을 모으기 때문에 아이디어를 도둑맞는 경우가 있다.

회사의 도산

뉴스 등에서 회사의 도산이 화제가 될 때가 있습니다. 여기서 도산은 무엇을 의미하는 것일까요? 또 도산한 회사는 전부 사라져버리는 걸까요?

🕐 도산이란?

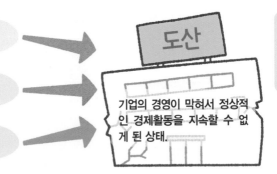

빌린 돈을 갚을 수 없다!

구입 대금을 지불할 수 없다!

매입할 돈이 없다!

도산

기업의 경영이 막혀서 정상적인 경제활동을 지속할 수 없게 된 상태.

도산은 '법적도산'과 '사적도산'으로 크게 나뉘어.

🕐 도산의 종류 : 법적도산

도산한 회사가 전부 없어지는 것은 아니야!

도산했어!!

그리고 소멸...

재생형 도산		정산형 도산	
회사갱생법 적용	민사재생법 적용	파산	특별정산
주식회사가 대상이며, 법원으로부터 지명된 관재인이 갱생계획에 의해 재건을 목표로 한다. 원칙으로는 특정된 스폰서의 지원으로 회사의 경영을 계속하며 채무를 갚아간다.	주로 중소기업을 대상으로 하나, 주식회사나 특수법인, 개인 등도 해당된다. 채무자가 재생을 목표로 신청한다. 따라서 도산기업의 경영자가 계속해서 경영에 임할 수 있다.	법원이 파산 수속 개시 결정을 내고, 채무자의 총재산을 계산해서 채권자에게 공평하게 배당한다.	정산인이 특별정산 협정안을 작성, 채권자 집회의 동의를 얻어 가결되면 협정안에 따라 채무를 갚아간다. 파산정도로 엄격한 절차가 아니기 때문에 회사 측이 선임한 정산인이 재산을 처분한다.

재생형 도산은 채무의 면제 등을 받으며 경영재건을 목표로 하고 있어. 그래서 도산한 회사가 전부 없어져 버리는 것은 아니야.

한마디 메모: '일이 많아졌는데 도산했다.' 세상에는 이런 일도 있어. 건설회사 등이 수주증가를 예상하고 기재나 설비 등을 준비했는데, 일손 부족으로 일을 처리하지 못해서 결국 경영이 파탄해 버리는 케이스야. 이처럼 경기가 좋아도 도산은 일어나.

회사의 도산이란 자금적인 이유로 인해 경영을 계속할 수 없는 것을 뜻합니다. 이는 지불해야 할 돈을 지불할 수 없거나, 갚아야 할 돈을 갚을 수 없는 상태를 말하며, '파산'이라는 말도 같은 의미로 사용됩니다.
법원에 의해 도산이 인정되면 그 회사의 지불 능력을 넘는 채무는 면제됩니다. 다만, 그 회사의 경영자 등이 회사의

채무에 대해 보증을 섰을 경우에는 그 경영자의 자산도 채무 변제를 위해 제공해야 합니다.
또한 도산했다고 해서 곧 바로 회사가 없어지는 것은 아닙니다. 채권자 등의 이해와 협력을 얻으면 사업을 계속 재건하는 방법도 있습니다.

도산의 종류 : 사적도산

회사갱생법과 민사재생법의 적용 수속을 하지 않아도 금융기관과의 거래가 정지되면 사실상 도산했다고 판단합니다. 이런 상황을 법적도산과 구별해서 '사적도산'이라 합니다.

도산

거래정지 처분

어음이나 수표의 부도(지정기일에 결제할 수 없는 경우)를 동일어음 교환소 관 내에서 6개월 이내에 2회 일으켜, 어음교환소의 가맹 금융기관에서 2년간에 걸쳐 거래를 할 수 없게 되는 경우를 말한다. 뉴스 등에서 '사실상 도산' 등으로 표현되는 경우가 많다. 반드시 거래정지에 의해 사업이 정지하는 것은 아니지만 신용불량으로 거래를 정지하는 고객이 늘게 되면 경영이 파탄한다.

내정형

경영이 힘들어진 기업이 채권자와 의논해 정리를 하는 것으로 '임의정리' 혹은 '사적정리'라고도 한다.

도산이 아니다

폐업

부채보다 자산이 많은 상태로, 금융기관이나 거래처, 종업원에 금전적으로 피해를 끼치지 않고 사업을 정리하는 것을 말한다.

부채보다 자산이 많은 상태라도 후계자가 없다거나 앞으로의 경영을 전망할 수 없다는 등의 이유로 회사가 문을 닫는 경우도 있어. 이것을 폐업이라고 해.

도산의 원인

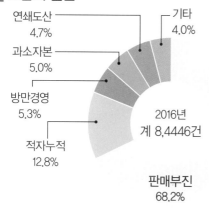

- 연쇄도산 4.7%
- 기타 4.0%
- 과소자본 5.0%
- 방만경영 5.3%
- 적자누적 12.8%
- 판매부진 68.2%

2016년 계 8,4446건

(중소기업청)

중소기업이 도산하는 원인은 압도적으로 판매부진, 즉 매상이 오르지 않는 경우가 많아.

판매부진이 약 7할

도산 건수의 추이

2000년 이후 최다 29,583건

도산으로 없어지는 기업보다 자주적으로 휴업하거나 폐업하는 기업이 몇 배나 많아.

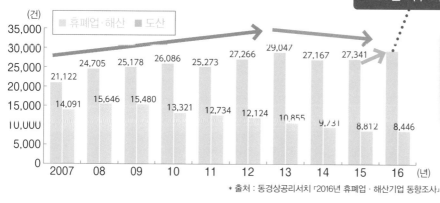

| (건) | ■ 휴폐업·해산 | ■ 도산 |

	2007	08	09	10	11	12	13	14	15	16 (년)
휴폐업·해산	21,122	24,705	25,178	26,086	25,273	27,266	29,047	27,167	27,341	
도산	14,091	15,646	15,480	13,321	12,734	12,124	10,855	9,731	8,812	8,446

* 출처 : 동경상공리서치 「2016년 휴폐업·해산기업 동향조사」

회사를 설립할 때 돈이 얼마나 들까?

● 중학생과 고등학생 사장이 늘어나고 있습니다

중학생과 고등학생의 신분으로 회사를 만드는 사람이 늘어나고 있습니다. 일본의 법률에서는 미성년이라도 보호자의 허가가 있으면 회사를 만들 수 있습니다.

단지, 신청할 때 '인감증명서'가 필요합니다. 이 '인감증명서'를 받을 수 있는 연령은 15세 이상으로 정해져 있기 때문에, 실제로 회사 설립이 가능한 연령은 15세 이상이 됩니다. 지금은 15세의 웹디자이너, 크라우드 펀딩 경영자, 대히트 상품을 내놓은 고등학생 등 십 대 기업가가 잇달아 탄생하고 있습니다.

이전에는 회사를 설립하기 위해서 많은 금액이 필요했습니다. 주식회사는 자본금 1000만 엔 이상, 유한회사는 자본금 300만 엔 이상의 돈을 준비해두지 않으면 설립할 수 없었습니다.

그러나 2006년에 '신회사법'이 실시되어 자본금이 1엔이어도 회사의 설립이 가능하게 되었습니다. 이 신법에는 그 밖에도 회사를 만들기 쉽게 하는 여러 가지 개정이 포함되었습니다. 따라서 아이디어와 의욕이 있는 사람이 점점 회사를 만드는 힘을 발휘할 수 있는 구조가 되었습니다.

● 신청하는 데 24만 엔이 듭니다

자본금은 1엔이면 해결되지만 막상 회사를 설립하려고 하면 최소한의 비용이 필요합니다. 무엇이 필요한지 대략 살펴봅시다.

① 신청자금	법무국에 주식회사 설립을 신청할 때 정관인증료 5만 엔, 등록면허세 15만 엔, 인지대 4만 엔(합계 24만 엔)이 듭니다.
② 설립 대행 수수료	신청서류를 본인이 작성하기 어려울 경우 작성을 대행해주는 전문가에게 맡길 수 있습니다. 다만 이 경우 수수료가 필요합니다.
③ 회사인감	대표인, 은행인, 일반 업무에 사용하는 각인 등이 필요합니다.
④ 사무실 비용	처음에는 자택에서 일을 시작하면 사무실 비용은 들지 않습니다. 하지만 사무실을 빌리는 경우는 부동산업자에게 중개수수료, 보증금, 월세 등이 필요합니다. 카페 등의 점포를 시작하는 경우에도 똑같습니다.
⑤ 사무용품 비용	컴퓨터, 프린터, 책상과 의자, 문구류, 전화기 등이 필요합니다.
⑥ 광고 관련 비용	회사명의 로고(회사명과 마크를 디자인해서 명함이나 홈페이지 등에 사용합니다), 명함, 홈페이지 작성 등

이처럼 최소한의 비용이 들지만, 꼭 필요한 것은 ①과 ③입니다. 인감의 가격은 제각각이지만 전부 준비하면 2만 엔 정도될 것이니, 합하면 26만 엔 정도가 최저금액이 됩니다.

중학생과 고등학생에게는 이것도 꽤 큰 금액이지만 비즈니스 콘테스트에 응모해서 아이디어가 채용되면 비용을 대신 내주는 경우도 있습니다.

'이럴 수가!'라고 생각되는 비즈니스 아이디어가 있다면 응모해 보는 것은 어떨까요?

제4장

국가와 지방자치단체의 돈 이야기

국가와 지방자치단체가
사용하는 돈은 어느 정도일까?
우리의 생활과 어떻게 관계하고
있을까?

제4장 국가와 지방자치단체의 돈 이야기

act.1 공공의 돈

일본은 '국가 또는 지방공공단체가 설치하는 학교에 대한 업무 교육에 대해서는 수업료를 징수하지 않는다'라고 법으로 제정하고 있습니다. 국공립 초등학교와 중학교에서는 수업료가 들지 않는 것입니다.

그러나 학교에서 아이들이 교육을 받기 위해서는 선생님들의 인건비, 학교 건물의 건설비, 매일의 활동에 드는 비용, 교과서의 인쇄비 등 많은 돈이 필요합니다. 사립 초등·중학교에 다니면 수업료 등으로 1년간 수천만 원이 필요한 것만 봐도 알 수 있습니다. 그러나 우리가 그 돈을 내지 않아도 괜찮은 이유는 국가와 지방자치단체가 그 비용을 조달하기 때문이며, 그 돈의 근원이 바로 우리들이 내는 세금입니다. 이렇듯 교육 이외에도 마을 조성과 공중위생, 도로 등의 정비, 방위 등 우리의 사회와 생활은 공공의 돈에 의해 유지되는 것이 많습니다.

그렇다면 공공의 돈은 어떻게 모이며, 어디에 얼마나 쓰이고 있는 걸까요? 또 어떤 문제를 안고 있을까요?

act.1 공공의 돈

세금의 역할

물건을 살 때 우리는 소비세를 더한 금액을 지불합니다. 또 '세금이 비싸다, 싸다'라는 대화도 자주 듣습니다. 이처럼 우리가 지불하는 세금은 어떤 역할과 시스템을 갖고 있을까요?

🌕 우리가 이용하는 공공서비스의 사례

🌕 만약 세금이 없다면?

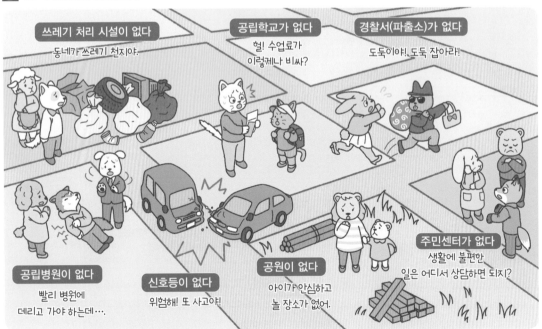

우리가 일상에서 생활을 하면서 아무렇지 않게 사용하는 도로나 신호등, 공원 등을 만들기 위해서는 돈이 필요해. 만약 세금제도가 없었다면 매우 불편한 세상이 되어 버려.

병원에서 진료비를 내지만, 실제로 드는 돈은 더 비싸. 또한 부족한 금액은 건강보험 등에서 지불되지만, 세금은 이 제도를 유지하기 위해서도 쓰이고 있어.

한마디 메모 중국의 역사서 「위지왜인전」에 '여왕 히미코가 통치하는 야마타이국에서는 벼와 비단이 공물로서 바쳐졌다'라고 쓰여 있어. 이것이 기록으로 남아 있는 가장 오래된 세금의 기록이야.

납세는 국민의 의무입니다. 일본국 헌법 제30조에는 '국민은 법률이 정하는 바에 따라 납세의 의무를 진다'라고 제정되어 있습니다.

우리가 이용하는 공공시설이나 공적 서비스, 예를 들면 일본에서는 초등학교, 중학교는 수업료를 낼 필요가 없습니다. 이것들 전부 세금으로 처리되고 있기 때문입니다.

도로나 철도 등의 사회 인프라의 정비, 경찰과 소방·구급, 건강보험과 연금 등의 제도에도 세금이 사용되며, 외교와 방위 등의 예산도 필요합니다.

우리들은 세금을 부담하는 것으로 우리의 사회를 지탱하고 있는 것입니다.

🌑 세금의 구조(국세의 경우)

세금에는 국세와 지방세가 있습니다. 국세는 다음과 같은 흐름으로 사용됩니다.

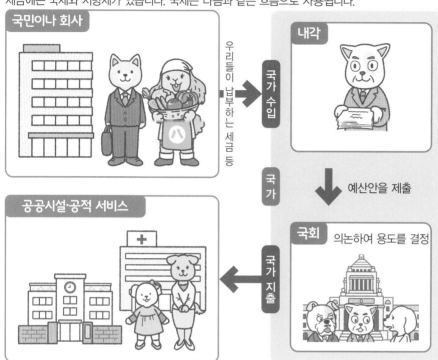

국민이나 회사

우리들이 납부하는 세금 등

국가 수입 → **내각**

국가

예산안을 제출

공공시설·공적 서비스

국가 지출 ← **국회** 의논하여 용도를 결정

우리의 일상생활에 필요한 공공시설이나 공적 서비스를 위해 세금이 지출되지만, 그 사용 방법에 대해서는 내각이 안을 만들고 국회가 의논해서 결정해. 이렇게 해서 세금이 적절하게 쓰이는 거야.

🌑 주요 세금의 종류

세금은 부담하는 사람과 납부하는 사람이 같은 '직접세'와 소비세와 같이 부담하는 사람과 납부하는 사람이 다른 '간접세'로 나뉘어집니다. 예를 들어 우리가 물건을 샀을 때 소비세는 부담하는 쪽은 구매한 사람이지만 실제로 국가나 지방공공단체에 납부하는 쪽은 판매자입니다.

더 자세히! →p.199

직접세

국세
소득세
부흥특별소득세
법인세
상속세
증여세

지방세

도부현세
현민세
사업세
자동차세
부동산취득세
자동차취득세

시정촌세
시정촌민세
고정자산세
경자동차세

간접세

소비세
주류세
유류세
지방도로세
석유석탄세
담배세
관세
인지세

지방세

도부현세
지방소비세
도부현담뱃세
골프장이용세
경유거래세

시정촌세
시정촌담뱃세
입욕세

📝 **용어 체크**

누진과세▷소득세의 세율은 소득이 많아짐에 따라 단계적으로 높아진다. 이런 제도를 '누진과세제도'라 한다.

act.1 공공의 돈

세계의 독특한 세금

포테이토칩을 먹었다고 또 토끼를 키웠다고 세금을 내는 나라가 있습니다. 이처럼 세상에는 '에이', '설마' 싶은 색다른 세금제도가 존재합니다.

◎ 세계의 독특한 세금

포테이토칩세

2011년에 헝가리에서 시행된 세금의 통칭으로 설탕과 염분이 많은 금식품에 부과됩니다. 비만으로 이어지는 식품에 과세를 부과하는 것으로 비만을 줄이려는 목적이 있습니다.

공기세

18세기 프랑스에서 도입이 검토되었던 세금. 프랑스는 루이 15세 시대에 핍박했던 재정을 바로 세울 필요가 생겼습니다. 그래서 특권으로 지켜진 귀족과 종교인에게도 징세할 수 있도록 만인이 필요로 하는 공기에 과세하려 했지만, 국민의 반대로 좌절되었습니다.

버터세

헝가리의 포테이토칩세와 같이 비만 방지를 목적으로 2011년 덴마크에서 도입한 세금의 통칭. 영어로는 'Fat Tax'이며, '비만세'라고도 합니다. 식품에 포함되는 불포화지방산 양에 따라 과세됩니다.

월병세

월병은 중국 과자로 속에 팥앙금 등이 들어 있습니다. 중국 사람들은 추석에 월병을 먹으며 달을 보는 풍습이 있었죠. 그 때문에 회사에서 월병을 나눠주곤 했는데, 이 월병을 '수입의 일부'로 생각해 월병세를 부과하자는 말이 나왔습니다. 그러나 여론의 반발로 바로 폐지되었어요.

가축트림세

목양의 대국인 뉴질랜드는 국민 1인당 6.9마리의 양을 키우고 있습니다. 귀여운 외모와 달리 양은 트림을 자주 하는 동물인데 트림에는 이산화탄소가 많이 포함되어 있습니다. 고작 트림이지만, 그 수가 많다 보니 상당한 양의 이산화탄소가 발생되는 것입니다. 이는 지구온난화에도 악영향을 끼치기 때문에 그 대책비 확보를 위해 2014년에 제정되었습니다.

교통정체세

영국의 런던은 교통체증이 심해서 도심부의 자동차 평균속도가 빅토리아 왕조 시대의 마차 속도와 다르지 않다고 말할 정도입니다. 그래서 도심부로 들어가는 교통량을 억제하기 위해 2003년에 교통정체세를 제정했어요. 정해진 시간과 지역에 들어가는 경우에 과세하는 건데, 이 세금의 도입으로 정체는 30% 해소되고 교통량은 15% 감소했대요.

한마디 메모   고대 로마에서는 놀랍게도 소변에 세금이 부과되었어. 고대 로마인은 소변에 포함된 암모니아를 강한 세제로 사용할 수 있는 것을 발견하고는 공중화장실에 모아진 소변의 거래를 시작했어. 베스파시아누스 황제가 이것에 세금을 부과해 상당한 조세수입이 되었다 해.

'어떻게 그런 세금이…'라고 생각되는 세금 제도에도 나름의 목적이 있습니다.

첫 번째 목적은 '조세수입의 확보'입니다. 전쟁 등으로 막대한 재원이 필요하게 되었을 때 도입되는 경우가 많은 것 같습니다.

또 하나의 과세 목적은 어떤 사회문제가 있을 때, 그 문제의 원인을 억제하거나 해결하는 데 필요한 재원을 확보하는 것입니다. 앞에서 소개한 '교통정체세'나 '가축 트림세'가 이에 해당합니다. '토끼세'는 조세수입 자체가 목적이라기보다 토끼를 과세 대상으로 만들어, 상도를 벗어나 가격이 급등하는 토끼의 거래를 진정시키는 것이 목적인 세금이었습니다.

독신세

저출산이 문제였던 불가리아에서 1968~1989년에 도입되었던 세금. 성인이 독신인 경우 5~10%의 세금을 부과해 결혼을 재촉하였지만, 독신 시대의 무거운 세금으로 결혼 자금을 모을 수 없어서 도리어 결혼하지 못하는 청년이 늘었고 출생률은 독신세를 시행하기 전보다 떨어지는 결과로 끝났습니다.

학위세

호주의 조세제도. 대학 졸업 이상의 학력으로 일정한 수입이 있으면 과세 대상이 됩니다. 호주의 대학은 대부분 국립이므로 대학을 졸업했다는 것은 그만큼 국비로 인한 은혜를 받았다고 생각해 졸업 후에는 그만큼을 보답해야 한다는 인식이 있습니다. 일종의 장학금제도와 가깝다고 볼 수 있습니다.

🟠 일본에도 있었던 색다른 세금

간장세

에도 시대의 간장 제조는 면허제로 세금을 납부해야 했습니다. 메이지 정부도 이것을 계승했지만 간장은 일상용품이기 때문에 일단 폐지하였습니다. 그런데 청일전쟁의 군비 조달을 위해 메이지 18년(1885년)에 부활되어 타이쇼 15년(1926년)까지 계속되었습니다.

강아지(개)세

메이지 시대에 부현세로 생겨나, 일부에서는 쇼와 50년(1975년)까지 시정촌세로 존재했습니다. 지방세이기 때문에 세액과 과세대상은 제각각이었고, 교토부와 군마현에서는 삽살개가 사냥개로 사용된다는 이유로 다른 견종보다 높은 세율을 적용했습니다.

토끼세

메이지 초기, 애완동물로 투끼의 인기가 급상승하여 털 색이 특이한 토끼를 고액에 거래하는 토끼 모임 등이 열릴 정도였고, 장사로 번 돈과 무사에서 사족으로 신분이 변했을 때 지급받은 가록봉환금을 쏟아넣는 사람까지 생겨났습니다. 이것을 달갑지 않게 생각한 당시 동경부는 토끼 한 마리당 월 1엔이라는 고액의 세금을 부과했습니다.

강아지세와 토끼세, 둘 다 키우는 동물에 관계된 세금이지만, 그 세금이 생겨난 이유와 세금의 목적은 완전히 달라.

act.1 공공의 돈

국가예산

일본의 나랏돈인 '국가예산'은 어느 정도의 금액일까요? 또 어떠한 내역으로 되어 있을까요?

◎ 일본의 일반회계의 내역

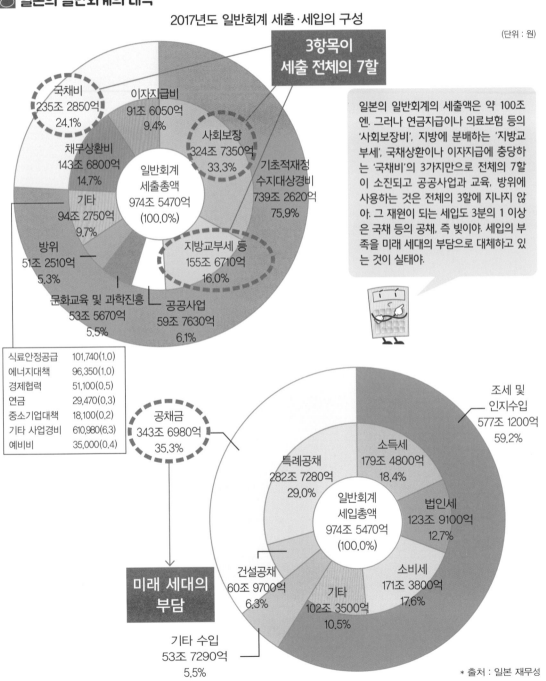

2017년도 일반회계 세출·세입의 구성

(단위 : 원)

3항목이 세출 전체의 7할

국채비 235조 2850억 24.1%

이자지급비 91조 6050억 9.4%

채무상환비 143조 6800억 14.7%

사회보장 324조 7350억 33.3%

일반회계 세출총액 974조 5470억 (100.0%)

기초적재정 수지대상경비 739조 2620억 75.9%

기타 94조 2750억 9.7%

방위 51조 2510억 5.3%

지방교부세 등 155조 6710억 16.0%

문화교육 및 과학진흥 53조 5670억 5.5%

공공사업 59조 7630억 6.1%

일본의 일반회계의 세출액은 약 100조 엔. 그러나 연금지급이나 의료보험 등의 '사회보장비', 지방에 분배하는 '지방교부세', 국채상환이나 이자지급에 충당하는 '국채비'의 3가지만으로 전체의 7할이 소진되고 공공사업과 교육, 방위에 사용하는 것은 전체의 3할에 지나지 않아. 그 재원이 되는 세입도 3분의 1 이상은 국채 등의 공채, 즉 빚이야. 세입의 부족을 미래 세대의 부담으로 대체하고 있는 것이 실태야.

식료안정공급	101,740	(1.0)
에너지대책	96,350	(1.0)
경제협력	51,100	(0.5)
연금	29,470	(0.3)
중소기업대책	18,100	(0.2)
기타 사업경비	610,980	(6.3)
예비비	35,000	(0.4)

공채금 343조 6980억 35.3%

미래 세대의 부담

조세 및 인지수입 577조 1200억 59.2%

특례공채 282조 7280억 29.0%

소득세 179조 4800억 18.4%

일반회계 세입총액 974조 5470억 (100.0%)

법인세 123조 9100억 12.7%

건설공채 60조 9700억 6.3%

기타 102조 3500억 10.5%

소비세 171조 3800억 17.6%

기타 수입 53조 7290억 5.5%

* 출처 : 일본 재무성

한마디 메모 세계에서 국가예산의 규모가 가장 큰 나라는 어디일까? 미합중국중앙정보국(CIA)이 정리한 2012년 자료에 의하면, 1위는 미국으로 세입액은 2조 4650억 달러(2095조 2050억 원), 세출액은 3조 6490억 달러(3101조 6500억 원)였어.

일본의 국가예산은 정부가 작성한 뒤 국회의 승인을 얻어 시행되며, 일반적인 행정을 위해 사용되는 '일반회계'는 900~1,000조 원입니다.
세출(지출)과 세입(수입)은 같은 금액이지만 국가 수입의 대부분을 차지하는 일반회계의 '조세수입'은 약 600조 원이기 때문에 조세수입만으로 조달할 수는 없습니다.

그래서 국채를 발행하는 것이지만, 국채는 기간이 되면 이자를 붙여 상환해야 합니다. 세출 역시 의료비 등의 사회보장비와 지금까지 발행한 국채의 상환에 충당하는 국채비 등이 커, 앞으로도 이 경향은 계속될 것입니다. 국가예산 전체를 봐도 부담의 지연이 계속되고 있다고 할 수 있습니다.

🍊 일본의 일반회계의 추이

일반회계의 총액은 2000년 이후, 900~1,000조 원 규모가 되었습니다.

> 사회보장 관계비와 지방재정비, 국채비가 차지하는 비율이 큰 상황이 계속되고 있어. 게다가 사회보장 관계비와 국채비는 증가하고 있어!

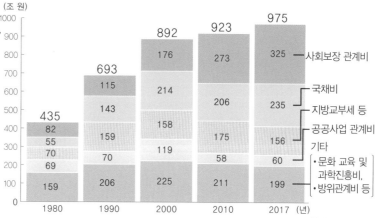

(조 원)

	1980	1990	2000	2010	2017 (년)
총액	435	693	892	923	975
사회보장 관계비	82	115	176	273	325
국채비	55	143	214	206	235
지방교부세 등	70	159	158	175	156
공공사업 관계비	69	70	119	58	60
기타 (문화 교육 및 과학진흥비, 방위관계비 등)	159	206	225	211	199

* 출처 : 일본 재무성

🍊 특별회계의 추이

국가의 회계는 일반적인 행정에 드는 경비를 종합한 '일반회계' 외에 특정 사업마다의 회계인 '특별회계'가 있습니다.

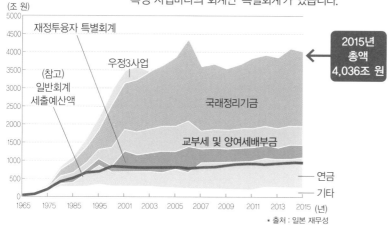

(조 원)

재정투융자 특별회계
우정3사업
(참고) 일반회계 세출예산액
국래정리기금
교부세 및 양여세배부금
연금
기타

2015년 총액 4,036조 원

1965 1975 1985 1995 2001 2003 2005 2007 2009 2011 2013 2015 (년)

* 출처 : 일본 재무성

> 옛날에는 적었던 특별회계도 지금은 4,000조 원 이상의 규모가 되었어. 그 재원 일부는 국채 발행으로 조달하고 있고, 일반회계에 비교해서 국회의 심의도 충분하게 행해지지 않는 것이 문제라는 지적도 있어.

🍊 국가예산의 국제적 비교

순위	국가	예비액(1달러=850원)			
		세입		세출	
1	미국	2조 4650억 달러	(2095조 2500억 원)	3조 6490억 달러	(3101조 6500억 원)
2	일본	2조 0250억 달러	(1721조 2500억 원)	2조 5700억 달러	(2184조 5000억 원)
3	중국	1조 8380억 달러	(1562조 3000억 원)	2조 0310억 달러	(1726조 3500억 원)
4	독일	1조 5110억 달러	(1284조 3500억 원)	1조 5110억 달러	(1284조 3500억 원)
5	프랑스	1조 3410억 달러	(1139조 8500억 원)	1조 4580억 달러	(1239조 3000억 원)
10	스페인	4851억 달러	(412조 3350억 원)	5843억 달러	(496조 6550억 원)
15	노르웨이	2829억 달러	(240조 4650억 원)	2067억 달러	(175조 6950억 원)
20	스위스	2127억 달러	(180조 7950억 원)	2111억 달러	(179조 4350억 원)
25	인도네시아	1392억 달러	(118조 3200억 원)	1606억 달러	(136조 5100억 원)
30	그리스	1087억 달러	(92조 3950억 원)	1280억 달러	(108조 8000억 원)

> 인구나 사회 상황의 차이도 있기 때문에 단순하게 비교할 수 없지만 일본의 국가예산은 세계 2위야. 1위인 미국과의 차이도 작지만, 미국에서는 연방정부 이외에 주정부 등 지방이 부담하는 예산도 많기 때문에 실질적인 차는 크다고 할 수 있어. 그래도 다른 나라들과 비교하면 일본의 국가예산이 얼마나 큰지 알 수 있지.

* 주 : 순위는 세입을 기준. 일반회계와 특별회계를 합한 액   * 출처 : 미국 CIA, 「The World Factbook」, 2012년

act.1 공공의 돈

지방자치단체의 돈

우리가 생활하는 시정촌(일본의 기초지방자치단체)과 도도부현(일본의 광역자치단체) 등의 지방자치단체도 국가와 같이 예산을 짜고 있습니다. 지방자치단체는 어떤 경우에 어느 정도의 예산을 사용하고 있을까요?

🌐 지방재정의 형편

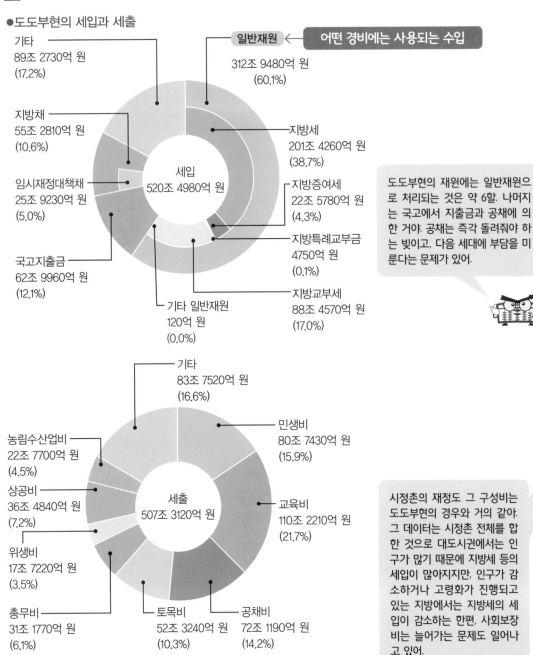

●도도부현의 세입과 세출

기타
89조 2730억 원
(17.2%)

지방채
55조 2810억 원
(10.6%)

임시재정대책채
25조 9230억 원
(5.0%)

국고지출금
62조 9960억 원
(12.1%)

일반재원 ← 어떤 경비에는 사용되는 수입
312조 9480억 원
(60.1%)

세입
520조 4980억 원

지방세
201조 4260억 원
(38.7%)

지방증여세
22조 5780억 원
(4.3%)

지방특례교부금
4750억 원
(0.1%)

지방교부세
88조 4570억 원
(17.0%)

기타 일반재원
120억 원
(0.0%)

> 도도부현의 재원에는 일반재원으로 처리되는 것은 약 6할. 나머지는 국고에서 지출금과 공채에 의한 거야. 공채는 즉각 돌려줘야 하는 빚이고, 다음 세대에 부담을 미룬다는 문제가 있어.

기타
83조 7520억 원
(16.6%)

농림수산업비
22조 7700억 원
(4.5%)

상공비
36조 4840억 원
(7.2%)

위생비
17조 7220억 원
(3.5%)

총무비
31조 1770억 원
(6.1%)

세출
507조 3120억 원

민생비
80조 7430억 원
(15.9%)

교육비
110조 2210억 원
(21.7%)

공채비
72조 1190억 원
(14.2%)

토목비
52조 3240억 원
(10.3%)

> 시정촌의 재정도 그 구성비는 도도부현의 경우와 거의 같아. 그 데이터는 시정촌 전체를 합한 것으로 대도시권에서는 인구가 많기 때문에 지방세 등의 세입이 많아지지만, 인구가 감소하거나 고령화가 진행되고 있는 지방에서는 지방세의 세입이 감소하는 한편, 사회보장비는 늘어가는 문제도 일어나고 있어.

* 출처 : 일본 총무성 「지방재정백서」, 2015년

한마디 메모 일본의 자치체 중에 예산 규모가 가장 큰 곳은 도쿄도야. 2017년도의 일반회계예산은 약 69조 원으로, 상하수도와 지하철 등 공영기업회계와 특별회계를 더하면 총액 135조 240억 원이었어. 이것은 스웨덴의 국가 예산(약 120조 원)을 웃도는 수치야.

국가예산의 항목으로 지출이 차지하는 지방교부금의 비율이 많은 것을 알 수 있습니다. 이것에서 지방이 국가에 의존하는 것에 의해 우리의 생활이 유지되고 있는 것 같은 인상을 받을지도 모르겠습니다. 그러나 지방자치단체의 세입에는 국채의 지출금은 약 15%에 지나지 않습니다. 한편, 생활에 밀착한 행정에 관해서는 지방이 많이 부담하고 있습니다. 인구의 감소와 고령화가 진행된 지방에서는 앞으로 조세수입의 감소가 예상되어, 이것을 유지하는 것이 어려워질 가능성도 지적되고 있습니다. 또 지방재정도 국가재정과 같이 거액의 공채에 의해 꾸려지고 있다는 점도 잊어서는 안됩니다. 이렇듯 지방자치단체의 재정도 여러 가지 과제를 안고 있습니다.

🍊 국가와 지방의 역할분담

●시정촌의 세출과 세입

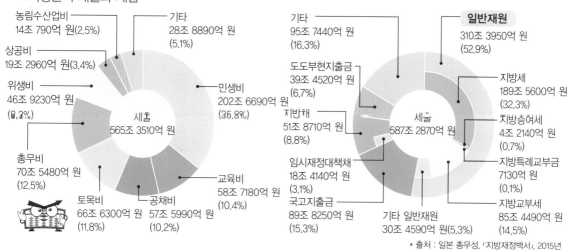

* 출처 : 일본 총무성, 「지방재정백서」, 2015년

●국가와 지방과의 행정사무 분담

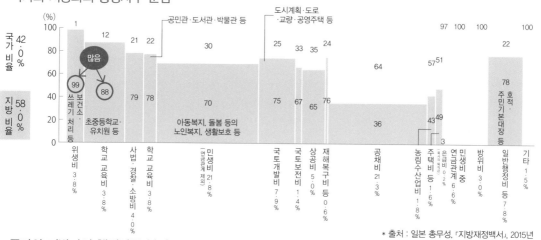

* 출처 : 일본 총무성, 「지방재정백서」, 2015년

●국가와 지방과의 행정사무 분담

		공공자본	교육	복지	기타
국가		고속도로 국노(지정구간) 1급하천	국립대학 사립대학 조성 교과서검정	건강보험, 연금 의사 등 면허 의약품허가면허	사법, 외교, 통화 방위, 방재 경제·금융정책
지방	도도부현	국도(지정구간) 도도부현도 1급하천(지정구간) 2급하천 항구	현립고등학교 등 사립학교 조성 초등·중학교원의 급여· 인사 공립대학(특정 현)	생활보호, 아동복지 등 지역보건 병원, 약국	경찰 방재 직업능력개발
	시정촌	시정촌도 준용하천 공공하수도 항구	시정촌립초등·중학교 등 유치원 공해방지 산업폐기물	생활보호, 아동복지 등 국민건강보험, 개호보험 상수도 일반폐기물	소방 방재 주민등록·호적 직업소개

국가의 예산만으로 그럭저럭 해결하는 것이 방위비와 연금 관계뿐. 경찰, 소방과 학교교육, 위생 등 우리 생활에 직결된 것의 대부분은 지방의 예산으로 꾸려지고 있어.

국가의 빚

개인이나 기업처럼 국가도 빚이 있습니다. 일본은 어느 정도 빚이 있을까요? 또 어떤 문제가 있을까요?

📛 계속 증가하는 일본의 빚

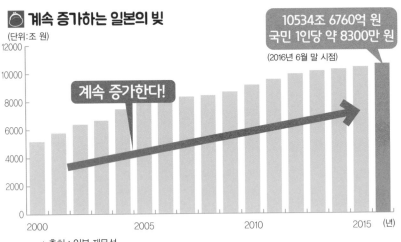

(단위:조 원)

**10534조 6760억 원
국민 1인당 약 8300만 원**
(2016년 6월 말 시점)

계속 증가한다!

빚의 9할 가까이 국채야. 2000년 이후 계속 증가하여, 2013년에는 1천조 엔을 돌파하였으며, 그 후에도 계속 증가하고 있어. 이대로 빚이 늘어도 괜찮은 건지 조금 걱정이야.

* 출처 : 일본 재무성
* 주 : 국채의 발행잔고와 차입금, 정부단기증권의 합계 금액(2016년 6월 말을 제외한 연도말 시점)

📛 국가 빚의 내역

헤이세이 27년(2015년)도 일본의 재무서류(대차대조표)의 개요

(단위:조 엔)

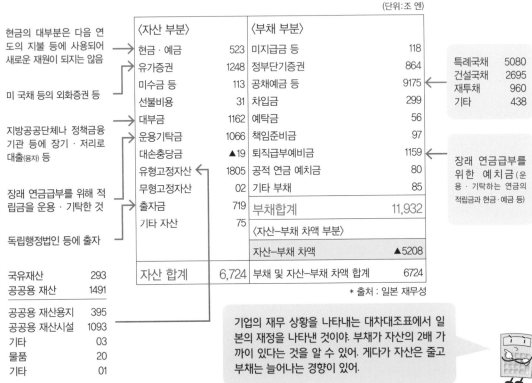

〈자산 부분〉		〈부채 부분〉	
현금·예금	523	미지급금 등	118
유가증권	1248	정부단기증권	864
미수금 등	113	공채예금 등	9175
선불비용	31	차입금	299
대부금	1162	예탁금	56
운용기탁금	1066	책임준비금	97
대손충당금	▲19	퇴직급부예비금	1159
유형고정자산	1805	공적 연금 예치금	80
무형고정자산	02	기타 부채	85
출자금	719	**부채합계**	**11,932**
기타 자산	75	〈자산–부채 차액 부분〉	
		자산–부채 차액	▲5208
자산 합계	6,724	부채 및 자산–부채 차액 합계	6724

현금의 대부분은 다음 연도의 지불 등에 사용되어 새로운 재원이 되지는 않음

미 국채 등의 외화증권 등

지방공공단체나 정책금융기관 등에 장기·저리로 대출(융자) 등

장래 연금급부를 위해 적립금을 운용·기탁한 것

독립행정법인 등에 출자

국유재산	293
공공용 재산	1491
공공용 재산용지	395
공공용 재산시설	1093
기타	03
물품	20
기타	01

특례국채	5080
건설국채	2695
재투채	960
기타	438

장래 연금급부를 위한 예치금(운용·기탁하는 연금의 적립금과 현금·예금 등)

* 출처 : 일본 재무성

기업의 재무 상황을 나타내는 대차대조표에서 일본의 재정을 나타낸 것이야. 부채가 자산의 2배 가까이 있다는 것을 알 수 있어. 게다가 자산은 줄고 부채는 늘어나는 경향이 있어.

한마디 메모　국채를 정식으로 처음 발행한 곳은 영국이야. 제2차 백년전쟁(영불전쟁)의 전쟁비용을 확보하기 위해 발행했어. 이 국채는 부유층이 구입해서 이자의 지불과 변제에 세금이 부과되었기 때문에 빈부의 격차가 커지게 되었다는 의견도 있어.

국가의 주요 수입은 세금이지만, 세금만으로는 부족합니다. 큰 공공시설이나 사회 인프라 정비에 드는 자금은 장기적으로는 그 시설 등의 사용료에 의해 조달하는 것이 가능하지만, 건설 시점에서 거액의 자금을 지출해 버리면 일반적인 행정에 사용하는 예산이 부족해지기 때문이죠. 그래서 '건설국채'를 발행해 자금을 조달합니다. 갚기 위한 수입이 예상되는 빚입니다.

한편, 사회보장이나 국채의 상환비용 등 공공사업 이외의 자금이 부족한 경우에 발행되는 국채는 '적자국채'라고 불립니다. 이 적자국채는 현시점에서 부족한 부분의 부담을 다음 세대로 미루고 있다고도 말할 수 있습니다. 요 몇 해 사이 적자국채의 발행이 늘고 있는 것이 문제가 되고 있습니다.

🟠 국채의 구조

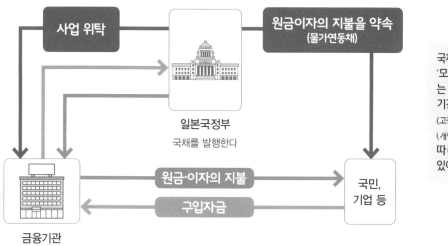

국채를 발행하는 것을 '모집', 국채에 투자하는 것을 '인수'라고 해. 기간(수개월~40년), 금리(고정금리, 변동금리), 형태(개인형과 기관투자자형)에 따라 다양한 국채가 있어.

국채 모집 등의 업무는 증권회사·은행 등의 금융기관이 한다

만기일까지 연 2회 이자를 받을 수 있다(이자가 붙지 않는 대신 액면가보다 낮은 금액으로 발행되는 것도 있다)

🟠 국채 발행 잔액 추이

일반회계세수의 약 15년분에 상당하는 금액
헤이세이 29년도(2017년) 일반회계세수 예산액 : 약 580조 원

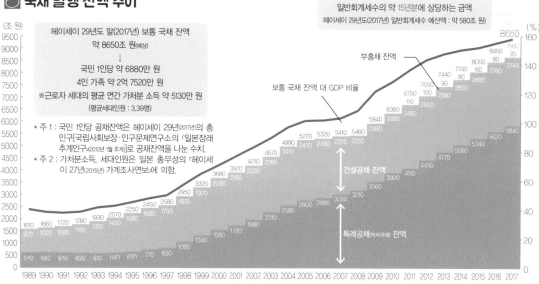

헤이세이 29년도 말(2017년) 보통 국채 잔액
약 8650조 원(예상)
↓
국민 1인당 약 6880만 원
4인 가족 약 2억 7520만 원
※근로자 세대의 평균 연간 가처분 소득 약 5130만 원
(평균세대인원 : 3.39명)

* 주 1 : 국민 1인당 공채잔액은 헤이세이 29년도(2017년)의 총인구[국립사회보장·인구문제연구소의 「일본장래추계인구」(2012년 1월 추계)]로 공채잔액을 나눈 수치.
* 주 2 : 가처분소득, 세대인원은 일본 총무성의 「헤이세이 27년(2015년) 가계조사연보」에 의함.

부흥채 잔액

보통 국채 잔액 대 GDP 비율

건설공채 잔액

특례공채(적자국채) 잔액

* 주 1 : 공채 잔액은 각 연도의 3월 말 현재액. 단 헤이세이 28년(2016년)도 말은 보정 후 예산안에 근거한 전망, 헤이세이 29년(2017년)도 말은 예산에 근거한 예상.
* 주 2 : 특례공채 잔액은 국철장기채무, 국유임야누적채무 등의 일반회계승계에 의한 차환국채, 임시특별공채, 감세특례공채 및 연금특례공채를 포함.
* 주 3 : 동일본대지진 재해로부터 부흥하기 위해 실시하는 시책에 필요한 재원으로 발행되는 부흥채(헤이세이 24년(2014년)도 이후는 동일본대지진재해부흥 특별회계에서 부담)를 공채 잔액에 포함(2011년도 말 : 10.7조 엔, 2012년도 말 : 10.3조 엔, 2013년도 말 : 9.0조 엔, 2014년도 말 : 8.32조 엔, 2015년도 말 : 5.9조 엔, 2016년도 말 : 7.7조 엔, 2017년도 말 : 6.6조 엔).
* 주 4 : 헤이세이 29년(2017년)도 말의 다음 연도 차환을 위한 전도채 한도액을 제외한 예상액은 809조 엔 정도.

* 출처 : 일본 재무성

과거의 국채를 상환할 자금을 얻기 위해서 국채를 발행하는 것은 문제가 있다는 의견도 있어.

act.1 공공의 돈

금융정책

각국의 중앙은행은 공정보합(중앙은행이 민간의 금융기관에 자금을 빌려줄 때의 금리)을 조정하는 것에 의해 경기를 통제하고 조절해 왔습니다.

⏱ 공정보합과 경기

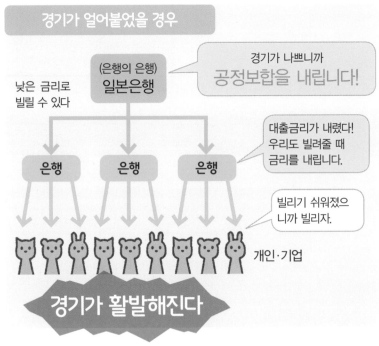

경기가 얼어붙었을 경우

(은행의 은행) 일본은행 — 경기가 나쁘니까 **공정보합을 내립니다!**

낮은 금리로 빌릴 수 있다

은행 / 은행 / 은행 — 대출금리가 내렸다! 우리도 빌려줄 때 금리를 내립니다.

빌리기 쉬워졌으니까 빌리자.

개인·기업

경기가 활발해진다

용어 체크

공정보합(기준대부이율)▷ 중앙은행(일본은행)이 민간은행에 융자할 때의 금리.

공정보합이 내려가면 민간은행의 금리도 내려가기 때문에 개인·기업이 자금을 빌리기 쉬워져 경제활동이 활발해진다. 반대로 공정보합이 오르면 민간은행의 금리도 올라가서 개인이나 기업이 대출을 주저한다. 이런 흐름에 의해 경기가 안정된다.

일본에서는 1994년의 금리자유화에 의해 일본은행의 대출금리와 민간은행의 금리가 직접 연동하지 않게 되었다. 그 때문에 현재는 '기준대부이율'이라고 불리게 되었다.

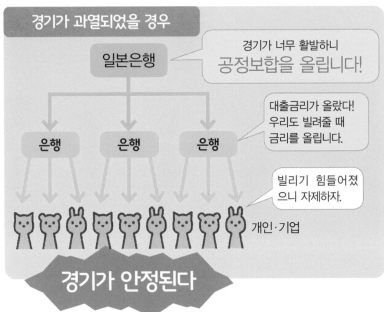

경기가 과열되었을 경우

일본은행 — 경기가 너무 활발하니 **공정보합을 올립니다!**

은행 / 은행 / 은행 — 대출금리가 올랐다! 우리도 빌려줄 때 금리를 올립니다.

빌리기 힘들어졌으니 자제하자.

개인·기업

경기가 안정된다

금리를 너무 내리면 인플레이션이 되고, 금리를 너무 올리면 디플레가 되니까 주의가 필요해.

한마디 메모 — 에도 막부의 정무를 담당한 마츠다이라 사다노부는 마을 운영에 필요한 돈을 마련하기 위해 '칠분적금'이라는 제도를 운영했어. 이는 '정입용(정이 운영상 필요로 했던 경비)'을 절감시켜, 그만큼을 봉행(무사 집안의 직명의 하나)의 감시하에 있던 정회소(마을의 용무를 위해 관리인 등이 모이는 곳)에 의한 적립과 벼의 비축으로 돌리는 거야. 재해나 기근일 때 도움이 되었어.

경제정책에는 국가가 집행하는 재정정책과 중앙은행(일본의 경우는 일본은행)이 집행하는 금융정책이 있습니다. 금융정책은 기준대부이율(이른바 공정보합)의 조정과 공개시장조작 등에 의해 시장에 유통하고 있는 자금량을 조정하는 것으로 경기를 활성화하거나 안정시킵니다. 공정보합이 극단적으로 낮은 상황이 문제가 되는 경우

가 있는데, 이것은 공정보합이 너무 낮으면 그것을 낮추는 것이 더욱 어려워져서 일본은행의 금융정책으로서 수단이 한정되어 버리는 측면도 있기 때문입니다.
어느 정도 금리를 높이고 낮출 수 있는 상황을 만드는 것이 바람직한 금융정책이라고 할 수 있습니다.

🔶 공개시장조작

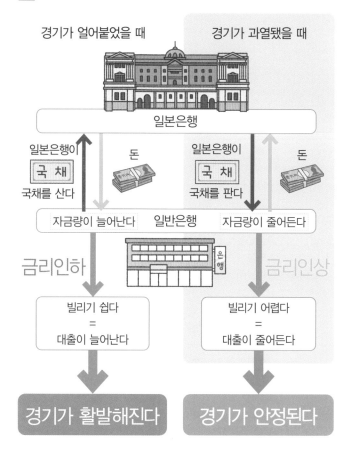

🔶 인플레이션과 디플레이션

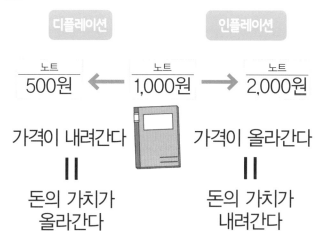

어떤 노트에 1000원의 가격이 붙는다는 것은 노트와 1000원이 같은 가치라는 것이야! 가격을 내리는 것은 보다 적은 돈으로 같은 물건을 살 수 있게 되는 것이니까 돈의 가치가 올라간 것이 돼. 이것이 바로 디플레이션이야.
반대로 가격이 오르는 것은 보다 많은 돈을 내지 않으면 살 수 없게 되는 거니까 돈의 가치가 내려간 것이 돼. 이것이 인플레이션이야.

act.1 공공의 돈

사회보장제도

국가의 예산을 보면 사회보장비가 큰 부분을 차지하고 있습니다. 그렇다면 이 사회보장이라는 것은 구체적으로 어떤 제도를 말하는 걸까요?

🌐 일본의 사회보장제도를 알아보자

사회보장제도

●의료보험(건강보험)

질병이나 사고를 당한 경우 의료비로서 보험료를 지급한다. 회사나 공공기관에 근무하는 사람이 가입하는 건강보험과 자영업자가 가입하는 국민건강보험이 있다.

● 고용보험

노동자가 실업자가 되거나, 고용이 불안하게 되었을 경우 등에 보험금을 지급한다.

● 연금보험

나이가 들거나 장해를 입었을 경우에 보험금을 지급한다. 회사나 공공기관에 근무하는 사람이 가입하는 후생연금과 자영업자가 가입하는 국민연금이 있다.

● 노재보험(산재보험)

업무상의 이유로 사고를 당하거나 병에 걸렸을 경우, 또는 사망하였을 경우 보험금을 지급한다.

공중위생 및 의료제도

의료나 보건 이외의 건전한 아동의 출생과 육성을 증진시키기 위해 모자보건 및 식품과 의약품의 안정성을 확보하는 공중위생 등 사람들이 건강하게 생활할 수 있게 하기 위한 제도.

후기고령자의료제도

75세 이상의 후기고령자를 위한 의료보험제도. 현재 여러 가지 문제가 지적되어 재검토를 생각하고 있다.

> 사회보장이란 개인이 삶을 살아가면서 발생하는 리스크를 예방하고 곤경에 처한 사람을 돕고, 소득의 재분배에 의해 생활을 안정시키기 위한 여러 가지 제도를 모아서 나타낸 것이야.

사회복지제도

● 아동복지

보육소, 아동수당, 고등학교 수업료의 무료화, 육아 및 교육 지원.

● 고령자복지/노인복지(개호보험/장기요양보험)

고령 등으로 개호(곁에서 돌보아 줌)가 필요한 경우의 비용으로 보험금을 지급하는 개호보험 외에 고령자의 삶의 보람 만들기, 고령자 전용주택의 정비 등.

● 모자 · 과부복지(모자보건)

경제적·사회적·정신적으로도 불안정한 생활이 되기 쉬운 모자 세대를 지원한다. 또 모자가정의 모친은 육아부담이 크기 때문에 아이가 자립을 한 후에도 곤란한 상황에 처하는 경우가 많아 함께 지원한다. 한국에는 한부모 가정복지 지원이 있다.

● 장애인 복지

장애가 있는 사람이 자립한 생활을 목표로 하기 위한 지원과 중증장애를 가진 사람과 그 가족을 위한 생활지원 등.

공적부조제도

●생활보호

빈곤한 사람을 대상으로 경제적인 지원을 한다. 건강하고 문화적인 최저한도의 생활을 보장함과 동시에 그 자립을 뒷받침한다.

● 생활복지자금 대부제도

저소득가구, 장애인가구, 노인가구, 실업자가구에 대해 복지기금, 교육지원자금 등을 무이자 또는 저금리로 빌려주는 제도.

한마디 메모　구약성서의 「신명기」에 '밭에서 곡식을 벨 때 그 한 뭇을 밭에 잊어버렸거든 다시 가서 취하지 말고 객과 고아와 과부를 위하여 버려두라'라고 써 있어. 이것을 '세계에서 가장 오래된 사회보장제도'라고 말하는 사람도 있대.

일본에서는 누구라도 의료보험에 가입하는 국민건강보험제도가 있습니다. 우리가 병원에서 지불하는 의료비는 실제로 든 의료비의 30%에 지나지 않습니다. 나머지 70%는 의료보험에서 지불합니다. 이 제도가 없었다면 우리는 병원에 갈 때마다 지금까지 지불했던 3배 이상의 의료비를 지불해야 합니다. 그렇게 되면 돈이 없어서 병원에 못 가는 사람이 나올지도 모릅니다.

세계에는 미국을 비롯하여 국민건강보험제도를 시행하지 않는 국가도 있지만, 이 제도는 우리가 안심하고 생활할 수 있는 사회를 만드는 데 도움이 된다고 할 수 있습니다. 다만, 이런 제도를 유지하려면 보험료를 걷는 것으로 끝나는 게 아니라 국가의 지출도 필요합니다.

🟠 GDP 대비 사회보장비

(2015년도 일본을 제외한 나머지는 2013년의 자료)

고령(연금)과 보건(의료)이 많다!

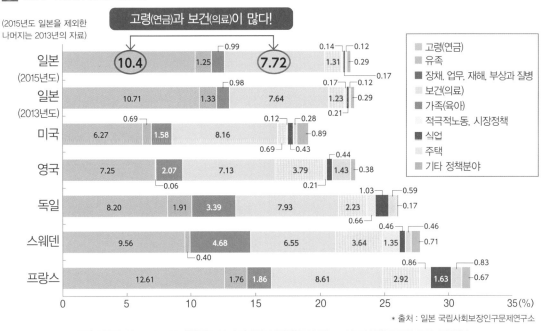

범례:
- 🟩 고령(연금)
- 🟩 유족
- ⬛ 장채, 업무, 재해, 부상과 질병
- ⬜ 보건(의료)
- 🟫 가족(육아)
- ⬜ 적극적노동, 시장정책
- ⬛ 식업
- 🟩 주택
- 🟩 기타 정책분야

국가	고령(연금)	유족	장채/업무/재해/부상과 질병	보건(의료)	가족(육아)	적극적노동/시장정책	식업	주택	기타 정책분야
일본 (2015년도)	10.4	1.25	0.99	7.72	1.31	0.14	0.12	0.29	0.17
일본 (2013년도)	10.71	1.33	0.98	7.64	1.23	0.17	0.12	0.29	0.21
미국	6.27	0.69	1.58	8.16	0.69	0.12	0.28		0.89 / 0.43
영국	7.25	0.06	2.07	7.13	3.79	0.21	1.43	0.44	0.38
독일	8.20	1.91	3.39	7.93	2.23	0.66	1.03	0.59	0.17
스웨덴	9.56	0.40	4.68	6.55	3.64	1.35	0.46	0.46	0.71
프랑스	12.61	1.76	1.86	8.61	2.92	0.86	1.63	0.83	0.67

0 5 10 15 20 25 30 35(%)

* 출처 : 일본 국립사회보장인구문제연구소

모든 국가에서 고령자복지와 연금, 의료 등을 위한 지출이 사회보장비에서 큰 부분을 차지하고 있어. 다만 일본은 다른 국가와 비교해서 장애자와 산업재해, 가족(육아)에 대한 지출이 적은 경향이 있어.

🟠 의료보험제도의 구조

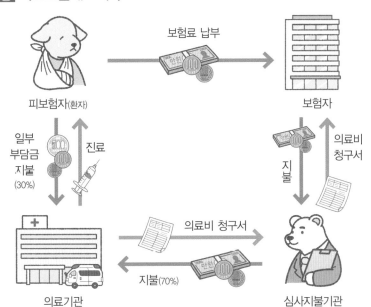

보험료 납부

피보험자(환자)

일부 부담금 지불 (30%)

진료

의료기관

의료비 청구서

지불(70%)

보험자

의료비 청구서

지불

심사지불기관

일본의 의료보험에는 회사나 관공서, 단체 등에 근무하는 회사원 등이 가입하는 사보(사회보험, 피보험자보험)와 자영업이나 샐러리맨을 그만둔 사람 등이 가입하는 국보(국민건강보험)가 있어. 또 사보의 보험자는 건강보험조합, 국보의 보험자는 시정촌 등이 있어. 의료비 청구서(레세프트)라는 것은 의료기관이 보험자에게 청구하는 의료보수의 명세서야.

act.1 공공의 돈

연금제도

사회보장제도에서 중요한 부분을 차지하는 것이 연금제도입니다. 연금제도는 어떤 것일까요? 또 일본의 연금제도에는 어떤 특징이 있을까요?

🕐 연금의 종류

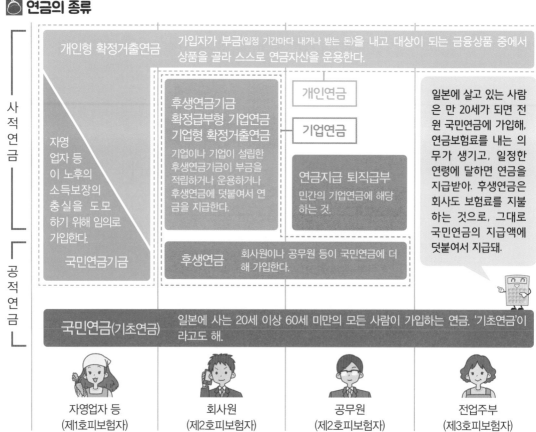

개인형 확정거출연금	가입자가 부금(일정 기간마다 내거나 받는 돈)을 내고 대상이 되는 금융상품 중에서 상품을 골라 스스로 연금자산을 운용한다.	

사적연금

개인연금

기업연금

후생연금기금
확정급부형 기업연금
기업형 확정거출연금
기업이나 기업이 설립한 후생연금기금이 부금을 적립하거나 운용하거나 후생연금에 덧붙여서 연금을 지급한다.

자영업자 등이 노후의 소득보장의 충실을 도모하기 위해 임의로 가입한다.

연금지급 퇴직급부
민간의 기업연금에 해당하는 것.

일본에 살고 있는 사람은 만 20세가 되면 전원 국민연금에 가입해, 연금보험료를 내는 의무가 생기고, 일정한 연령에 달하면 연금을 지급받아. 후생연금은 회사도 보험료를 지불하는 것으로, 그대로 국민연금의 지급액에 덧붙여서 지급돼.

국민연금기금

후생연금 회사원이나 공무원 등이 국민연금에 더해 가입한다.

공적연금

국민연금(기초연금) 일본에 사는 20세 이상 60세 미만의 모든 사람이 가입하는 연금. '기초연금'이라고도 해.

자영업자 등
(제1호피보험자)

회사원
(제2호피보험자)

공무원
(제2호피보험자)

전업주부
(제3호피보험자)

🕐 공적연금과 사적연금(민간)

	공적연금	사적연금(민간)
가입자	국민의 의무로서 일본에 사는 모든 사람이 가입	개인의 자유의사로 가입
급부의 특징	물가 등의 상승에 맞춰 실질적인 가치가 보장된 급부	자신이 적립한 보험료와 그 운용액의 범위에서 급부
급부의 종류	노령연금, 장해연금, 유족연금 모두를 커버	연금의 종류와 기간, 보험료도 다양
운영	국가와 일본연금기구[기초연금 1/2과 운영사무경비의 대부분은 세금으로 부담]	민간의 보험회사
생활이 힘들어졌을 때의 보험료 납부	보험료의 면제제도를 이용할 수 있음	보험료의 면제제도는 없고, 계약변경 또는 해약
보험료 공제	보험료는 전액소득공제의 대상	보험료는 일정액까지 소득공제의 대상

공적연금의 공백기간과 부족분을 계획적으로 준비하고 싶어하는 사람에게는 공적연금을 기본으로 하고, 사적연금을 플러스하는 방법도 있어.

한마디 메모 일본의 연금제도는 메이지 시대에 군인이나 공무원을 대상으로 만들어진 은급제도가 바탕이라고 해. 사가의 난이나 대만 출병 등을 배경으로 메이지 8년(1875년) 4월, 공무 때문에 사망하거나 다친 자들의 퇴직 후의 생활자금을 급부하는 제도로 만들어졌어.

연금이란 연금보험이라고도 말하며 보험의 일종입니다. 연금의 종류에는 노령연금, 장해연금, 유족연금 등이 있습니다. 매월 보험료를 내는 것으로 일정한 조건이 되었을 때(예를 들면, 노령연금의 경우는 정해진 연령이 되었을 때), 매년 일정의 금액을 받을 수 있는 제도입니다. 민간의 보험회사 등에 의한 연금도 있지만, 일반적으로 연금은 국가에 의한 연금제도인 공적연금을 말하는 경우가 많습니다.

또한 일본의 연금제도는 2층 구조입니다. 20세 이상의 국민 모두가 가입하는 국민연금(기초연금)과 회사원 등이 가입하는 후생연금 등이 있으며, 연금제도는 국가에 따라 크게 다릅니다.

각국의 공적연금제도

일본

- 국민연금은 일본에 사는 모든 사람을 대상으로, 소득에 따라 급부액이 정해진다.
- 국고의 부담 → 기초연금급부비 50%

미국

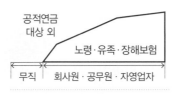

- 회사원·공무원·자영업자만을 대상으로 하며, 급부액은 소득에 따라 정해진다.
- 국고의 부담 → 원칙적으로 없음

영국

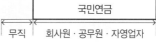

- 회사원·공무원·자영업자만 대상으로 급부금액은 일률.
- 국고의 부담 → 원칙적으로 없음

독일

- 소득에 따라 급부금이 정해진다. 자영업자의 일부만이 대상.
- 국고의 부담 → 급부비의 27.3%

스웨덴

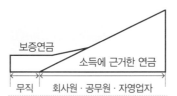

- 모든 거주자가 대상. 회사원·공무원·자영업자는 소득에 따라 급부금이 정해진다.
- 국고의 부담 → 보장연금 부분만

연금제도는 국가에 따라 상당히 달라. 일본처럼 국민연금제도를 가진 국가는 그렇게 많지 않아. 연금에 국고 부담이 없는 나라도 있어.

일본 공적연금제도의 구조

우리가 납부한 연금의 보험료는 일단 국고에 넣어둔 후 전문적인 독립행정법인을 통해 금융시장에서 운용되고 있다.

그 이익이 연금의 지불로 돌려져. 운용에 의해 자산을 늘리는 것이 가능하지만 금융시장의 동향으로 예정했던 운용이익을 얻을 수 없는 리스크도 있어.

국민

보험료 지불 ↓   ↑ 연금급부

후생노동대신(보험자)

운용위탁   운용수익의 국고납부

연금적립금관리운용 독립행정법인

운용위탁   운용수익

운용위탁기관(신탁은행·투자고문회사)

운용자산의 일부를 자가운용

증권거래 ↕

금융시장
국내외의 채무시장, 주식시장

act.1 공공의 돈

연금제도의 문제

일본은 국민연금제도(모든 국민이 공적연금에 가입하는 것)를 갖고 있습니다. 그러나 최근 이 제도의 문제점이 지적되고 있습니다. 어떤 문제가 있을까요?

💰 1명의 노인은 몇 명이 보살펴야 할까?

지금 일본은 저출산 고령화가 급속도로 진행되고 있어. 저출산 고령화는 의학의 발달 등으로 장수할 수 있게 되는 사람이 늘어나는 한편, 아이의 수는 줄어들고 있다는 것을 뜻해. 연금을 받는 사람은 늘어나고 있는데, 새로운 가입자는 줄어들고 있기 때문에 제도를 유지해 가는 것이 어려워지는 게 아닐까 걱정이야.

1명의 고령자를 거의 **한 사람**이 돌봐야 하는 시대가 와!

● 고령화의 추이와 장래 추이

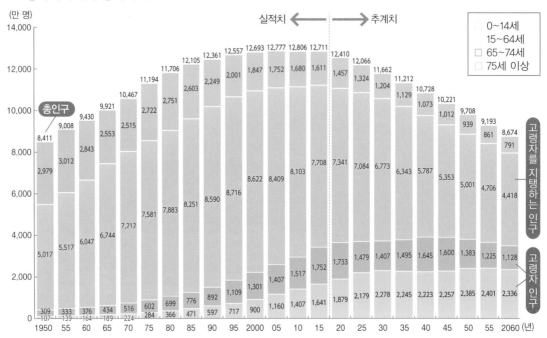

* 출처 : 2010년까지는 총무성의 '국세조사', 2015년은 총무성의 '인구추계(2015년 국세조사 인구 속보 집계에 의한 인구를 기준으로 한 2015년 확정치)', 2020년 이후는 국립사회보장 · 인구문제연구소의 '일본의 장래추계인구(2012년 1월 추이) 출생 · 사망 중위 가정에 의한 추계 결과 (1950~2010년의 총수는 연령 불상을 포함. 고령자율의 산출에는 분모에서 연령 불상을 제외하고 있다).

한마디 메모　일본에서는 서양풍의 민박집을 '펜션(pension)'이라고 해. 펜션은 원래 연금을 뜻하는데, 직장에서 은퇴하고 연금 생활을 하는 노부부가 자택의 빈방을 여행자 등에게 싸게 제공했던 것에서 유래된 말이야.

일본처럼 모든 사람이 연금을 받을 수 있고, 나이가 들어도 안심하고 생활할 수 있는 제도를 시행하는 국가는 그렇게 많지 않습니다.

이 제도가 생긴 1960년경은 일본의 경제성장과 인구 증가가 계속되어 제도가 제 지능을 발휘했습니다.

그러나 여러 가지 요인으로 일본에서도 저출산이 진행되고, 일본 사회의 연령별 인구 구성비도 변화해 왔습니다. 고령자는 늘어나는 한편, 젊은 세대가 감소하는 시대에 돌입한 것입니다. 또 세계적인 경제상황의 영향으로 금리가 낮은 상황이 지속되는 것도 연금제도에 영향을 끼치고 있습니다. 때문에 최근에는 이 제도를 재검토할 필요가 있다는 의견도 나오고 있습니다.

🧮 연금제도를 덮친 사회적 변화

●공적보합(기준대부이율)의 추이

연금은 보험료를 운용하는 것에 의한 운용이익을 지불에 충당하고 있어. 버블경제 붕괴 후, 금리가 낮은 시대가 계속되고 있어서, 이전에 상정했던 것과 같은 운용이익을 올리는 것은 힘들어졌어.

* 출처 : 일본은행

●국민연금의 보험료의 납부율 등의 추이

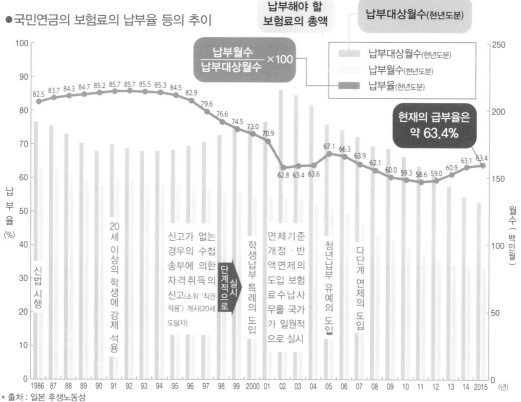

* 출처 : 일본 후생노동성

* 주 : 보험료는 과거 2년분의 납부가 가능하다. 최종납부율이란 과년도에 납부된 것을 더한 납부율이다

국민연금의 보험료를 납부하는 비율(납부율)이 점점 내려가서 문제가 됐는데, 여러 가지 노력으로 회복되었어. 그런데 경제적인 이유 등으로 보험료의 납부가 면제인 체납자가 있어서 실제 국민연금 보험료 납부자는 가입자의 약 40% 정도라는 계산도 있어.

act.1 공공의 돈

경제적인 상부상조

우리 사회의 중요한 기능의 하나는 '상부상조'입니다. 상부상조는 서로 돕는 것을 말하는데요. 경제적인 면으로 봤을 경우, 어떤 상부상조의 제도가 있을까요?

🕐 생활보호 기준액(대도시부)의 추이

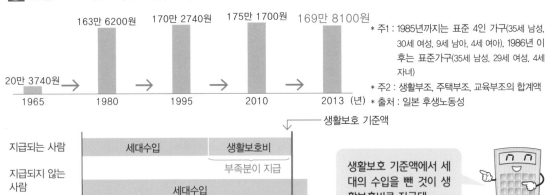

163만 6200원 (1980)　170만 2740원 (1995)　175만 1700원 (2010)　169만 8100원 (2013)

20만 3740원 (1965)

1965　1980　1995　2010　2013 (년)

* 주1 : 1985년까지는 표준 4인 가구(35세 남성, 30세 여성, 9세 남아, 4세 여아), 1986년 이후는 표준가구(35세 남성, 29세 여성, 4세 자녀)
* 주2 : 생활보조, 주택부조, 교육부조의 합계액
* 출처 : 일본 후생노동성

생활보호 기준액

지급되는 사람 | 세대수입 | 생활보호비
지급되지 않는 사람 | 세대수입

부족분이 지급

생활보호 기준액에서 세대의 수입을 뺀 것이 생활보호비로 지급돼.

●피보호 실제 세대수와 피보호 인원수

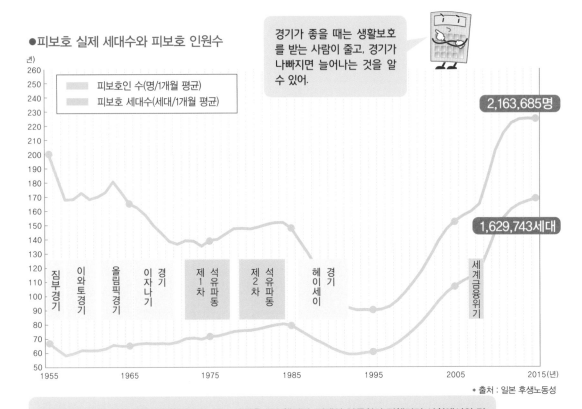

경기가 좋을 때는 생활보호를 받는 사람이 줄고, 경기가 나빠지면 늘어나는 것을 알 수 있어.

(천명)

- 피보호인 수(명/1개월 평균)
- 피보호 세대수(세대/1개월 평균)

2,163,685명

1,629,743세대

짐부경기 / 이와토경기 / 올림픽경기 / 이자나기 경기 / 제1차 석유파동 / 제2차 석유파동 / 헤이세이 경기 / 세계금융위기

1955　1965　1975　1985　1995　2005　2015(년)

* 출처 : 일본 후생노동성

경제적인 발전에 의해 생활보호를 필요로 하는 사람은 감소했지만, 경제의 양극화가 진행되며 사회에서의 격차가 커져서 보호가 필요한 사람이 다시 증가하고 있어. 중요한 제도이지만, 그것을 유지하는 것은 힘들어.

한마디 메모　헤이안 시대에는 조정에 의한 대학기숙사나 후지와라씨의 권학원 등 유력 귀족에 의한 대학별조 등의 관료육성기관이 있었는데, 그곳에서 배우는 사람들의 식량을 공급하기 위해 '근학전'이라는 논밭이 주어졌어. 이것이 일본 최초의

병에 걸리거나 상처를 입을 경우, 또 큰 재해에 휩쓸리거나 직업을 잃으면 수입이 없어져 생활을 유지하는 것이 곤란해집니다. 이런 경우를 위해 일본에서는 생활보호제도를 운영하고 있습니다. 생활보호는 우리가 안심하고 생활하기 위해 필요한 제도입니다.
또 사회를 유지해가기 위해서는 아이들의 건강을 지키고 교육을 받게 하는 것이 중요합니다. 그러나 그에 따라서는 경제적인 부담도 크기에 경제적인 면에서 육아를 지원하는 여러 가지 제도가 있습니다. 다만, 살고 있는 지자체에 따라 받을 수 있는 지원에 차이가 생긴다는 문제가 있습니다.

🪙 취학지원금

● 취학지원금 지급의 흐름

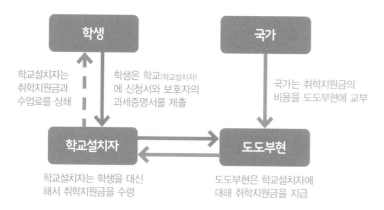

학교설치자는 취학지원금과 수업료를 상쇄

학생은 학교(학교설치자)에 신청서와 보호자의 과세증명서를 제출

국가는 취학지원금의 비용을 도도부현에 교부

학교설치자는 학생을 대신해서 취학지원금을 수령

도도부현은 학교설치자에 대해 취학지원금을 지급

※ 도도부현립의 경우는 학교설치자 = 도도부현이 됩니다. 또 국립고등학교의 경우는 국가에서 각 학교설치자에 직접 지급합니다.

국가의 취학지원금의 보조액은 국공립고등학교의 수업료와 거의 같아. 도도부현 중에는 사립고등학교에 다니는 경우 보조금을 추가하는 제도가 있는 곳도 있어.

🪙 아동의 의료비

● 지자체마다 유아와 의무교육 취학아동의 의료비 조성제도의 예

지자체	대상 연령		소득 제한 (있음 ○ 없음 ×)	자기 부담 (있음 ○ 없음 ×)
	입원	통원		
삿포로시	15세	취학 전	○	○
센다이시	15세	9세	○	○
야마가타시	15세	15세	×	×
도쿄도 치요다구	18세	18세	×	×
요코하마시	15세	7세	○	×
우츠노미야시	12세	12세	×	×
니이가타시	15세	9세	×	○
나고야시	15세	15세	×	×
오사카시	15세	15세	○	○
와카야마시	15세	취학 전	○	×
히로시마시	취학 전	취학 전	○	○
마츠에시	12세	12세	×	×
마츠야마시	15세	취학 전	×	×
코치시	취학 전	취학 전	○	×
후쿠오카시	12세	취학 전	×	×
쿠마모토시	9세	9세	×	○
나하시	15세	4세 미만	×	○

고교 졸업 시까지

초등학교 입학 전까지

초등학교에 입학하면 의료비 보조를 끊는 지자체도 있지만 고등학교 졸업까지 보조해주는 지자체도 있어. 지자체마다 여러 가지 이유가 있겠지만, 그 격차가 상당히 커.

※대상연령의 '○○세'는 각 연령이 된 해의 연도말까지.

* 출처 : 일본 후생노동성

act.1 공공의 돈

공공사업과 경제

국가나 지방자치단체가 도로와 항구, 또 각종 공공시설 등을 만드는 공공투자는 경제와 어떤 관계가 있을까요?

🔔 국가에 의한 2가지 경기자극책(경기부양책)

시장경제에서는 국가가 물건의 가격이나 요금을 직접 컨트롤할 수 없습니다. 그러나 재정정책과 금융정책에 의해 시장에 관여하여 경기를 좋게 하거나 안정시킬 수 있습니다.

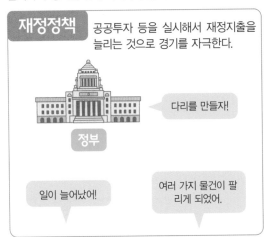

재정정책 공공투자 등을 실시해서 재정지출을 늘리는 것으로 경기를 자극한다.

정부

다리를 만들자!

일이 늘어났어!

여러 가지 물건이 팔리게 되었어.

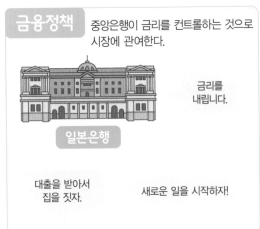

금융정책 중앙은행이 금리를 컨트롤하는 것으로 시장에 관여한다.

일본은행

금리를 내립니다.

대출을 받아서 집을 짓자.

새로운 일을 시작하자!

🔔 공공시설에 의한 경기자극책

존 메이너드 케인스
(영국의 경제학자)

대불황 때는 중앙은행이 실시하는 금융정책보다도 정부의 공공투자로 소비를 직접적으로 늘리는 재정지출정책이 더 효과가 있다.

프랭클린 루즈벨트 대통령
(제32대 미국대통령)

정부가 시장경제에 적극적으로 관여하는 뉴딜정책을 실시하여, 세계공황으로부터 미국경제를 재건하자.

샌프란시스코에 있는 금문교(골든 게이트 브리지)는 세계공황에 의해 미국경제가 침체에 빠지는 중, 경기대책의 일환이라는 후원도 있어서 건설이 정해졌어.

한마디 메모 세계의 대표적인 공공사업 중 독일의 자동차 전용도로인 아우토반이 있어. 아우토반의 건설은 1920년대에 시작됐고, 1933년 아돌프 히틀러가 수상이 되면서 실업자 대책을 위해서 아우토반의 건설을 추진했어.

도로나 항구, 대규모 시설 등을 건설할 때는 많은 돈이 건설회사 등에 지불됩니다. 일이 늘어나면 고용이 생기고, 종업원의 수입이 늘어나면 소비 활동도 활발해집니다. 이렇게 공공투자에 의해 직간접적인 경제효과가 기대됩니다.

또 건설된 도로, 항구, 대규모 시설 등의 사회자본이 활용되면 한층 더 긍정적인 경제효과를 기대할 수 있습니다.

하지만 지나친 경제투자는 세금의 낭비가 될 수 있으며, 건설 후의 유지비가 예상 이상으로 들거나 건설을 위한 국채의 발행으로 인해 재정이 압박될 우려가 있어 그다지 권장할 만한 정책이 아니라는 의견도 있습니다.

🕐 공공투자의 효과

공공투자

공공투자는 도로 등의 인프라를 정비하는 것으로 사람들의 생활이나 경제활동에 플러스 효과가 생기는 면과 공공투자로 돈을 사용함으로써 그것에 관계된 기업 등의 매상이 올라 고용이 늘어나는 2가지 측면의 효과를 가지고 있어.

플로 효과

공공투자의 직접적인 관계에 있는 자만이 아니라 필요한 자재의 구입, 그 생산을 위한 고용 등 경제효과가 넓게 퍼져가는 것.

스톡 효과

공공투자에 의해 정비된 도로 등의 사회자본에 의해서 경제활동과 국민생활에 대한 계속적·장기적 경제효과가 기대되는 것.

생산력 효과

시간의 단축, 운송비의 저하, 화물 취급량의 증가 등 생산성을 향상시키는 효과.

후생 효과

어메니티(쾌적성)의 향상, 위생상태의 개선, 안심감의 향상 등 국민의 생활수준을 향상시키는 효과.

🕐 일본의 공공사업비의 추이

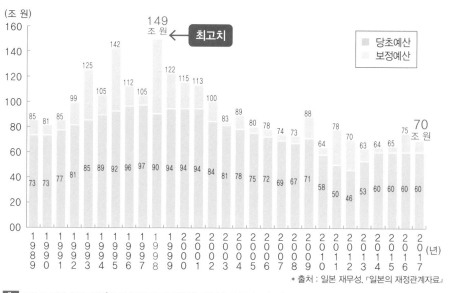

(조 원)

최고치 → 149 조 원

■ 당초예산
■ 보정예산

70 조 원

보정예산(상단): 85, 81, 85, 99, 125, 105, 142, 112, 105, 149, 122, 115, 113, 100, 83, 89, 80, 78, 74, 73, 88, 64, 78, 70, 63, 64, 65, 75

당초예산(하단): 73, 73, 77, 81, 85, 89, 92, 96, 97, 90, 94, 94, 94, 84, 81, 78, 75, 72, 69, 67, 71, 58, 50, 46, 53, 60, 60, 60, 60

연도: 1989, 1990, 1991, 1992, 1993, 1994, 1995, 1996, 1997, 1998, 1999, 2000, 2001, 2002, 2003, 2004, 2005, 2006, 2007, 2008, 2009, 2010, 2011, 2012, 2013, 2014, 2015, 2016, 2017 (년)

* 출처 : 일본 재무성, 「일본의 재정관계자료」

일본의 공공사업비는 1990년대 후반을 최고로 그 후 감소. 최근에는 거의 변동이 없어.

공공사업에 의해 경기대책을 실시하는 것에는 여러 가지 의견이 있어.

🕐 공공사업에 의한 경기자극책에 대한 여러 가지 의견

적극 의견

일이 늘어나서 실업이 줄어들고, 소득이 재분배돼.

이익을 얻은 사람이 더욱 돈을 쓰니까 효과가 몇 배야.

공공투자를 한다면, 장래의 GDP를 올릴 수 있어.

소극 의견

일이 늘어난다고는 해도 일시적일 거야.

공공투자를 하는 것보다, 그만큼 세금을 줄이는 편이 공평하지 않아?

도로나 시설을 만드는 것은 좋지만, 그것을 유지해 가는 비용이 큰일이야.

act.1 공공의 돈

지자체의 파탄

자금을 융통할 수 없게 된 회사가 도산하는 경우가 있습니다. 그럼 국가와 도도부현, 시정촌이라는 지자체의 재정이 파탄하면 어떻게 될까요?

지자체의 파탄이란?

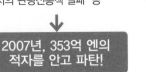

지자체 (시 정 촌 도 도 부 현) → **재정의 악화**

재정 건전화 단체
파탄 일보직전

지정기준
- 실질적자비율
- 연결실질적자비율
- 실질공채비율
- 장래부담비율

4가지 지표 중 하나라도 기준을 넘기면 지정!

재정 재생 단체
파탄 상태

- 실질적자비율
- 연결실질적자비율
- 실질공채비율

3가지 지표 중 하나라도 기준을 넘기면 지정!

더 자세히! →p.198

●유바리시의 예

파탄의 원인

- 시의 주요산업인 탄광이 폐쇄
- 석탄회사가 소유하고 있던 병원과 수도 등을 시가 매수
- 석탄회사가 고액의 세금 미납
- 시의 관광진흥책 실패 등

↓

2007년, 353억 엔의 적자를 안고 파탄!

파탄 후

- 초등학교 6곳, 중학교 3곳이 각각 1곳으로 줄어듦
- 세금 인상, 쓰레기 배출 유료화
- 시 직원 급여 40% 삭감, 직원 수 반으로 감소 등

유바리시는 2027년까지 완전 청산을 목표로 노력하고 있어.

●재정건전화법에 근거한 4가지 지표

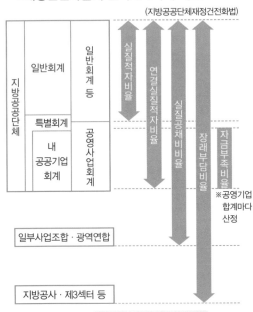

(지방공공단체재정건전화법)

3년간 경과적인 기준을 만든다

재정회생기준	20%	30%	35%	—
조기건전화기준	11.25~15%	16.25~20%	25%	350% 정령지정 도시는 400%
재정 규모에 따라 다르다				

(수치는 시정촌 기준)

한마디 메모 지자체가 파탄하면 공무원의 인건비가 삭감되는 등 안 좋은 일이 일어나. 실제로 미국 캘리포니아주 발레이오시에서는 경찰관 수가 감소되었다는 얘기를 듣고 빈집털이범이나 마약밀매상 등이 유입되어 치안이 나빠졌다고 해.

국가나 도도부현, 시정촌과 같은 지자체라고 해서 자금의 융통이 자유자재라거나 돈을 갖지 않아도 괜찮은 것은 아닙니다. 차입금 상환액이 수입(세입)을 크게 초과하여 상환할 수 없는 상태가 되면 지자체 운영을 계속할 수 없는 상태. 즉 재정이 파탄나는 상태에 빠질 수 있기 때문입니다.

회사의 경영이 파탄한 경우는 채무를 정리해 회사를 정산할 수 있지만, 지자체는 없애버릴 수 없으므로 곤란해집니다. 따라서 국가 등의 관리·감독하에 재정의 회생계획에 따라 세출의 긴축과 세입 확보라는 어려운 현실을 헤쳐 나가야 합니다.

지자체의 재정상황의 추이

●실질적자액이 있는 단체 수의 추이

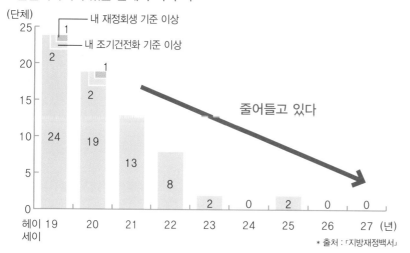

버블경제 붕괴 후는 파탄의 위기에 빠진 지자체가 있었지만, 근년에는 개선되었어.

●연결실질적자액이 있는 단체수의 추이

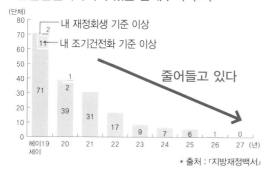

●실질공채비비율이 18% 이상인 단체 수의 추이

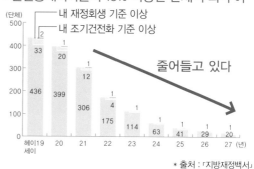

재정이 파탄한 세계의 주요 국가와 지자체

지자체만이 아니라, 국가의 재정이 파탄해버린 경우도 있어.

더 자세히! → p.200

극심한 재정난이었던 메이지 정부

● 여기저기 빚투성이였던 메이지 정부

지금으로부터 약 150년 전인 게이오 3년(1867년), 15대 장군 도쿠가와 요시노부가 조정에 정권을 반환(대정봉환)해 에도 막부가 멸망하고 메이지 정부가 탄생했습니다. 탄생은 했지만, 이 신정부는 재정 상황이 매우 좋지 않았습니다. 에도 시대 말기에 이미 재정 면에서 많은 액수의 빚을 지고 있었기 때문입니다.

이런 에피소드가 있습니다.

대정봉환의 다음 해부터 구막부군과 신정부군의 내전(바신전쟁)이 1년 반에 걸쳐 일어났습니다. 처음 전쟁이 된 도바 · 후시미 전투에 승리한 신정부는 요코즈카에 있던 구막부의 조선소를 접수하려고 했습니다. 그런데 조사해보니 이 조선소는 구막부가 프랑스의 은행에서 돈을 빌릴 때의 담보였습니다. 구막부는 그 돈을 갚지 않았기 때문에 이대로라면 빌린 돈을 대신해서 빼앗겨 버릴 상황이었습니다. 신정부가 구막부를 대신해서 그 은행에 돈을 갚으면 되는 문제였지만, 신정부도 성립된 지 얼마 되지 않아 빈털털이였습니다. 때문에 신정부는 어쩔 수 없이 영국의 은행에서 돈을 빌려서 구막부의 돈을 정산하고 조선소를 손에 넣었습니다. 물론 영국의 은행도 담보가 없으면 돈을 빌려주지 않기 때문에 신정부는 요코하마 항구의 관세수입을 담보로 했습니다. 급속하게 무역이 활발해졌던 시대였기 때문에 가능한 고육지책(苦肉之策)이었습니다.

● 급료를 지불할 수 없으니까 달력을 바꿀까!?

신정부 재정의 큰 고민은 인건비였습니다. 건국에 약 45만 명이었던 각번의 사족(무사)을 이어받은 신정부가 매월 그 급료를 지불해야 했기 때문입니다.

이런 상황에서 메이지 5년(1872년)년 11월 9일, 갑자기 달력을 바꾸는 정책이 발표되었습니다. 그때까지는 구력(태음력)을 사용하였는데 다음 해부터 유럽과 미국이 사용하고 있는 태양력으로 바꾸기로 한 것입니다.

태음력은 달이 차고 이지러지는 것을 기준으로 하고 있어 태양력과 차이가 생깁니다. 그 차이를 수정하기 위해 3년에 한 번 윤달이 있는 해(1년이 13개월 있는 해)가 있는 것이죠. 메이지 6년(1873년)년은 이 13개월의 해에 해당했습니다.

정부의 관리는 월급제였기 때문에 정부는 13회 급료를 주어야 했습니다. 그래서 신정부는 1년이 12개월로 고정되어 있는 태양력을 서둘러 도입함으로써 1873년도 급료를 12회로 끝나게 했습니다.

게다가 1872년의 구력 12월 3일이 신력의 1873년 1월 1일에 해당하였습니다. 1872년의 12월은 단 이틀밖에 안 되었던 것이죠. 따라서 신정부는 이틀만 있는 달에 급료를 줄 수는 없다며 12월분의 급료는 지불하지 않았습니다. 요약하자면 달력을 바꾸는 것으로 2개월분의 급료를 절약한 것입니다.

제5장

세계경제 이야기

세계 나라들은 경제에 의해
어떻게 연결되어 있을까?
인터넷은 세계경제와 어떻게
관계하고 있을까?

act.1 **일본과 세계**

항구에 정박해 있는 화물선입니다. 선상에는 많은 컨테이너가 쌓여 있습니다. 일본 사회는 지금 세계의 수많은 나라들과 밀접하게 연결되며 성립하고 있습니다. 경제는 수출·수입과도 깊게 관련 있습니다. 일본의 경기가 좋아지면 타국의 통화(通貨)에 대해 일본의 엔 환율이 높아집니다. 일본 입장에서는 물건을 싸게 수입할 수 있는 것이죠. 그러나 수입품이 많이 나돌게 되면 같은 물건을 만드는 국내 산업이 후퇴하는 위험도 있습니다. 반대로 일본의 엔 환율이 낮아지면 수출이 쉬워집니다. 다만 수입이 비싸져 해외에 의존하는 원재료와 석유, 석탄 등의 코스트가 올라가는 위험이 있으므로 마냥 기뻐할 수만은 없습니다. 그래서 중요한 것은 지금의 일본에서는 수출도 수입도 중요하다는 것입니다. 어느 한 쪽이라도 안 좋아지면 일본의 경제 전체가 큰 영향을 받기 때문입니다.

일본의 수출

일본은 무역에 의해 세계의 많은 국가와 연결되어 있습니다. 그렇다면 일본은 어떤 국가에 무엇을 수출하고 있을까요? 또 일본의 수출에는 어떤 특징이 있을까요?

🔘 일본의 주요 수출 지역은?

●일본의 수출 지역(상위 10위)

* 2016년 기준

🔘 일본의 수출 지역의 변천

(단위 : 조 원)

순위	1990년 수출 총액[415]	2000년 수출 총액[517]	2010년 수출 총액[674]	2016년 수출 총액[700]
1	미국 136(31.5%)	미국 154(29.7%)	중국 131(19.4%)	미국 141(20.2%)
2	독일 26(6.2%)	대만 39(7.5%)	미국 104(15.4%)	중국 124(17.6%)
3	대한민국 25(6.0%)	대한민국 33(6.4%)	대한민국 55(8.1%)	대한민국 50(7.2%)
4	대만 22(5.4%)	중국 33(6.3%)	대만 46(6.8%)	대만 43(6.1%)
5	홍콩 19(4.6%)	홍콩 29(5.7%)	홍콩 37(5.5%)	홍콩 37(5.2%)
6	영국 16(3.8%)	싱가포르 22(4.3%)	태국 30(4.4%)	태국 30(4.2%)
7	싱가포르 16(3.7%)	독일 22(4.2%)	싱가포르 22(3.3%)	싱가포르 22(3.1%)
8	태국 13(3.2%)	영국 16(3.1%)	독일 18(2.7%)	독일 19(2.7%)
9	호주 10(2.4%)	말레이시아 15(2.9%)	말레이시아 15(2.3%)	호주 15(2.2%)
10	캐나다 10(2.4%)	태국 15(2.8%)	네덜란드 14(2.1%)	영국 15(2.1%)

* 출처 : 일본 재무성

1990년 이후 미국, 대한민국, 대만, 홍콩은 거의 안정적으로 상위에 들어가 있어. 중국은 1990년에는 순위 밖이었지만 2000년부터 급상승했지. 중국 국내의 경제성장을 들여다볼 수 있어. 독일과 영국의 순위는 낮아진 반면, 태국의 순위가 높아졌고 아시아 전체의 경제활동이 활발해졌어.

한마디 메모   일본은 에도 시대에 쇄국정책을 펼쳤지만 네덜란드 상인을 통해 무역을 했어. 주요 수출품은 금, 은, 동, 도자기, 질기 등이었지. 특히 일본산 은은 질이 좋아 인기가 있었지만 막부가 수출을 금지했고, 그 후 금화를 수출했어. 그러나 품질이 안 좋아서 인기가 없었어.

일본은 국토가 좁고 지하자원도 많지 않습니다. 그래서 수출품의 중심은 여러 공업제품입니다. 제2차 세계 대전이 끝났을 때는 소재 가공형 제품, 경공업품 등이 수출의 중심이었고, 1960년대가 되면서 철강, 선박, 석유제품(플라스틱) 등의 중화학공업품이 증가했습니다. 1970~1980년대에 걸쳐 전자·전기기품과 정밀기품,

자동차 등의 수출이 급증해 일본은 수출대국이 되었습니다. 그 후 중국을 시작으로 하는 아시아의 여러 나라들이 신흥국으로 대두했고, 일본은 좀 더 고도의 기술력을 요구하거나 부가가치가 높은 제품으로 수출의 중심을 옮기고 있습니다.

🔍 일본의 주요 수출 품목과 수출 지역은?

● 일본의 주요 수출 품목(상위 3위)와 수출 지역(상위 10위)

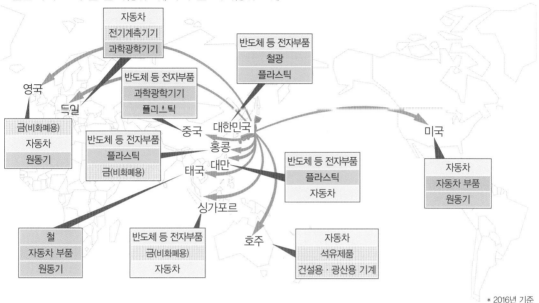

* 2016년 기준

🔍 일본의 수출 품목의 변천

유럽과 미국 여러 나라에는 자동차 등의 '완성품'의 수출이 많고, 아시아 여러 나라에는 '부품류'나 '소재'의 수출이 많습니다. 또 아시아의 여러 나라에서는 일본에서 수입한 부품류를 사용해 완성품을 만들어 그것을 수출하고 있습니다.

순위	1990년 수출 총액 414조 5690억 원		2000년 수출 총액 516조 5420억 원		2010년 수출 총액 673조 9960억 원		2016년 수출 총액 700조 3570억 원	
1	자동차	17.8%	자동차	13.4%	자동차	13.6%	자동차	16.2%
2	사무용품	7.2%	반도체 등 전자부품	8.9%	반도체 등 전자부품	6.2%	반도체 등 전자부품	5.2%
3	반도체 등 전자부품	4.7%	사무용품	6.0%	철광	5.5%	자동차 부품	4.9%
4	영상기기	4.5%	과학광학기기	5.1%	자동차 부품	4.6%	철광	4.1%
5	철광	4.4%	자동차 부품	3.6%	플라스틱	3.5%	원동기	3.5%
6	과학광학기기	4.0%	원동기	3.2%	원동기	3.5%	플라스틱	3.2%
7	자동차 부품	3.8%	철광	3.1%	선박	3.3%	과학광학기기	2.9%
8	원동기	2.7%	영상기기	2.7%	과학광학기기	3.0%	전기회로 등 기기	2.5%
9	음향기기	2.3%	유기화합물	2.3%	유기화합물	2.8%	유기화합물	2.4%
10	통신기	2.1%	플라스틱	2.0%	전기회로 등 기기	2.6%	전기계측기기	2.0%

※ 숫자는 시장점유율

* 출처 : 일본 재무성

수출 품목을 보면 자동차가 계속 1순위인 것을 알 수 있어. 일본 경제에서 자동차 산업의 중요성이 느껴지지. 한편, TV 등 영상기기와 카메라 등 과학광학기기의 순위는 저하되고 있어. 세계적으로 이들의 생산거점이 일본에서 아시아 여러 나라로 옮겨진 결과야.

act.1 일본과 세계

일본의 수입

일본은 수출만 하는 게 아니라 여러 가지 물건을 여러 나라에서 수입하고 있습니다. 그렇다면 어떤 나라에서 어떤 것을 수입하고 있을까요?

🔍 일본의 주요 수입 지역은?

독일

중국 대한민국

사우디 아라비아 대만

태국

말레이시아

인도네시아

미국

호주

최근엔 중국이 1위!

* 2016년 기준

🔍 일본의 주요 수입 지역의 변천

(단위 : 조 원)

순위	1990년 수입 총액[339]	2000년 수입 총액[409]	2010년 수입 총액[608]	2016년 수입 총액[660]
1	미국 76(22.4%)	미국 78(19.0%)	중국 134(22.1%)	중국 170(25.8%)
2	인도네시아 18(5.4%)	중국 59(14.5%)	미국 59(9.7%)	미국 73(11.1%)
3	호주 18(5.3%)	대한민국 22(5.4%)	호주 40(6.5%)	호주 33(5.0%)
4	중국 17(5.1%)	대만 19(4.7%)	사우디아라비아 32(5.2%)	대한민국 27(4.1%)
5	대한민국 17(5.0%)	인도네시아 18(4.3%)	아랍에미리트연합국 26(4.2%)	대만 25(3.8%)
6	독일 17(4.9%)	아랍에미리트연합국 16(3.9%)	대한민국 25(4.1%)	독일 24(3.6%)
7	사우디아라비아 15(4.4%)	호주 16(3.9%)	인도네시아 25(4.1%)	태국 22(3.3%)
8	아랍에미리트연합국 13(3.8%)	말레이시아 16(3.8%)	대만 20(3.3%)	사우디아라비아 21(3.2%)
9	대만 12(3.6%)	사우디아라비아 15(3.7%)	말레이시아 20(3.3%)	인도네시아 20(3.0%)
10	캐나다 12(3.6%)	독일 14(3.4%)	카타르 19(3.1%)	말레이시아 19(2.8%)

* 출처 : 일본 재무성

중국의 급성장이 눈에 띄어. 순위만 높아지는 게 아니라 수입금액도 크게 늘고 있어. 미국이나 중국은 수출 지역에서도 상위인 것으로 보아 일본이 이 두 나라와 밀접한 무역 관계를 맺고 있음을 알 수 있어.

한마디 메모 일본은 에도 시대에도 여러 가지 물품을 수입하고 있었어. 특히 많이 수입했던 것은 명주실과 견직물이야. 그런데 일본에서도 명주실의 생산이 활발해지면서 18세기 초기부터 명주실의 수입은 감소했고, 그 대신 설탕이 많이 수입되었어.

일본은 많은 공업제품을 수출하고 있지만, 그 공업제품을 만드는 데 필요한 원재료가 부족합니다. 국토가 좁고 지하자원이 한정되어 있기 때문입니다. 또한 지하자원이 있어도 지하 깊은 곳까지 파야 하므로 채굴에 큰 비용이 듭니다. 따라서 공업생산이나 현대 사회생활에 없어서는 안 될 원유는 대부분 수입에 의존하고 있습니다.

이 원재료를 수입해야 하는 상황은 변하지 않았지만, 근래에는 완성품의 수입도 늘었습니다. 아시아 여러 신흥국의 생산력이 좋아졌고, 국내에서 생산하는 것보다 그들 나라에서 만드는 편이 저렴하기 때문입니다.

일본의 주요 수입 품목과 수입 지역은?

● 일본의 주요 수입 품목(상위 3위)와 수입 지역(상위 10위)

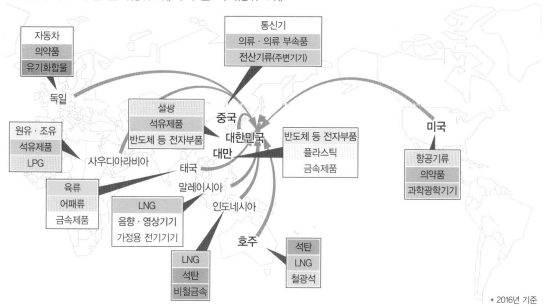

* 2016년 기준

일본의 수입 품목의 변천

수입품 중에서 가장 많은 것은 원유입니다. LNG(액화천연가스)나 석탄 등을 많이 수입하고 있는 걸로 보아 일본은 에너지를 수입에 의존하고 있다는 것을 알 수 있습니다.

순위	1990년 수입 총액 338조 5520억 원		2000년 수입 총액 409조 3840억 원		2010년 수입 총액 607조 6490억 원		2016년 수입 총액 660조 4190억 원	
1	원유 · 조유	13.5%	원유 · 조유	11.8%	원유 · 조유	15.5%	원유 · 조유	8.4%
2	어패류	4.5%	사무용품	7.1%	LNG	5.7%	LNG	5.0%
3	석유제품	4.1%	반도체 등 전자부품	5.2%	의류 · 의류 부속품	3.8%	의류 · 의류 부속품	4.5%
4	의류	3.7%	의류 · 의류 부속품	5.2%	반도체 등 전자부품	3.5%	의약품	4.2%
5	목재	3.2%	어패류	4.0%	석탄	3.5%	통신기	4.1%
6	LNG	2.8%	LNG	3.4%	음향 · 영상기기	2.7%	반도체 등 전자부품	3.8%
7	자농차	2.7%	과학광학기기	2.3%	비철금속	2.6%	전산기류(주변기기)	2.6%
8	석탄	2.6%	석유제품	2.3%	석유제품	2.6%	석탄	2.5%
9	사무용품	2.2%	육류	2.3%	전산기류(주변기기)	2.6%	과학광학기기	2.4%
10	육류	2.1%	음향 · 영상기기	2.1%	의약품	2.5%	유기화합물	2.3%

※ 숫지는 수입총액셰이(시장점유율)

* 출처 : 일본 새무성

2016년에 순위에 새로 들어온 '통신기'는 휴대전화와 스마트폰이야. 중국이나 대한민국, 대만 등에서 만들어진 것을 수입하고 있어.

일본 무역의 과제

일본의 무역에는 산업의 공동화, 식량 자급률의 저하, 자원·에너지의 확보 등 여러 가지 과제가 생겨나고 있습니다. 그렇다면 여러 과제에는 어떤 것들이 있을까요?

🍊 산업공동화

●해외 생산비율의 추이(제조업)

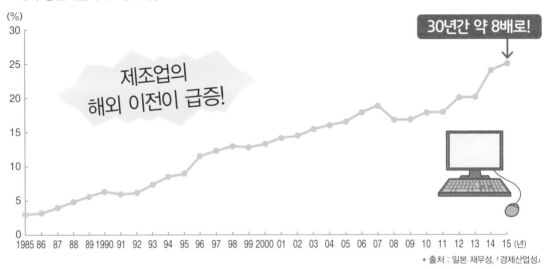

30년간 약 8배로!

제조업의 해외 이전이 급증!

* 출처 : 일본 재무성, 「경제산업성」

●주요 국가의 임금(시급)

약 20,000원

※제조업 종사자

약 2,000원

	독일	호주	미국	프랑스	일본	대한민국	폴란드	브라질	멕시코	필리핀
달러	33.24	31.10	28.77	26.17	19.33	18.20	7.00	5.53	4.14	1.98

* 출처 : 전미산업심의회, 「International Labor Comparisons」, 2015년

일본보다 임금이 싼 나라에서 생산하면 그만큼 제품의 가격이 저렴해져서 국제적인 경쟁에서 유리해져. 그러나 일본 국내의 제조업은 후퇴해버리고 기술이 유출될 거라는 우려도 있어.

📝 용어 체크

기술 유출▷일본은 오랫동안 뛰어난 제조 기술을 자랑했습니다. 그러나 산업의 공동화로 인해 공장 등이 해외로 이전하면, 일본의 훌륭한 기술은 물론 우수한 인재까지 유출되는 문제가 발생합니다. 따라서 새로운 산업을 발전시키거나 첨단기술을 개발하는 것이 산업의 공동화를 막는 대책입니다.

한마디 메모 ⟩ 일본은 미국과는 빈번하게 무역마찰을 겪었지만, 일본이 많은 석유를 수입하고 있는 중동의 여러 나라 등과는 무역마찰을 겪은 적이 없어. 석유는 일본에서 거의 산출되지 않기 때문에 아무리 수입해도 곤란한 사람이 거의 없기 때문이야.

산업의 공동화는 국내 산업이 해외로 이전하여 국내 산업이 사라져 버리는 것을 뜻합니다.
일본의 회사 중에도 인건비를 싸게 동결시킬 수 있는 해외에 공장을 만들어 생산하는 곳이 많이 있습니다. 그 결과, 국내의 공장 등이 적어져 고용이 줄어드는 문제가 일어나고 있습니다.

또 일본의 식량 자급률은 다른 주요국과 비교하면 꽤 낮아졌으며, 자원 에너지도 마찬가지입니다. 식량이나 에너지원 등 우리의 생활에 없어서는 안 될 것들을 너무 수입에 의존해버리면, 외국에서 농산물이 흉작이 되거나 무역상대국과 트러블이 생겼을 경우에 충분한 양을 확보할 수 없게 될 위험이 있습니다.

🍊 식량 자급률

●주요 국가의 식량 자급률(칼로리 베이스)

※ 일본은 2016년, 대한민국은 2015년, 스위스는 2014년, 그 외는 2013년

* 출처 : 일본 농림수산성

칼로리 베이스는 자급률을 열량으로 계산하는 방식으로, 한 사람의 하루 국산 공급 열량을 하루 공급 열량으로 나눈 수치야. 일본의 식량 자급률을 올리기 위해서는 생산·판매·물류의 효율화와 인재육성 등 여러 가지가 필요해.

●일본의 식량 자급률(칼로리 베이스)의 추이

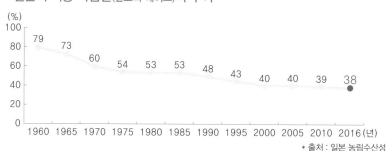

* 출처 : 일본 농림수산성

일본의 식량 자급률은 매년 계속 떨어지고 있어. 식량만이 아니라 에너지 자급률 역시 낮아지는 상황이 지속되고 있지.

🍊 자원과 에너지 자급률

●일본의 원유 수입 지역

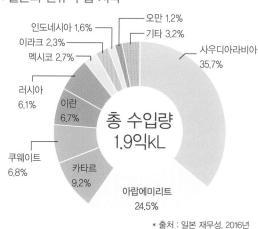

* 출처 : 일본 재무성, 2016년

●주요 국가의 에너지 자급률

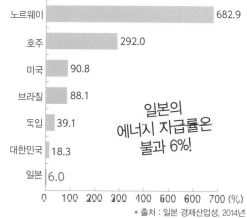

* 출처 : 일본 경제산업성, 2014년

일본의
에너지 자급률은
불과 6%!

앞으로는 해외로부터의 자원·에너지의 확보는 물론, 새로운 에너지나 리사이클기술 등의 개발도 점점 중요해질 거야.

외국환(외환)

멀리 있는 사람에게 돈을 보낼 때는 어떤 시스템을 활용할 수 있을까요? 또 엔과 달러 등 국경을 넘어선 돈의 교환은 어떻게 이루어지고 있을까요?

🔵 외국환의 구조

● 일본에서 미국으로 송금하는 경우

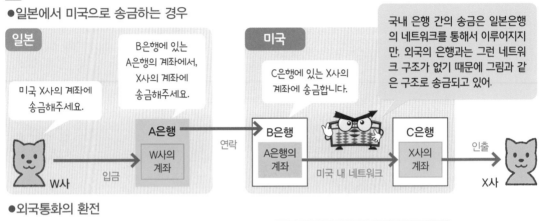

> 국내 은행 간의 송금은 일본은행의 네트워크를 통해서 이루어지지만, 외국의 은행과는 그런 네트워크 구조가 없기 때문에 그림과 같은 구조로 송금되고 있어.

● 외국통화의 환전

> 그림에서는 일본이 달러를 살 경우, 1달러당 100엔을 지불하게 돼. 즉 1달러가 100엔이라는 것이지. 똑같이 1유로는 130엔, 10위안은 170엔이 되는 거야.

일본시간	0	2	4	6	8	10	12	14	16	18	20	22
웰링턴				▬▬▬								
시드니				▬▬▬								
도쿄					▬▬▬▬							
홍콩						▬▬▬▬						
싱가포르						▬▬▬▬						
프랑크푸르트	▬									▬▬▬▬		
런던										▬▬▬		
뉴욕											▬▬▬	

※그 시간에 주로 거래되는 장소를 나타냄

🔵 외국환시장

● 세계의 주요 외국환시장과 거래시간

> 24시간 세계의 어딘가에 시장이 열려 있기 때문에, 하나의 시장에서 큰 가격변동이 있으면 세계에 즉시 영향이 전해져.

한마디 메모　해외여행을 다녀와서 돈이 남는 경우가 있어. 지폐라면 대부분 일본의 은행에서 엔으로 교환할 수 있지만 동전이라면 교환할 수 없어. 동전은 금액은 작고 무거우며, 또 부피가 커서 대부분의 은행에서는 환전용으로 준비해 두지 않기 때문이야.

환이란 현금을 보내는 이외의 방법으로 결제를 하는 것입니다. 국경을 넘어선 환을 '외국환'이라고 합니다. 외국환에서는 다른 통화와의 교환이 되는 경우가 많기 때문에 환전도 필요합니다. 환전이라고 하면 1000원 지폐를 100원 동전으로 바꾸는 이미지가 있습니다만, 다른 통화의 교환도 환전이라고 합니다. 일본의 에도 시대는

통화의 종류가 많아서, 각각의 교환비율이 변동했기 때문에 국내에서도 환전이 필요했습니다. 큰 마을에는 환전상이 있어 수수료를 주고 환전을 하였습니다. 또 환전상은 현금으로 바꾸는 환어음을 발행하고, 멀리 떨어진 지역 사이에도 거래가 안전하게 이루어질 수 있게 하였습니다. 바로 현재의 환의 시스템을 이루고 있던 것입니다.

🕐 에도 시대의 환전상

에도 시대의 일본에서는 환전상이 국내의 금, 은, 동의 환전을 하거나, 환어음을 발행해서 경제를 움직였었어. 현재의 외국환의 시스템과 어딘가 비슷한 것이 있어.

● 에도 시대의 화폐제도와 공정상장(1700년경)

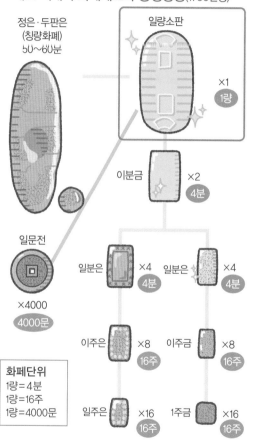

정은 · 두판은
(칭량화폐)
50~60문

일량소판

×1
1량

이분금 ×2
4분

일문전

×4000
4000문

일분은 ×4
4분

일분은 ×4
4분

이주은 ×8
16주

이주금 ×8
16주

일주은 ×16
16주

1주금 ×16
16주

화폐단위
1량 = 4분
1량 = 16주
1량 = 4000문

● 에도 시대의 환율(환시세)
(A씨가 B씨에게 대금을 지불할 때의 예)

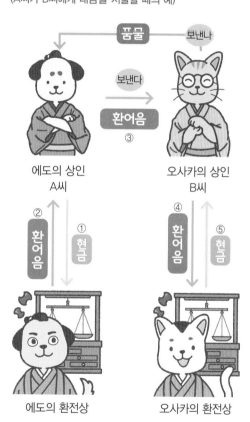

품물

보낸나

보낸다

환어음
③

에도의 상인
A씨

오사카의 상인
B씨

② 환어음

① 현금

④ 환어음

⑤ 현금

에도의 환전상

오사카의 환전상

에도 시대에는 금, 은, 동 3가지의 화폐가 유통되었어. '금 1량=은 60문=동 4000분'이 공적인 환율이었지. 하지만 실제 환율은 결제 상황 등에 의해 변동하였어. 이 교환 환율을 정해가면서 환전을 한 것이 환전상이야.

화폐는 무겁고 가지고 다니기에 위험하다는 단점이 있었어. 때문에 현금을 가지고 에도와 오사카를 왕복하는 것은 위험했던 것이지. 그래서 상인들은 가까운 환전상에게 거래대금과 수수료를 건네고 '환어음'을 발행받은 뒤 거래처 지역의 환전상에 가서 환어음을 현금으로 바꿨어. 이로 인해 일본의 상업이 크게 발전하였어.

외국환의 구조와 물건의 가격

뉴스 등에서 자주 화제가 되고 있는 외국환과 환율은 어떤 것일까요? 또 우리 생활에 어떤 영향을 주고 있는 것일까요?

환율에 영향을 주는 요소

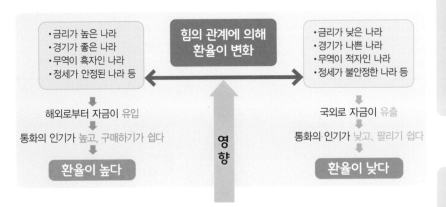

힘의 관계에 의해 환율이 변화

• 금리가 높은 나라
• 경기가 좋은 나라
• 무역이 흑자인 나라
• 정세가 안정된 나라 등

• 금리가 낮은 나라
• 경기가 나쁜 나라
• 무역이 적자인 나라
• 정세가 불안정한 나라 등

영향

해외로부터 자금이 유입

통화의 인기가 높고, 구매하기가 쉽다

환율이 높다

국외로 자금이 유출

통화의 인기가 낮고, 팔리기 쉽다

환율이 낮다

경제의 기초요인
• 금리와 물가
• 경기의 동향
• 국제수지
• 환 개입

기술적 요인
방대한 자금이 투입된 단기적이고 큰 가격변동에 의한 것

투기적 요인
기술적·전문적·인위적인 조작에 의한 것

정세 등에 의한 요인
전쟁이나 테러 등의 정세 불안정으로 인한 악영향에 의한 것

환율은 물건의 가격과 같이 수요의 밸런스로 정해져. 기본적으로는 두 국가 사이의 힘의 관계에 의해 강한 쪽의 국가 통화를 사게 되어 비싸지고, 약한 국가의 통화가 팔려서 저렴해지게 되지.

환율의 밸런스에 큰 영향을 주는 것은 금리, 경기, 국제수지라는 경제의 기초적인 요인들이야. 이런 경제상황 이외의 요인으로 환율이 움직이는 경우도 있어.

엔 시세의 역사

● 달러·엔 환율의 추이

(엔)

엔저 ↑ / 엔고 ↓

변동환율제

고정환율제

1773년 4월

플라자 합의 (1895년)

유럽 위기 (1992년)

리먼 사태 (2008년)

유로 위기 (2010년)

375 350 325 300 275 250 225 200 175 150 125 100 75

1960 1970 1980 1990 2000 2010 2016 (년)

달러·엔의 환율은 엔으로 달러(1달러)를 구매할 때의 가격이야. 1973년까지 고정환율제였으므로 1달러는 언제나 360엔이었는데 변동환율제가 도입되면서 크게 변화하고 있어.

용어 체크

고정환율제·변동환율제▷고정환율제는 환율을 고정하는 방법입니다. 예전에는 일본과 미국 사이에도 1달러가 360엔으로 고정되어 있었습니다. 한편, 변동환율제는 외환시장에서의 수요와 공급에 의해 환율을 변동시키는 제도입니다. 달러 장사가 늘면 엔이 비싸지고 1달러의 가격이 저렴해집니다. 반대로 엔 장사가 진행되면 엔의 가격이 저렴해져서 1달러의 가격이 비싸집니다.

한마디 메모 │ 1960년대까지만 해도 일본인에게 해외여행은 극히 일부의 부유한 사람만 가는 것이었어. 퀴즈 프로그램의 우승 상품으로 '꿈의 하와이 여행'이라는 표현이 쓰였을 정도였지. 그러다 달러·엔 환율이 변동환율제가 되어 엔의 환율이 오르면서 일반 사람들도 쉽게 해외여행을 갈 수 있게 된거야.

외국과의 화폐 교환을 외국환(외환)이라고 합니다. 이 교환을 할 때 사용되는 통화 간의 변환 비율을 '환율'이라고 부릅니다.

환율은 금리나 물가 등 경제의 기초요인인 여러 요인에 의해 변동하고, 국가의 경제를 크게 좌우합니다. 우리에게 친근한 물건이나 서비스의 가격에도 환율이 깊게 관련되어 있습니다.

안정적인 경제발전을 목표로 각국의 정부는 여러 가지 정책을 내놓고 있습니다.

중앙은행이 발표하는 정책금리도 그중 하나로, 환율 변동에 영향을 끼치고 있습니다.

🍊 주요 외국통화와 엔의 관계

●유로 · 엔의 환율 추이

●위안 · 엔의 환율 추이

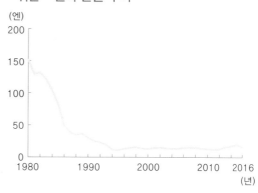

유럽의 공동화폐인 유로는 여러 국가의 경제와 관계하기 때문에 환율이 심하게 변동하고 있어. 한편 위안과 엔의 환율은 20년 이상 별로 변하지 않고 있어.

🍊 경제정책과 엔 환율

●100달러의 물건을 수입할 경우, 엔고·엔저의 영향

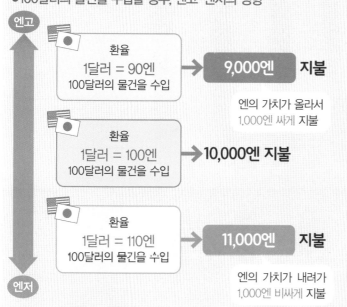

엔고

환율
1달러 = 90엔
100달러의 물건을 수입

9,000엔 지불

엔의 가치가 올라서
1,000엔 싸게 지불

환율
1달러 = 100엔
100달러의 물건을 수입

10,000엔 지불

환율
1달러 = 110엔
100달러의 물건을 수입

11,000엔 지불

엔의 가치가 내려가
1,000엔 비싸게 지불

엔저

●엔고의 장점·단점

장점
•수입기업의 원재료 가격이 내려간다.
•수입품을 저렴하게 살 수 있다.
•해외여행이 저렴해진다.

단점
•수출기업에 불리하다.
•외국인 여행객이 줄어든다.

●엔저의 장점·단점

장점
•해외에서 일본 상품이 저렴해져서, 수출기업에 유리하다.
•디플레가 완화된다.

단점
•해외에서 사는 물건의 가격이 비싸져 인플레가 일어나기 쉬워진다.
•수입기업에 불리하다.

환율에 의해 수입품의 가격이 변해.

📝 용어 체크

정책금리▷국가의 중앙은행이 일반은행에 돈을 빌려줄 때의 금리. 정책금리가 오르면 은행의 이자가 오르기 때문에 그 국가의 통화 수요가 늘어납니다. 달러와 엔의 관계로 생각하면, 일본이 정책금리를 올리면 엔이 저렴해져서 엔 강세·달러 약세 경향이 됩니다.

제5장 세계경제 이야기

act.2 세계경제

월 스트리트에 있는 뉴욕증권거래소입니다. 뉴스나 미디어 매체 등을 통해서 본 사람도 많겠지요.

뉴욕의 증권시장에서 주가가 오르거나 내리면, 그 뉴스는 눈 깜짝할 사이에 전 세계로 퍼집니다. 또 미국 경제에 우려의 소재가 발견되면 전 세계 사람들이 그 추이를 지켜봅니다.

일본의 도쿄시장, 영국의 런던시장, 중국의 상해, 심천, 네덜란드의 암스테르담, 프랑스의 파리 등 모두 같습니다. 전 세계의 증권거래소의 정보가 24시간 체제로 세계를 돌아다니고 있습니다. 유럽의 작은 나라인 그리스에서 재정에 관한 문제가 드러나는 것으로, 전 세계의 금융시장이 파탄하는 것은 아닌지 큰 소동이 일어날 적도 있습니다.

현재의 세계경제는 국경도, 지리적 거리도, 시차도 관계없을 정도로 밀접하게 관계하고 있기 때문입니다. 그러므로 매일 뉴스에서 각국 증권시장의 동향이 뉴스가 되어 일본인조차 뉴욕증권거래소가 '눈에 익은 풍경'이라고 느끼게 되었습니다.

act.2 세계경제

국내총생산(GDP)

국가의 경쟁력을 알기 위한 기준으로 GDP라는 수치를 이용합니다. 그렇다면 GDP는 어떤 것일까요? 또 일본이나 세계 각국의 GDP는 어떻게 변화하고 있을까요?

🍊 국가 경쟁력 지표

이전에는 GNP를 자주 사용했지만 '국내'에서 생겨난 부가가치액를 보다 정확하게 나타내기 위해 GDP를 사용하는 경우가 많아졌어. 최근에는 '포괄적 풍요로움(Inclusive Wealth)'이라는 새로운 지표도 생겨났어.

일본에서 돈을 번다 / 외국에서 돈을 번다

GNP

일본인 / 일본인

외국인 / 외국인

GDP

📝 **용어 체크**

GDP▷Gross Domestic Product(국내총생산)의 줄임말로, 일정 기간에 그 나라에 거주하는 경제주체(경제활동을 행하는 사람이나 기업 등)가 생산하는 부가가치액의 총액을 의미한다. 그 나라에서 경제활동을 하는 외국 기업이나 외국인이 생산하는 부가가치액은 포함되지만, 일본 기업의 해외 지점이나 해외에 있는 일본인이 생산한 부가가치액은 포함되지 않는다.

GNP▷Gross National Product(국민총생산)의 줄임말로, GDP와 달리 그 나라의 사람이나 기업이 생산한 부가가치액이라면 해외에서 생산한 것도 포함된다. 다만, 외국인이나 외국 기업이 그 나라에서 생산한 부가가치액은 포함되지 않는다.

🍊 일본의 GDP의 추이

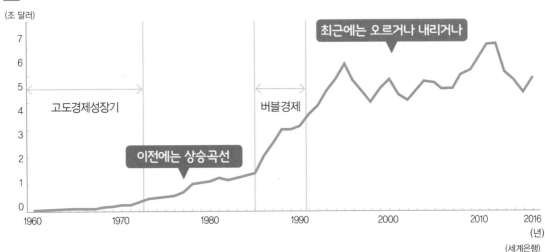

(조 달러)

최근에는 오르거나 내리거나

고도경제성장기

버블경제

이전에는 상승곡선

1960　1970　1980　1990　2000　2010　2016
(년)

(세계은행)

일본에서 급속하게 경제가 발전했던 1950년대 중반부터 1973년까지의 시기를 경제 고도성장기라고 불러. 이 시기에는 중화학공업 등의 제조업이 크게 발전했어. 또 1980년대 후반부터 1990년대 초의 호경기를 버블 경제(거품 경제)라고 해. 저금리로 빌린 자금이 투자나 주식·토지 구입에 쓰여 주가나 토지가가 실태와 동떨어지게 상승해버린 거야. 버블 붕괴 이후 일본 경제는 긴 불황의 시대를 맞이하게 되었어.

한마디 메모　일본의 경제적인 발전은 고도성장기부터라는 이미지가 있어. 하지만 실제로는 에도 시대의 일본도 경제적인 성장을 계속하고 있었어. 예를 들면 분세이년간(1818~1830년)의 GDP의 상승률은 매년 1%였는데, 당시엔 세계적으로 봐도 경이로운 수준이었어.

GDP는 Gross Domestic Product의 줄임말로, 한국어로는 국내총생산이라고 부릅니다. 물건이나 서비스에 대해서 지불하는 금액에서 그것을 만들거나 팔기 위해 사용한 돈을 뺀 금액을 '부가가치'라고 하는데, 어느 정도 정해진 기간에 나라 안에서 생긴 부가가치를 모두 합친 것이 GDP입니다. GDP가 많을수록 그 나라가 풍요롭다고 말할 수 있습니다. 또 전년도보다 GDP가 늘어나면 그 나라의 경제가 성장하고 있다는 것입니다. 또 GDP에는 거래되는 가격으로 계산한 '명목GDP'와 물가변동분을 뺀 '실질GDP'의 2종류가 있습니다. 그 나라의 경제가 성장하고 있는지를 볼 때는 주로 실질GDP가 사용됩니다.

🕐 GDP의 구조

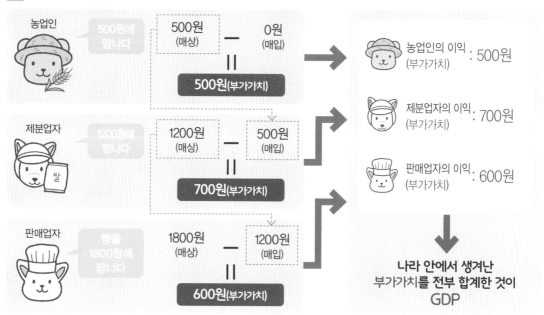

🕐 여러 국가의 GDP의 추이

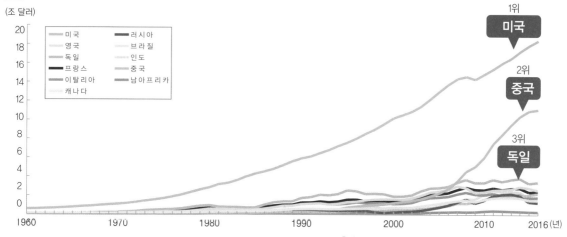

* 출처 : 세계 은행
* 주 : 독일은 1969년 이전, 러시아는 1988년 이전의 데이터가 없음

일본을 제외한 G7(주요 7개국의 경제정상회담) 각국과 브릭스(BRICS) 각국의 GDP의 추이야. 브릭스는 브라질, 러시아, 인도, 중국, 남아프리카로 2000년경부터 큰 경제성장을 이루고 있어. 이 5개국은 전부 천연자원이 풍부하고 인구도 많기 때문에 이대로 경제가 발전하면 장래에는 GDP의 나라별 순위가 크게 달라질 거라고 예상하는 사람도 있어. 또 브릭스 이외에도 몽골, 탄자니아, 모잠비크, 이라크, 미얀마 등 앞으로 큰 경제성장을 기대할 수 있는 나라도 주목을 받고 있어.

act.2 세계경제

세계의 무역

정신없이 움직이는 세계정세 속에서 무역은 어떻게 변화하고 있을까요? 또 현상과 함께 새로운 무역의 형태에는 어떤 것들이 있을까요?

🔆 세계의 무역량(수출액)의 변화

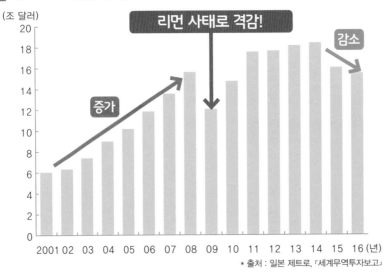

(조 달러)

리먼 사태로 격감!

증가

감소

2001 02 03 04 05 06 07 08 09 10 11 12 13 14 15 16 (년)

* 출처 : 일본 제트로, 「세계무역투자보고」

이 그래프는 세계 무역에서 사용되는 돈을 나타내고 있어. 2001년부터 순조롭게 늘어나고 있었지만 지난 몇 년 동안은 조금씩 감소하고 있어.

⏱ 세계의 상품별 무역의 변화

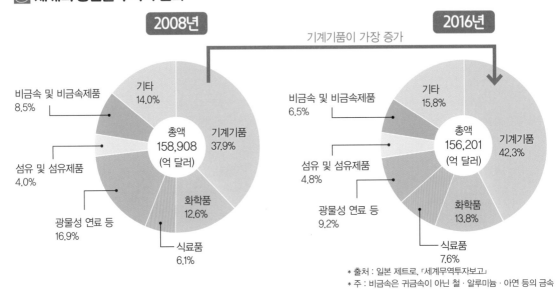

기계기품이 가장 증가

2008년

비금속 및 비금속제품 8.5%
기타 14.0%
총액 158,908 (억 달러)
기계기품 37.9%
섬유 및 섬유제품 4.0%
화학품 12.6%
광물성 연료 등 16.9%
식료품 6.1%

2016년

비금속 및 비금속제품 6.5%
기타 15.8%
총액 156,201 (억 달러)
기계기품 42.3%
섬유 및 섬유제품 4.8%
화학품 13.8%
광물성 연료 등 9.2%
식료품 7.6%

* 출처 : 일본 제트로, 「세계무역투자보고」
* 주 : 비금속은 귀금속이 아닌 철·알루미늄·아연 등의 금속

세계무역에서 거래금액이 가장 큰 것은 기계기품이고 그 금액은 꾸준히 늘고 있어. 반면 광물성 연료는 비율이 줄고 있어.

한마디 메모　처음 아프리카의 희망봉 근처에서 인도에 도달한 '바스쿠 다 가마(Vasco da Gama)'나, 대서양을 건너 미국 대륙에 도달한 콜럼버스(Columbus)의 목적은 무역을 위한 새로운 항로를 열어 향신료 등을 손에 넣는 것이었어.

세계의 글로벌화와 함께 무역도 크게 변화하고 있습니다. 2008년의 리먼 사태와 잇따른 세계금융위기로 무역은 한때 가라앉았고, 거대한 인구를 거느리는 중국의 발전 등도 세계무역을 크게 좌우하는 요인이 되고 있습니다. 또 기계나 식품 등의 '물건'만이 아니라, 눈에 보이지 않는 '서비스'도 활발하게 거래되고 있습니다. 이것을 '서비스 무역'이라고 합니다.

선진국에서는 서비스업의 종사자가 증가하여 무역 전체에서 서비스 무역이 차지하는 비율이 높아지고 있습니다. 그렇다면 서비스 무역에는 어떤 종류가 있을까요?

📂 수출입국 TOP 10

● 수출국 (단위 : 억 달러)

순위	나라	금액
1	중국	21,353
2	미국	14,510
3	독일	13,380
4	일본	6,446
5	네덜란드	5,695
6	프랑스	5,009
7	대한민국	4,954
8	이탈리아	4,616
9	영국	4,092
10	벨기에	3,980

● 수입국 (단위 : 억 달러)

순위	나라	금액
1	미국	21,878
2	중국	15,247
3	독일	10,552
4	영국	6,365
5	일본	6,070
6	프랑스	5,727
7	네덜란드	5,043
8	대한민국	4,062
9	이탈리아	4,045
10	캐나다	4,029

* 출처 : 일본 제트로, 「세계무역투자보고」, 2016년

2001년에는 수출국 6위였던 중국이 그 후 점점 순위를 올려 2009년에 1위가 되었어. 일본은 예전에 미국에 이어 2위의 수출국이었던 적도 있었어.

📂 물건 이외의 거래

● 서비스 무역의 4가지 형태

⬭ 서비스를 제공하는 나라   ⬭ 서비스를 소비하는 나라

① 국경을 넘어선 거래

어떤 사람이 자신의 나라에 있으면서 외국에 있는 손님에게 서비스를 제공한다.
예) 텔레폰 센터의 해외 아웃소싱(외부위탁)

② 국외소비

어떤 사람이 외국에 가서 그 나라의 서비스를 받는다.

예) 해외여행

③ 업무상의 거점을 통한 서비스 제공

어떤 서비스 사업자가 외국에 거점을 만들어 서비스를 제공한다.
예) 해외 지점을 통한 금융 서비스

④ 자연인의 이동에 의한 서비스 제공

어떤 나라의 사람이 외국에 건너가 그 나라의 손님에게 서비스를 제공한다.
예) IT 기술자가 외국에서 행하는 프로그램 작성

* 출처 : 일본 외무성, 「EPA에 있어서의 서비스 무역과 사람의 이동」

act.2 세계경제

관세와 무역

어떤 나라나 지역의 수입품에 붙이는 세금을 '관세'라고 합니다. 그렇다면 관세의 역할은 무엇일까요?
또 관세는 어떤 상품에 얼마나 붙어 있을까요?

관세는? 관세는 수입국의 정부가 국경을 통과하는 물품에 부과하는 세금입니다. 따라서 물품을 수입하는 사람은 관세를 내야 합니다. 관세의 목적은 재정수입을 얻는 것과 국내 산업을 보호하는 것입니다.

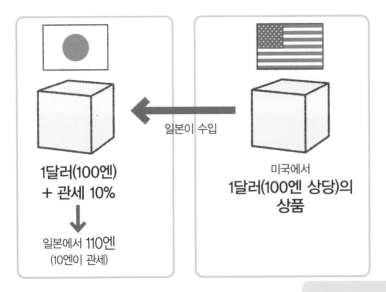

일본이 수입

1달러(100엔)
+ 관세 10%
↓
일본에서 110엔
(10엔이 관세)

미국에서
1달러(100엔 상당)의
상품

관세가 있어서 소비자는 10엔 비싸게 사게 되지.

일본의 수입품에서 관세가 차지하는 비율

일본에서는 쌀이나 소고기에 비싼 관세가 붙어 있어.

초콜릿
10%

파스타
30엔/kg

쌀
341엔/kg

소고기
38.5%

맥주
6.40엔/ℓ

자동차
0%

핸드백
8~16%

액세서리
5.2~5.4%

모피 코트
20%

책·잡지
0%

* 출처 : 일본 재무성, 2017년

한마디 메모 공항 등에 있는 면세점에서는 수입품인 술, 담배, 향수 등을 일반 상점보다 싸게 살 수 있어. 출국 수속 후는 나라에서 나간 것으로 간주되어서 관세가 면제되기 때문이야.

외국에서 상품 등을 수입하면 관세가 붙는 경우가 있습니다. 관세의 금액은 수입하는 물건에 따라 다릅니다. 일본의 경우, 소고기는 수입하는 금액의 약 40%의 관세가 붙습니다. 1kg당 2,000엔짜리 스테이크용 소고기는 그 안에 800엔이 관세가 포함된 것입니다. 한편, 관세가 한 푼도 붙지 않는 것도 있습니다. 관세는 원래 자국의 산업을 지키는 목적으로 마련되었지만, 근래에는 서로가 관세를 없애고 자유롭게 무역을 하는 것이 유리하다는 생각이 퍼지고 있습니다. 여러분이 자주 듣는 FTA나 TPP도 관세를 내리거나 철폐하는 것을 목표로 하는 협정입니다.

📀 관세의 역할

관세가 없으면…

1ky
500엔

1ky
300엔

싼 수입쌀이 들어오면, 국산쌀이 팔리지 않겠네…

일본의 생산자

관세가 있으면…

1ky
500엔

1ky
300엔
+
관세
(341엔)
= 641엔

이걸로 국산쌀의 경쟁력이 유지돼.

이렇게 관세는 국내의 산업을 지키고 있어. 그러나 소비자로서는 싼 물건을 사기 힘들어지는 면도 있어.

📀 관세의 역사

보호주의 시대

1929년 세계공황 후에 많은 나라가 수입품의 관세를 비싸게 해서 자국의 산업을 보호하려고 했다. 그러나 수입품이 비싸지면 국내 물가도 오른다. 또 보호되었던 국내 산업이 성장하지 못하게 되는 단점도 지적되고 있다.

제2차 세계 대전 후

1948년에 자유롭게 무역을 하기 위한 국제협정 GATT(무역과 관세에 관한 일반협정)가 발효된다. 1955년에는 자유무역의 규칙을 정하는 국제적인 기관 WTO(세계무역기구)가 만들어졌다.

자유무역 시대

2개국 이상의 국가와 지역이 서로가 관세 등을 철폐, 삭감하는 것을 정하는 FTA(자유무역협정)가 전 세계에서 300건 가까이 맺어지고 있다. TPP(환태평양경제동반자협정)에서도 가맹국 간 많은 품목의 관세를 없애는 것을 목표로 하고 있다.

세계는 관세를 없애고 자유로운 무역을 하는 흐름이지만, 자기 나라의 산업이 쇠퇴해 버린다며 반대하는 사람들도 있어. 국내 산업을 지키는 것을 우선으로 하는 보호주의가 더 중요하다고 생각하는 것이지.

act.2 세계경제

무역마찰

무역마찰은 어떻게 일어나고, 또 어떻게 해결하면 좋을까요? 예전부터 일본이 경험한 무역마찰을 참고해서 생각해봅시다.

🔘 무역수지

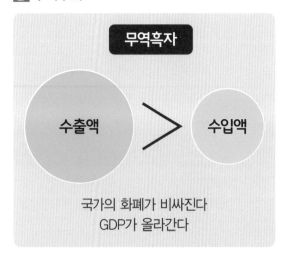

무역흑자

수출액 > 수입액

국가의 화폐가 비싸진다
GDP가 올라간다

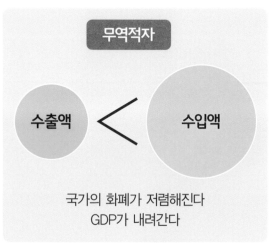

무역적자

수출액 < 수입액

국가의 화폐가 저렴해진다
GDP가 내려간다

무역수지는 한 나라의 수출과 수입의 차액이야. 국가 경제 면에서는 무역흑자 상태가 바람직하지만, 흑자가 너무 커지면 다른 나라와의 관계가 힘들어져.

🔘 일본의 무역수지 추이

(조 원)

무역흑자가 계속되었다

리먼 사태
(2007년)

**무역
적자**

다시 무역흑자로

동일본대지진
(2011년)

200

100

0

−100

−200

1996   2000   2005   2010   2015 2016 (년)

＊ 출처 : 일본 재무성

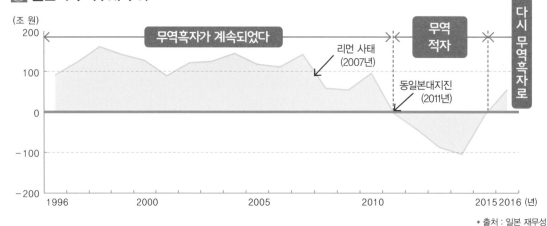

동일본대지진 이후 공장 등의 설비가 피해를 입어서 여러 가지 제품의 생산량이 줄었어. 그중에는 자동차제품 등의 수출품도 많아서 일시적으로 수출액이 크게 감소했어.

한마디 메모   많은 나라가 가입되어 있는 세계무역기구(WTO)의 협정에서는 원칙적으로 가맹국이 무역을 제한하는 것을 금지하고 있지만, 특정 물건의 수입이 급증해 국내 생산자가 큰 타격을 받는 경우 등에 긴급히 수입을 제한하는 '세이프 가드'라는 제도가 있어.

수출액에서 수입액을 뺀 것을 '무역수지'라고 합니다. 이것이 플러스면 '흑자', 마이너스면 '적자'입니다. 모든 국가가 무역수지가 흑자가 되는 것을 목표로 하고 있지만, 수출입을 하는 국가와 국가 사이에서 흑자과 적자의 밸런스가 깨지면 무역마찰이 생기는 위험이 있습니다. 무역마찰은 두 나라 간의 경제만이 아니라, 정치면에서 도 영향을 미쳐 국가 간의 관계를 크게 좌우합니다. 예전부터 일본과 미국 사이에 일어난 무역마찰은 신문이나 TV에서도 연일 다룰 만큼 큰 문제가 되었습니다. 그렇다면 무역마찰을 피하기 위해서는 어떻게 하면 좋을까요?

🍊 미일 무역마찰

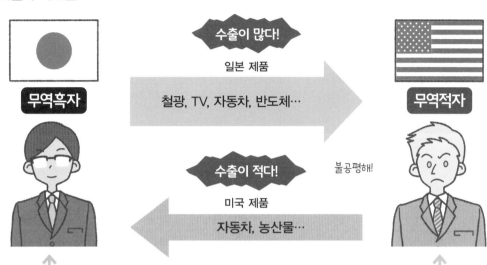

수출이 많다!
일본 제품
철광, TV, 자동차, 반도체…

수출이 적다!
미국 제품
자동차, 농산물…

불공평해!

무역흑자 / 무역적자

── 수출입이 언밸런스(불균형) ──

📓 용어 체크

무역마찰▷국가 간의 수출·수입의 치우침 등으로 일어나는 문제.
- 특정 품목의 수입이 급증해 국내 산업이 타격을 받는다.
- 한쪽만의 수입으로 치우쳐 수지가 불균형이 된 경우, 수입에 비싼 관세를 붙인다.

이처럼 무역마찰이 심해지면, 불매운동이 일어나기도 하고, 또 수입만큼의 수출을 가능하게 할 것을 강력하게 요구하는 등의 경우가 일어난다.

제2차 세계 대전 후, 일본은 경제적으로 발전해서 미국에 대한 무역흑자가 커졌고, 그 때문에 미국에서는 일본에 대한 비판의 목소리가 커졌어. 1980년대에는 '재팬 배싱(일본 때리기)'이 일어나 일본차를 부수는 퍼포먼스가 행해지기도 했어.

현재, 세계에서 맺어지고 있는 무역협정의 대부분은 무역마찰이 일어나지 않는 방법으로 자유로운 무역이 행해지도록 하기 위한 것이야.

🍊 무역마찰을 방지하는 대책

수출의 자주 규제
수출국이 수출량을 줄여서 수출품의 가격을 올린다.

이 이상은 수출하지 않도록 하자.

현지 생산의 확대
수출국이 수입국에 공장을 세워 현지에서 생산한다.

당신 나라의 공장에서 만들 거예요.

수입 자유화 촉진
상대국 수입품의 관세를 내려 수입량을 늘린다.

당신 나라의 것도 살게요.

act.2 세계경제

무역과 협정

자유로운 무역을 통하여 경제를 발전시키기 위해 여러 가지 협정을 체결하고 있습니다. TV의 뉴스, 신문의 기사 등에서도 종종 화제가 되는 무역에 관한 협정에 대해 생각해 봅시다.

🕐 WTO와 FTA, EPA

모든 가맹국에 대해 관세를 똑같이 적용(최혜국 대우)

체결국 간 관세를 삭감·철폐

EPA (경제연계협정)　**FTA** (자유무역협정)

WTO (세계무역기구)

높다

자유화 레벨

낮다

●WTO에서의 관세율

모든 국가에 같은 관세율

●FTA·EPA에서의 관세율

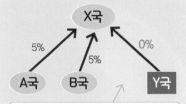

FTA·EPA를 체결한 국가 간의 관세를 철폐

FTA는 WTO의 테두리 안에서의 예외조치로, WTO에서 다루지 않는 분야를 취급하거나 상대국에 WTO보다도 질이 높은 약속을 하거나 해.

🕐 WTO(World Trade Organization, 세계무역기구)

●WTO의 주요 업무

세계 각 나라들이 자유롭고 공평하게 무역을 하기 위한 룰을 정한다.

국가 간의 무역마찰을 조정한다.

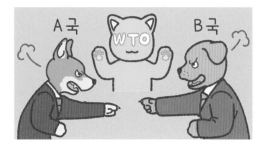

WTO를 통하면 모든 가맹국과 자유롭게 물건, 서비스 등을 무역할 수 있지만, WTO가 각 국가의 사정이나 조건을 고려하기 힘든 경우도 있기 때문에 다국간의 룰을 정하는 교섭에 시간이 걸려. 그래서 1990년대부터 WTO와는 별도로 두 나라가 맺는 협정이 늘고 있어. 그것이 FTA와 EPA야.

한마디 메모　기원전 2400년경 고대 메소포타미아의 도시국가 라가시와 움마(수메르) 사이에 전쟁이 일어났는데, 나중에는 평화협약을 맺고 국경에 비석을 세웠다고 해. 이것이 세계에서 가장 오래된 국제조약이야.

제2차 세계 대전은 1930년대에 일어난 세계공황이나 블록경제, 즉 영국과 프랑스가 돈이나 물자의 유통을 자국과 그 식민지만으로 한정한 폐쇄적 경제체제도 큰 원인이었다고 합니다.

다른 국가에 대해서는 높은 관세를 붙이는 등 재산이 밖으로 나가지 않도록 한 것이었는데요. 결국 경제가 전쟁을 일으켰던 것입니다.

그 반성으로 1947년에 GATT(General Agreement on Tariffs and Trade, 관세 및 무역에 관한 일반협정)라는 협정이 체결되었습니다. GATT를 계승한 WTO는 많은 국가가 가맹한 국제적인 무역기구입니다. 그 후 시대가 변화함에 따라 FTA, EPA라는 새로운 형태의 협정도 생겨나고 있습니다.

EPA(Economic Partnership Agreement, 경제연계협정)와 FTA(Free Trade Agreement, 자유무역협정)

EPA

- 투자규제 철폐
- 인적교류 확대
- 각 분야의 협력
- 지적재산제도·경쟁정책의 조화

FTA
- 물품의 관세를 삭감·철폐

일본은 WTO를 중심으로 하되 부족한 부분을 보완하기 위해 FTA, EPA를 진행하고 있어. 이미 싱가포르, 멕시코, 말레이시아, 칠레, 태국, 인도네시아 등 15개국 간에 EPA를 발효했지.

TPP(Trans-Pacific Partnership, 환태평양경제동반자협정)

● TPP 교섭 참가국
(2018년 2월 기준)

캐나다 / 일본 / 미국 / 베트남 / 말레이시아 / 브루나이 / 싱가포르 / 멕시코 / 페루 / 호주 / 뉴질랜드 / 칠리

● TPP의 주요 장점과 단점

장점
- 수입 식품(고기, 채소, 유제품 등)의 가격이 저렴해진다.
- 무역이 자유로워져, 일본에서 만든 물건의 수출액이 증가한다.
- 해외와 일본에서 일을 하는 대기업의 효율이 높아져 이익이 증대한다.

단점
- 외국에서 저렴한 상품이 들어와, 디플레를 일으키거나 일본의 농업에 타격을 입힌다.
- 일본에서는 취급하지 않는 식품 첨가물이나 유전자 변형 식품이 들어온다.
- 현재 일본의 건강보험제도가 압박당할 가능성이 있다.

📒 용어 체크

WTO▷자유무역의 촉진을 목적으로 하는 국제기관. GATT로부터 옮겨간 형태로, 1995년에 설립되었다. 2017년에 164개의 국가와 지역이 가맹했다. WTO 협정을 만들고 가맹국이 자유롭게 물건, 서비스 등을 무역하는 룰을 정하고 무역장벽을 없애기 위한 교섭을 한다. 또 무역에 관한 분쟁을 룰에 근거하여 해결한다.

EPA▷무역의 자유화만이 아니라, 폭넓은 경제관계 강화를 목적으로 한 협정. 투자, 사람의 이동, 지적재산의 보호 등의 룰을 만드는 등 여러 분야에서의 협력을 목표로 한다.

FTA▷특정 국가와 지역 간에 물건의 관세나 서비스 무역의 장벽을 줄이고 없애는 것을 목적으로 한 협정이다.

TPP▷환태평양 지역의 12개국에 의한 경제자유화를 목적으로 한 EPA. 2016년 2월에 뉴질랜드에서 서명했지만, 2017년 1월에 미국이 이탈을 표명했고, 2018년 2월 기준 미국 이외의 11개국에서 발효하는 것을 목표로 하고 있다.

당초, 미국도 TPP에 참가할 예정이었지만, 대통령이 바뀌면서 방침을 바꿨어. 이렇게 TPP에 대해서는 여러 의견이 있는데, TV나 신문에서 어떻게 전해지고 있을까?

act.2 세계경제

금융에 의한 세계의 결속

한 국가에서 일어난 금융문제가 온 세계경제에 큰 영향을 끼치는 경우가 있습니다. 이처럼 글로벌화에 의해 세계 금융의 결속은 더욱 강력해지고 있습니다.

◎ 리먼 사태

● 리먼 사태와 4개국의 주가지수 추이

> 미국을 제외한 국가의 주가는 2008년의 여름까지는 거의 안정적이었지만, 2008년 가을경 갑자기 하락했어. 이것은 미국에서 일어난 리먼 사태가 다른 국가에까지 영향을 끼쳤기 때문이야.

(대수)
250
200
150
100
50
0
2007   2008   2009   2010   2011 (년)

  영국
  미국
  일본
  중국

리먼 사태

* 출처 : MSCI

용어 체크

리먼 사태▷ 2008년에 미국의 투자은행 리먼 브러더스 홀딩스의 경영 파탄에서 야기된 세계적 금융위기. 리먼 브러더스는 미국 주택 가격의 하락으로 인해 증권화되어 있던 서브프라임 모기지론이 불량 채권화되어 파탄했다. 참고로 '리먼 사태'는 일본식 영어이며, 세계적으로는 '2007년부터 2008년의 금융공황' 등으로 불린다.

● 리먼 사태의 영향과 대책

미국 주택 가격이 하락하자 서브프라임 모기지론이 불량 채권화됐고, 그 영향으로 투자은행인 리먼 브러더스의 경영이 파탄난다.

미국에서의 소비가 줄어 다른 나라가 미국에 수출하는 물건도 팔리지 않게 되고, 미국이나 주요 국가의 주가가 폭락한다.

G20의 재정투자와 금융완화를 중심으로 경제대책을 실시한다.

> 경제대책을 세워서 지금의 위기에 함께 대처합시다.

리먼 브러더스 파탄

대출상환을 할 수 없어.

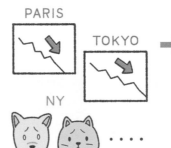

PARIS

TOKYO

NY

· · · ·

G 20

용어 체크

G20(Group of Twenty : 20개국의 재무장관·중앙은행총재회의)▷세계경제의 안정과 성장을 도모하는 국제회의로 연 1회 개최됩니다. 회의에서는 경제 문제 이외에 지구온난화, 테러, 개발도상국 지원 등에 대해서도 의논합니다. 참가국은 미국, 영국, 프랑스, 독일, 일본, 이탈리아, 캐나다, 러시아, 중국, 대한민국, 인도, 인도네시아, 오스트리아, 터키, 사우디아라비아, 남아프리카공화국, 멕시코, 브라질, 아르헨티나와 유럽연합(EU)입니다.

한마디 메모 국제연합의 전문기관 중 하나로 세계은행이 있어. 세계은행의 역할은 개발도상국 등에 자금을 대출해주고 국제적인 통화제도의 안정을 도모하는 것이야. 일본도 전후 경제부흥을 위해 자금을 빌렸고, 그 자금으로 '토카이도 신칸센'을 만들었어.

2008년 9월, 서브프라임 론(저소득자 대상의 주택대출)의 불량 채권화를 계기로 미국 증권계 4위의 투자은행인 리먼 브러더스의 경영이 파탄하여 세계금융위기가 일어났습니다. 이것이 리먼 사태이며, 이로 인하여 일본에서도 주가가 폭락하고 많은 회사가 큰 타격을 입었습니다. 또 2009년에 그리스 위기가 발생했습니다. 그리스 국채

의 폭락으로 EU권의 화폐인 유로가 신용을 잃어 세계 주식시장에서는 주가가 크게 하락했습니다.
이처럼 세계의 국가들은 멀리 떨어져 있어도 경제나 금융에 의해 서로 깊게 영향을 끼칩니다.

🍊 그리스 위기

●그리스 위기에 있어서 유로 대 달러, 유로 대 엔의 환율 추이

달러와 엔도 유로와 똑같이 움직이고 있어.

그리스 위기

■ 유로 대 달러 환율(왼쪽 눈금)
■ 유로 대 엔 환율(오른쪽 눈금)

(달러) 1.55 ~ 1.20 / (엔) 140 ~ 110

2009년 10월　11월　12월　2010년 1월　2월　3월　4월　5월

* 출처 : IMF

●그리스 위기의 영향과 대책

그리스가 거액의 재정 적자임이 판명되자 그리스 국채의 등급이 떨어져 국채 가격이 폭락한다.

외환시장에서 유로가 하락하고 세계의 주가도 내려간다.

IMF, EU가 그리스를 지원하면서 긴축재정을 실시하도록 요청한다.

그리스는 국채의 이자 지불을 못하고 채무불이행(디폴트[17]) 위기에!

그리스의 국채를 산 각국의 은행이 위기!

지원과 긴축재정 요청

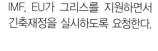
용어 체크

그리스 위기▷그리스의 재정 적자에 의해 야기된 금융위기. 그리스는 유럽권 중에서 경제 규모가 3%에도 못 미치는 작은 나라이지만 유로화에 의해 유럽 각국과 깊게 관련되어 있어서 세계적인 위기에 빠졌다. 그리스 국채의 폭락이 유로의 하락은 물론, 세계 각국의 주가 하락으로 이어졌던 2010년의 위기와 EU와의 교섭이 막혀 IMF에서의 대출상환의 연체 및 EU의 제2차 금융지원종료 등의 사태에 빠진 2015년 위기 2회로 나눠서 생각하는 경우가 많다.

그리스는 재정 적자가 GDP의 5% 정도라고 말했지만, 2010년의 정권 교체로 인해 실제로는 훨씬 더 적자가 큰 것으로 판명 났어. 게다가 그 대책은 너무 낙관적이었지. 그래서 그리스의 국채가 폭락했고, 작은 나라의 재정 위기가 세계적인 위기를 일으킨 사례가 됐어.

17 채무자가 공사채나 은행 융자, 외채 등의 원리금 상환 만기일에 지불 채무를 이행할 수 없는 상태.

act.2 세계경제

인터넷과 세계경제

인터넷 이용자 수는 세계 여러 나라에서 계속 증가하고 있으며, 인터넷을 이용한 비즈니스도 함께 증가해 세계경제도 크게 변화해 가고 있습니다.

🍊 세계의 인터넷 이용자의 추이

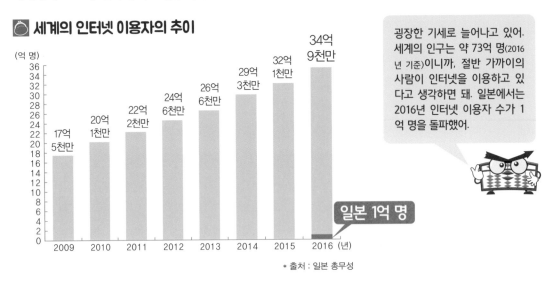

* 출처 : 일본 총무성

> 굉장한 기세로 늘어나고 있어. 세계의 인구는 약 73억 명(2016년 기준)이니까, 절반 가까이의 사람이 인터넷을 이용하고 있다고 생각하면 돼. 일본에서는 2016년 인터넷 이용자 수가 1억 명을 돌파했어.

👛 일본인의 인터넷 이용 목적·용도

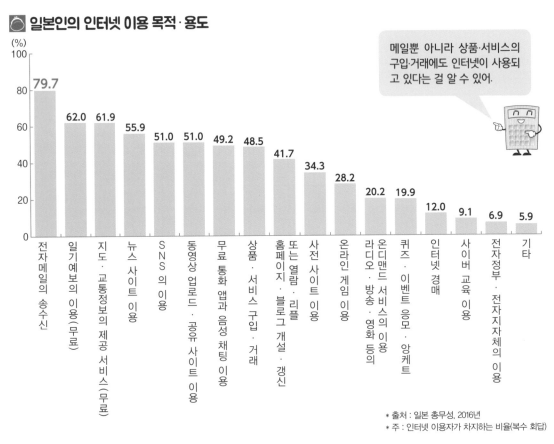

* 출처 : 일본 총무성, 2016년
* 주 : 인터넷 이용자가 차지하는 비율(복수 회답)

> 메일뿐 아니라 상품·서비스의 구입·거래에도 인터넷이 사용되고 있다는 걸 알 수 있어.

한마디 메모 대표적인 전자머니인 교통카드 등에 사용되는 펠리카(비접촉형 IC카드 기술)는 일본 소니가 개발했어. 창고 물건의 자동 선별에 사용하는 기술로 개발하였지만 비용이 너무 들어서 연구가 중지될 뻔했다고 해.

인터넷은 메일, 정보 검색, 동영상 시청은 물론, 쇼핑이나 대금 결제에도 이용됩니다.

컴퓨터의 네트워크상에서 물건이나 서비스의 매매를 전자상거래(e-commerce, 이커머스)라고 하는데, 우리에게도 익숙한 인터넷 쇼핑을 비롯하여 온라인 증권 거래, 여행, 경매 등 다양한 비즈니스가 전자상거래로 행해지고 있습니다.

이렇게 우리는 인터넷으로 온 세상과 간단히 거래할 수 있게 되었습니다.

🔵 전자상거래(이커머스)

이커머스는 점포가 없거나 지방에 사는 사람도 간단하게 온 세상과 거래할 수 있게 해줘. 앞으로도 증가할 수밖에 없지.

●이커머스의 3가지 형태

B to B (Business to Business : 기업 간 거래)	B to C (Business to Consumer : 기업과 소비자 간 거래)	C to C (Consumer to Consumer : 소비자 간 거래)
상품이나 원재료의 매입, 발주, 청구 등 기업과 기업 사이의 거래를 인터넷 등의 전자적인 정보통신에 의해 이루어지는 것.	인터넷 쇼핑 등 기업이 인터넷 등에서 소비자에게 상품을 판매하는 것. 스마트폰 게임의 다운로드도 B to C의 하나.	인터넷 경매, 무료 어플 등과 같이 이커머스의 운영회사가 중개하고 소비자끼리 인터넷상으로 거래하는 것.

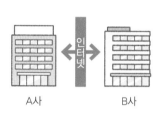

A사　B사

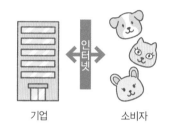

기업　소비자

소비자　소비자

●이커머스 시장 규모의 추이와 예측

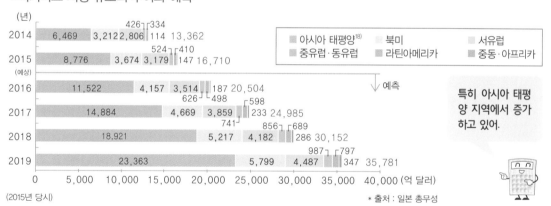

(2015년 당시)

범례: 아시아 태평양[18] / 북미 / 서유럽 / 중유럽·동유럽 / 라틴아메리카 / 중동·아프리카

(년)	아시아 태평양	북미	서유럽	중유럽·동유럽	라틴아메리카	중동·아프리카	합계
2014	6,469	3,212	2,806	426	334	114	13,362
2015	8,776	3,674	3,179	524	410	147	16,710
(예상) 2016	11,522	4,157	3,514	626	498	187	20,504
2017	14,884	4,669	3,859	741	598	233	24,985
2018	18,921	5,217	4,182	856	689	286	30,152
2019	23,363	5,799	4,487	987	797	347	35,781

↓ 예측

특히 아시아 태평양 지역에서 증가하고 있어.

* 출처 : 일본 총무성

●일본의 이커머스 실시 상황

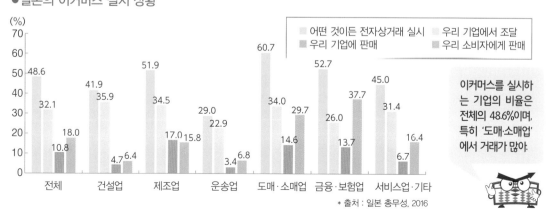

범례: 어떤 것이든 전자상거래 실시 / 우리 기업에서 조달 / 우리 기업에 판매 / 우리 소비자에게 판매

	전체	건설업	제조업	운송업	도매·소매업	금융·보험업	서비스업·기타
어떤 것이든 전자상거래 실시	48.6	41.9	51.9	29.0	60.7	52.7	45.0
우리 기업에서 조달	32.1	35.9	34.5	22.9	34.0	26.0	31.4
우리 기업에 판매	10.8	4.7	17.0	3.4	14.6	13.7	6.7
우리 소비자에게 판매	18.0	6.4	15.8	6.8	29.7	37.7	16.4

이커머스를 실시하는 기업의 비율은 전체의 48.6%이며, 특히 '도매·소매업'에서 거래가 많아.

* 출처 : 일본 총무성, 2016

[18] 아시아 동부의 태평양과 접하는 지역들과 호주 대륙을 비롯한 오세아니아와 남태평양의 여러 섬나라 및 섬지역을 뜻한다. 줄여서 아태지역이라고 부른다.

전쟁과 경제

● 전쟁을 해도 '돈을 벌 수 없다'

인류의 역사는 전쟁의 역사라고 해도 과언이 아닐 정도로 끊임없는 전쟁을 겪어 왔습니다. 그러나 지금은 나라끼리의 큰 전쟁이 거의 일어나지 않습니다. 작은 충돌이나 침공 등은 여전히 존재하지만, 1945년의 제2차 세계 대전이 종결된 이후 인류 역사 중에서 드물게 평화로운 세계 정세가 지속되고 있습니다. 여러 가지 이유가 있겠지만 전쟁을 하더라도 돈을 벌 수 없게 된 상황을 꼽을 수 있습니다.

옛날에는 다른 나라를 공격하는 가장 큰 목적 중 하나가 그 나라의 토지나 곡물, 금 등을 쟁취하는 것이었습니다. 물건에 '가치'가 있었던 것이죠. 풍요로운 토지를 빼앗으면 그 안에 있던 모든 것들을 자신들의 것으로 만들 수 있었습니다.

그러나 현재는 토지와 물건을 빼앗더라도 그 정도의 가치가 없습니다. 미국 캘리포니아주의 실리콘밸리라는 지역은 미국의 정보·통신산업의 회사가 모여 막대한 수입을 올리는 곳입니다. 예를 들어, 이러한 실리콘밸리를 공격해 점령하더라도 그 부를 얻을 수는 없습니다. 여기에서 일하는 사람들, 그 사람들의 훌륭한 아이디어를 낳는 두뇌는 전쟁이 시작된다면 재빨리 도망가 버리기 때문입니다. 아무도 없는 실리콘밸리는 빼앗아도 득이 되지 않습니다. '부를 생산하는 토지를 빼앗는다'라는 것의 의미가 변하였습니다.

● 경제적인 결속이 강해질수록 전쟁은 일어나기 힘들어진다

한편, 전쟁에는 막대한 비용이 듭니다.

예를 들어 일본의 경우 태평양 전쟁(중일전쟁 시작부터 제2차 세계 대전 종결까지의 8년간) 당시 약 7600억 엔의 비용이 들었습니다. 이는 당시 국가예산비의 280배라는 터무니없는 금액입니다. 또 2018년도의 국가예산(97조 7128억 엔)에 맞춰 생각해보면 2경 7359조 584억 엔이라는 비현실적인 숫자입니다.

이렇게 큰돈을 들여도 얻을 게 없으니 전쟁을 하지 않는 것이죠. 게다가 지금 세계에서는 글로벌화가 진행되어 세계의 나라들이 경제적인 면에서도 밀접한 관계를 맺고 있습니다. 외국과 무역만 하는 것이 아니라 다른 나라에 공장을 세워서 생산을 하거나, 외국 기업의 주식을 매매하는 등의 일들이 일상적으로 일어나고 있습니다. 만약 이 상황에서 나라끼리의 전쟁이 일어나면, 이 경제활동은 멈춰버립니다. 국내의 여러 산업에도 그 영향이 파급되겠죠. 또 수입에 의존하는 식료품이나 석유 등이 유입되지 않아 국민 생활 전체가 타격을 받게 됩니다.

그래서 지금은 전쟁의 '수지가 안 맞는' 시대입니다. 세계의 나라들이 경제적 결속을 강화할수록 전쟁이 일어나기 힘들어진다고 할 수 있는 것이죠. 이처럼 돈과 경제에는 전쟁의 발생 가능성을 억제시키는 효과도 있습니다.

부록

- 경제학 입문
- 경제 용어와 자료

인간의 영위는 경제의 영위.
인간의 역사는 경제의 역사.
지금까지 사람들은 경제에 대해
어떤 것을 생각해 왔던 걸까?

알프레드 마셜　　카를 마르크스　　존 메이너드 케인스

부록 경제학 입문
경제 용어와 자료

이것은 「금취방지도」라는 두루마리 그림의 일부입니다. '금취'는 광석을 녹여 금, 은, 동을 취해 화폐, 즉 돈을 주조하는 것을 말합니다. 이 두루마리 그림에는 분세이 2년(1819년)에 발행된 '문정금화'나 '문정일주금' 등의 제조 공정이 그려져 있습니다. 실은 이 문정금화나 문정일주금은 그 이전에 발행되었던 금화나 일주금에 비해 금의 포함 비율이 현저하게 낮았습니다. 막부는 많은 금을 포함한 화폐를 새 화폐로 다시 만듦으로써 막대한 차익을 손에 넣었습니다. 그러나 액면은 같더라도 질이 나쁜 화폐는 가치가 떨어졌고, 이로 인해 물가가 크게 올라서 막부의 재정은 오히려 악화되었다고 합니다. 이렇게 경제에서는 하나의 변화가 여러 가지 변화를 일으킵니다. 그렇기 때문에 옛날부터 현재까지 많은 사람이 그 구조를 해명해 온 것이겠죠. 이 책의 마지막에서 돈과 경제에 대해 어떤 사람이 어떠한 생각을 해왔는지 알아봅시다.

— 「금취방지도」 (출처: 일본 국립공문서관)

중상주의 16세기 전반~18세기 전반

귀금속의 유입을 늘리거나 무역수지를 흑자로 하여서 국부의 증대를 목표로 무역통제를 해야 한다는 생각.

국가의 부를 늘리기 위해

대항해 시대의 도래로 세계적인 무역이 본격화된 16세기 중반부터 18세기에 걸쳐 유럽의 절대군주제의 국가들에서는 국왕이나 군주가 권력을 휘두르기 위한 군대와 관료조직이 없어서는 안 되었습니다.

그러나 그 때문에 막대한 비용이 필요하였고, 그것을 마련하기 위해서는 국부를 늘려야 했습니다. 그래서 등장한 것이 '중상주의'입니다.

귀금속의 유입을 늘리는 '중금주의'와 무역수지로 외화를 버는 '무역차액주의'

중상주의는 초기의 중금주의와 후기의 무역차액주의로 나눌 수 있습니다.

중금주의는 금, 은 등의 귀금속을 국가의 재산으로 간주하고, 그 보유량을 늘리려는 정책입니다. 대항해 시대를 이끈 스페인이나 포르투갈 등이 채택하여 식민지의 광산개발 등으로 유럽에 막대한 금·은을 가지고 왔죠. 그러나 국내의 귀금속을 늘리는 일을 매우 중요하게 생각하여 환(換)을 제한하거나, 보다 큰 이익을 얻는 투자라도 귀금속의 수출을 인정하지 않았던 면도 있었습니다. 또 국내 금·은의 증가로 인해 통화의 가치가 하락하여 물가가 매우 올라 국내 산업을 육성하는 무역차액주의가 생겨났습니다.

무역차액주의는 무역수지를 흑자로 만들어 외화를 버는 정책입니다. 주로 영국과 프랑스에서 채택해 수입제한과 수출조성 등 국내 산업의 보호와 육성을 도모하였습니다. 또한 중상주의정책에 의해 산업은 크게 발달하여 19세기 영국의 산업혁명으로 이어졌으며, 상품 경제도 발전해 자본주의 경제의 토대를 구축하였습니다.

한편, 정부에 의한 산업 보호나 수입 제한은 자유 경쟁에 의한 경제발전을 저해한다는 비판도 있었습니다. 이것이 18세기 후반의 중농주의로 이어졌습니다.

인물전

토머스 그레셤 1519년-1579년

영국의 무역상, 왕실 금융 관리인

대표적인 중금주의자 중 한 사람이다. 왕실 금융 관리인으로 근무하였을 때 영국의 통화가치가 타국의 통화가치에 비해 낮은 것을 괴로워했다. 그레셤은 그 원인을 영국이 개주(화폐를 새롭게 주조함)에 의해 화폐의 품질을 떨어뜨린 탓이라고 생각하여 엘리자베스 1세에게 화폐의 품질을 원래대로 돌리자고 제안하였다. 이것이 '같은 액면의 품질 좋은 화폐(양화)와 나쁜 화폐(악화)가 나돌면, 사람들은 품질이 좋은 화폐를 수중에 두려고 하기 때문에 악화만이 유통된다(악화는 양화를 구축한다)'는 것을 나타내는 '그레셤의 법칙'의 어원이 되었다.

한마디 메모 '중금주의'에서는 귀금속을 국가의 재산으로서 모아두려고 했어, 그중에도 중시한 것은 금과 은이었지. 이것들을 모아두는 것이 가능해지면 금이나 은으로 만든 지금(화폐의 재료가 되는 금속)이나 주화라도 좋다고 생각했어. 이것을 주장한 사람들을 '지금주의'나 '금괴주의'라고 부르기도 했어.

중농주의 18세기 후반

농업을 재산의 원천으로 중히 여긴 경제사상이나 경제정책.

중상주의로 피폐한 농업국·프랑스

농업을 재산의 원천으로 중히 여긴 경제사상이나 경제정책을 '중농주의'라고 합니다.

중농주의가 생겨난 것은 18세기 후반의 프랑스입니다. 큰 농업국이었던 프랑스는 중상주의정책에 의해 화폐경제, 상품경제가 보급되었으나, 부국강병 정책에 의해 주변 제국과 종종 전쟁을 일으켰습니다. 전쟁과 지배계급의 낭비 등으로 경제가 피폐해지자 프랑스의 절대왕정은 체제 위기에 빠졌죠. 한편, 중상주의에 의해 화폐경제가 발전함으로써 오히려 곤궁(困窮)한 귀족도 생겨났습니다.

이것들을 재건하려는 기운 속에서 상공업에 편중하는 중상주의를 비판하고 중농주의를 주장하게 되었습니다.

'생산'을 하는 것은 농업뿐

중농주의의 창시자인 프랑소와 케네는 왕실 주치의였습니다. 그는 '인간은(신이 정했다) 자연의 법칙의 범위 안에서 자유로워야 하고, 이 자유를 속박하는 인위적인 법률이나 규제는 해로운 것'이라고 주장하였습니다. 중상주의처럼 국가가 산업을 보호하거나 규제하는 것이 아니라, 산업활동을 자유롭게 방임하는 것으로 국가의 부가 늘어난다고 생각하였던 것입니다. 또 농업에 종사하는 사람만이 잉여생산물(자신에게 필요 이상의 생산물)을 만들어 내는 생산자이고, 농업에 의해 거둬지는 원재료가 없으면 아무것도 만들어낼 수 없는 상공업자는 생산자가 아니라고 하였습니다. 따라서 상공업의 발전은 농업에 달려 있다며, 농업 발전의 필요성을 강조한 것이죠.

이런 케네의 영향을 받은 프랑스의 재무장관 튀르고는 '생산물에서 이익을 얻는 것은 지주이다'라는 생각으로 상공업자와 농민에게는 세금을 물리지 않고, 귀족과 승려 등 지주 계급에게만 징수하려고 하였습니다. 그러나 그들의 맹렬한 반발에 부딪혀 실행할 수 없었습니다. 중농주의의 이런 사고방식은 후에 애덤 스미스 등의 고전파 경제학과 카를 마르크스의 경제사상에 영향을 끼쳤습니다.

인물전

프랑소와 케네 1694년–1774년

프랑스의 의사, 경제학자

왕실 의사로서 베르사유 궁전에서 생활했지만, 50세를 넘어 경제학자에 뜻을 둔다. 그는 상품의 경제순환이 폐순환을 줄인 혈액순환과 같아서 심장이 기관에 특별한 중요성을 갖는 것과 같이 농업이 사회와 경제의 제도에 특별한 중요성을 가지고 있다고 생각한나. 이 생각을 바탕으로 1759년에 분석석수법으로 경제활동에 대한 설명을 시도한 『경제표』를 썼다. 『경제표』는 중농주의 경제이론의 기초가 되어, 카를 마르크스로부터 '대단히 천재적인, 의심할 여지 없이 매우 천재적인 착상'이라고 칭찬받았다.

고전파 경제학 18세기 후반~19세기

노동가치설과 3계급론을 이론적 기조로 한 경제학의 총칭으로 자유주의 경제이론을 중심 사상으로 한다. 시장에 있어서의 자유경쟁이 부의 원천이 되는 노동의 생산성 향상으로 이어진다고 생각한다.

처음으로 경제활동을 본격적 연구 대상으로 한 학문

우리들의 생활에 필요한 물건(재)과 서비스를 생산·분배·소비해서 돈을 순환시키는 것이 '경제'입니다. 경제학은 그런 경제활동이나 경제의 구조, 말하자면 '돈의 움직임'을 연구하는 학문입니다. 인간의 경제활동은 오래전부터 이어져 왔지만 그것을 학문적인 연구 대상으로 한 것은 비교적 최근의 일로, 18세기 후반에 영국에서 생겨난 고전파 경제학이 그 시작입니다.

'가격'의 신축에 의해 수요와 공급은 자연스럽게 균형을 맞춘다

고전파 경제학의 대표 학자는 '경제학의 아버지'라 불리는 애덤 스미스입니다. 스미스는 『국부론』이라는 저서에서 '보이지 않는 손'이라는 개념을 내세웠습니다.

상품의 가격은 팔고 싶은 사람(공급)보다 사고 싶은 사람(수요)이 많으면 물건이 부족해져 가격이 오릅니다. 그러나 가격이 계속 오르면 어딘가에서 수요와 공급의 양은 같아집니다. 반대로 수요보다 공급이 많으면 물건이 남아 상품의 가격은 내려갑니다. 계속 내려가면 역시, 수요와 공급의 양은 결국 같아집니다. 이렇게 가격의 신축에 의해 수요와 공급의 밸런스가 자연스럽게 균형을 잡는 것을 스미스는 '보이지 않는 손'이라고 불렀습니다.

시장에서 '보이지 않는 손'이 작용해서 수요와 공급이 같아지면 상품은 남지 않고 노동 시장에 있어서도 실업자는 사라진다는 것이 '고전파 경제학'의 기본적인 생각이었습니다.

1929년에 세계공황이 일어나 물건이 팔리지 않는 대불황과 대실업의 시대가 도래했을 때, 그 이유를 설명하지 못하자 고전파 경제학은 경제학의 주류에서 밀려났습니다.

인물전

애덤 스미스 1723년–1790년

영국의 철학자, 윤리학자, 경제학자

중농주의를 주장한 프랑스의 케네 등의 영향을 받아 『국부론』을 썼다. 『국부론』은 당시 진행하고 있던 산업혁명 후의 경제에 대하여 이론적으로 서술하고 있어서 근대 경제학의 시작으로 일컬어졌다. 한편 그는 중상주의를 비판하고 '보이지 않는 손'이라는 개념을 내세웠다. 그가 『국부론』에서 말한 '보이지 않는 손'의 의미는 현재의 의미와는 달랐는데, 단지 투자자가 이기적인 투자를 하더라도 '보이지 않는 손'에 이끌리는 것처럼 전체로서의 효율화로 연결되어 경제를 발전시킨다는 것이었다.

한마디 메모   애덤 스미스는 경제학만이 아니라 철학과 윤리학도 연구했어. 또 뉴턴 역학과 천문학에도 큰 관심을 두었기에 「천문학 역사에 의해 평가되는 철학적 탐구를 선도하고 지시하는 원리(the principles which lead and direct philosophical enquiries: illustrated by the history of astronomy)」라는 논문도 썼어.

마르크스 경제학 19세기~20세기

자본주의 사회가 진행되면 부는 자본가에 집중되어 빈부격차가 커지므로, 결국 국가가 경제를 관리하는 사회주의 사회가 온다는 사고방식.

산업혁명에 의해 빈부격차가 진행되었던 실태의 해명을 목표로 했다

마르크스 경제학은 독일 출신의 사상가이며, 사회주의 경제학은 경제학자인 카를 마르크스가 자신의 저서 『자본론』에서 전개한 경제이론체계를 근거로 성립한 경제학입니다.

19세기 유럽에서는 산업혁명에 의해 생산력이 비약적으로 향상하였습니다. 그 결과, 자본을 밑천으로 생산수단과 노동력을 사용하여 이익을 추구하는 자본주의 경제가 시작됩니다. 한편, 많은 노동자는 가혹한 노동 조건에서 근무하였고, 불황이 되면 임금 인하와 실업으로 인해 고통스러운 생활을 하게 되었습니다.

마르크스는 그러한 빈곤과 빈부격차를 낳은 자본주의 사회의 실태를 해명하고자 하였고, 고전파 경제학과 그것을 계승한 경제학에 대한 비판을 통해 자신의 의견을 수립하여 『자본론』을 완성했습니다.

고전파 경제학을 계승하면서 시장방임주의는 비판

마르크스는 부와 노동력의 관계에 주목해서 '상품의 가치는 그 생산에 소비된 노동의 양에 의해 결정된다'라는 고전파 경제학의 생각(노동가치설)을 계승하는 동시에 '경제는 시장에 맡기고 자유롭게 두면 발전한다. 정부는 쓸데없는 참견을 하지 않는 것이 좋다'라는 고전파의 주장을 비판하였습니다.

이익을 거둔 자본가가 돈을 더 벌기 위해서 기계를 도입하여 생산력을 높이려고 한다면, 노동력을 감소시킬 것이고 그 결과, 노동자의 실업은 늘어납니다. 이렇듯 마르크스는 자본주의 사회가 계속되면 부는 자본가에게만 집중되어 빈부격차는 더욱 커져 간다고 생각하였습니다.

그는 자본주의가 발전한 뒤 역사적 필연으로 국가가 경제를 계획적으로 관리하는 사회주의 사회가 찾아오는 것을 예견하고, 러시아나 중국의 사회주의 혁명에 큰 영향을 끼쳤습니다.

인물전

카를 마르크스 1818년~1883년

독일 프로이센 왕국 출신의 철학자, 사상가, 경제학자, 혁명가

『공산당선언』, 『자본론』 등을 썼다. 여기서 자본을 사회의 공유재산으로 바꾸는 것에 의해 계급 없는 협동사회를 만드는 것을 목표로 하는 과학적 사회주의(마르크스주의)를 내세웠다.

독일 프로이센 왕국의 출신이지만, 프로이센에서 추방당하여 국적을 잃은 채 프랑스, 영국으로 옮겨 살았으며, 프로이센을 나와서는 일정한 직업을 갖지 않아 빈곤으로 힘들었다. 『자본론』은 전부 3권이지만, 제2권, 제3권이 출판된 것은 마르크스가 죽은 후였다.

신고전파 경제학 19세기 후반~

고전파 경제학의 자유방임주의의 흐름을 이어받으며, 상품의 가치는 노동의 양에 의해 결정되는 것이 아니라 소비자의 욕망과의 밸런스로 결정된다는 생각.

만드는 입장의 가치가 아니라 사는 입장의 욕망의 정도로 파악

고전파 경제학이나 그 흐름을 이어받은 마르크스 경제학에서는 노동가치설(상품이나 서비스의 가치는 그 생산에 들어간 노동의 양에 의해 정해진다는 생각)을 기본으로 하고 있습니다.

이후 19세기 말에 효용가치설(상품이나 서비스의 가치를 소비하는 자의 욕망의 정도로 설명하려는 생각)이 등장하였습니다.

1870년대 초반에는 카를 멩거(오스트리아), 윌리엄 스탠리 제본즈(영국), 레옹 발라(스위스), 알프레드 마셜(영국) 등의 경제학자가 거의 같은 시기에 효용가치설에 근거한 경제이론인 한계효용이론을 발표하였습니다.

경제학에 수학 분석을 적극 수용

'효용'이란 상품이나 서비스를 사서 얻어지는 만족감이고, '한계효용'은 상품이나 서비스를 한 단위 추가하여 소비하는 것으로 얻어지는 효용의 증가분입니다.

배가 고파서 빵을 산다고 예를 들어 보겠습니다. 1개의 빵을 먹었을 때 얻어지는 만족감은 크겠지만, 2개의 빵을 먹어 배가 불러지면 더 이상 빵을 사지 않을지도 모릅니다. 신고전파 경제학에서는 이와 같은 효용에 따라서 인간이나 기업이 합리적으로 행동한다고 생각합니다.

효용의 변화는 미분, 적분 등의 수학으로도 계산할 수 있습니다. 신고전파 경제학의 등장 이후 경제에 수학을 사용하여 이론화하는 연구가 활발해졌습니다.

또 가격 결정의 메커니즘(작동 원리나 구조)을 알린 유명한 '수요·공급 곡선'은 신고전파 경제학의 대표 연구자인 알프레드 마셜이 내놓았습니다. 이렇듯 신고전파는 여러 학파에 퍼져 현대 경제학의 주류가 되었습니다.

인물전

알프레드 마셜 1842년~1924년

영국의 경제학자

처음에는 수학 연구에 뜻을 두었지만, 런던의 빈민가를 자신의 눈으로 접하고부터는 사람들을 빈곤에서 구제하고 싶다는 사명감으로 경제학의 길에 접어들었다. "이론이 현실과 동떨어지면 단지 시간 때우기에 지나지 않는다"라며 현실의 과제와 이론상의 문제를 혼동하지 않도록 권고했다.

수요과 공급의 이론을 정리한 저서 『경제학 원리』는 오랜 시간 영국에서 가장 자주 사용되는 경제학 교과서가 되었다. "경제학자는 차가운 머리와 뜨거운 가슴을 가져야 한다"라는 말을 남겼다.

한마디 메모 경제활동은 합리적인 판단에 근거하여 행해진다고 생각하기 쉽지만, 투자자는 불확실한 요소가 있어도 장래의 수익을 기대하고 투자를 하는 경우가 있어. 이런 심리를 케인스가 '애니멀 스피릿(야성적 충동)'으로 표현했어.

케인스 경제학 20세기 전반~

자유방임주의의 한계와 모순을 지적하여 공공투자의 효과와 필요성을 설명한다.

탄생의 계기는 세계대공황으로 시작되는 대불황

영국의 경제학자 존 메이너드 케인스는 1929년의 세계대공황으로 시작된 대불황이 한창인 1936년에 『고용, 이자 및 화폐의 일반이론(속칭. 일반이론)』이라는 저서를 발표하였습니다. 이 책을 출발점으로 하는 것이 바로 '케인스 경제학'입니다.

유효수요를 가져오기 위해서는 정부에 의한 경제정책이 필요

계속되는 불황으로 실업자가 거리에 넘쳐나는 상황에 케인스는 '정부는 쓸데없는 참견 말고 시장에 맡겨두면 경제는 알아서 발전한다'라는 고전파 경제학 이론에 의문을 가졌습니다.

고전파 경제학에서는 모든 시장에 있어서 가격이 움직이는 것으로 수요량과 공급량이 같아진다고 생각합니다. 그렇다면 가격이 떨어지면 상품은 팔려서 남지 않고, 노동시장에서는 실업자가 발생하지 않을 것입니다. 그런데 현실 경제에서는 물건이 팔리지 않아 불황이 되었고, 실업자가 생겼습니다. 케인스는 불황이 되거나 실업자가 나오는 것은 유효수요(실제로 돈이 발생하는 수요) 부족 때문으로 생각하여 정부가 경제정책을 실행하여 유효수요를 늘려야 한다고 주장하였습니다.

케인스 경제학에서는 수요량이 늘어나면 공급량을 늘리기 위해 사람을 고용하거나 새로운 기계 설비를 사기 때문에 실업이 줄어 경기가 회복된다고 말하고 있으며, 국가가 예산을 들여 공공사업을 늘리는 것이 세계에 유통되는 돈의 양을 늘어나게 한다고 주장하고 있습니다. 또 금리를 싸게 하면 돈을 빌리기 쉬워져 기업이 설비투자를 하기 쉬워진다고 말하고 있습니다. 이처럼 정부가 지출을 늘리는 재정출동이나 금리를 움직이는 금리정책 등은 케인스 경제학에 근거한 경제정책입니다.

인물전

존 메이너드 케인스   1883년–1946년

영국의 경제학자, 관료

유효수요를 시장 메커니즘에 맡긴 경우에는 부족한 것이 있지만, 감세 공공 투자 등의 정책에 의해 투자를 증대시키면 유효수요는 회복할 수 있다고 생각해서 재정정책, 특히 재정지출 정책을 중시하였다. 이 생각은 고전파 경제학과는 정반대로 대립하기 때문에 케인스 혁명이라고 불리기도 한다.

한편, 케인스는 투자가로서도 성공했다. 모교인 킹스 컬리지의 사무장으로 취임하여 처음에는 성과를 내지 못하다가 컬리지 기금 3만파운드를 운용하여 38만파운드로 늘리는 성과를 발휘한다.

미시경제학과 거시경제학 20세기 전반~

'경제'에 대한 개인이나 기업의 경제활동에서 착안한 '미시경제학'과 국가 단위의 경제동향을 여러 가지 지표로 파악한 '거시경제학'이라는 2가지의 인식 방법.

'경제'를 파악하는 2가지 견해

경제학은 크게 미시경제학과 거시경제학으로 나눠집니다.

미시경제학은 경제의 최소 단위인 개인(가계)과 기업의 경제활동을 주의 깊게 관찰하여 그 행동과 의사결정 프로세스 등을 연구하는 학문입니다. 수요와 공급의 관계, 시장에 있어서 가격 결정의 메커니즘, 원재료, 자본, 토지, 노동력 등의 자원 분배 방법 등이 연구 대상입니다.

한편, 거시경제학은 정부, 기업, 가계의 경제활동을 집계해서 국가 전체의 경제에 관련된 사상을 연구하는 학문입니다. 거시경제학에서 다루는 집계 데이터(경제지표)에는 국내총생산(GDP), 국민소득, 물가, 저축, 소비, 금리, 투자, 환, 실업률 등이 있습니다. 그런 지표를 분석해서 경제의 전체 상황과 동향을 판단함으로써 유효한 재정정책이나 금융정책을 책정하는 것입니다.

거시경제학의 시작은 정부의 적절한 시장 개입(경제정책)을 필요로 하는 케인스 경제학입니다. 한편, 미시경제학은 시장원리를 중시하는 고전파 경제학과 신고전파 경제학의 경제이론에서 발전하였습니다.

경제를 '게임'으로 받아들이는 새로운 견해도

미시경제학과 거시경제학은 연구 대상도, 접근 방법도 다릅니다. 그러나 보다 현실에 맞는 경제학이라는 관점에서는 두 학문 모두 한계가 있어 그것을 보완하는 방법으로 양자의 줄기는 낮아지고 있습니다. 밀접한 관계 속에서 경제학을 지지하는 양론이 되었습니다.

최근에는 미시경제학의 한 분야인 '게임이론(집단의 움직임을 게임으로 생각해 각각의 플레이어의 행동을 분석하거나 예측하거나 하는 수학적 이론)'이 경제 현상의 분석에 응용되어 주목받고 있습니다.

인물전

존 폰 노이만 1903년-1957년

헝가리 출신의 미국 수학자

주류파였던 신고전파 경제학의 비판으로 경제학자 오스카 모르겐슈테른과 함께 『게임이론과 경제행동』을 쓰고, 사회와 자연계에서의 복수 주체가 관련된 의사결정의 문제와 행동의 상호의존적 상황을 수학적 모델을 이용해서 연구하는 '게임이론'을 내세웠다. 자신의 이득이 자신의 행동 외에 타인의 행동에도 의존하는 상황을 대상으로 하는 게임이론은 경제학 이외의 생물학, 종교학, 교육학, 회계학, 컴퓨터과학, 교통공학, 스포츠 등 폭넓은 분야에서 응용되고 있다.

한마디 메모   19세기 말 프랑스의 수리과학자 푸앵카레는 태양계의 작은 혹성이 불규칙한 운동을 하는 사례를 발견해서 비선형성을 가진 방정식으로 표현하였어. 규칙적이지 않은 예측이 곤란한 혹성 운동을 이론으로만 표현한 복잡한 연구의 최초라고 해.

복잡계 경제학 20세기 후반~

여러 가지 요소가 관련되어 있는 실제 세계를 무리하게 단순화시키지 않고, 컴퓨터에 의한 시뮬레이션을 활용하는 방법으로 경제를 해석한다.

자연현상, 생명현상 등을 파악하는 방법을 경제학에 응용

'복잡계'는 무수의 요소가 얽히어 상호작용하면서 복잡한 행동을 하는 시스템(계통)입니다. 기상 등의 자연현상, 생태계, 신경계나 세포 등의 생명현상이 복잡계의 예로 자주 들어집니다.

'복잡계'의 개념은 1990년대에 주목받아, 자연과학이나 사회과학, 수학 등 폭넓은 분야에서 연구가 진행되었습니다. 여러 가지 요소가 얽혀서 이루어지는 경제를 '복잡계'로 인식해서 연구하는 사람들도 등장하여 '복잡계 경제학'이라는 경제학의 새로운 분야가 생겨났습니다.

최선의 선택이 가능하다고 할 수 없는 실제 사회

근대 경제학에서는 시장에 참가하는 모든 인간과 기업은 자신의 효용(만족도)을 최대로 하기 위해 합리적으로 행동하는 것을 전제로 이론이나 경제모델을 구성하였습니다. 경제활동을 수식으로 표현하기 위해서는 요소를 가능한 단순화시킬 필요가 있었기 때문입니다.

그러나 실제로 인간은 다양한 생각을 가지고 행동하고, 사회는 간단하고 단순화가 어려운 복잡한 움직임을 합니다. 그래서 복잡한 것을 단순화하지 않고 복잡한 대로 해명하려는 것이 '복잡계'입니다.

'복잡계'는 자연과학에서 생겨났습니다. 예를 들어 대기의 움직임은 이론상의 예측에 비해 실제로는 훨씬 복잡하고, 좀처럼 예측할 수 없습니다. 현실 세계에는 움직임에 영향을 미치는 것이 매우 많고, 그 전부를 시뮬레이션 데이터에 넣는 것이 불가능하기 때문입니다. 그래서 '복잡계 경제학'에서는 '카오스 이론'이나 '프랙털 이론[19]'이라는 복잡한 현상을 다루는 이론을 응용하거나 컴퓨터에 의한 시뮬레이션을 활용해서 복잡한 경제현상을 해석합니다.

인물전

에드워드 노튼 로렌츠   1917년-2008년

미국의 기상학자

컴퓨터 시뮬레이션에 의한 기상모델을 관찰하던 로렌츠는 어느 날 계산 결과의 검증을 위해 같은 데이터를 사용한 시뮬레이션을 몇 번이고 반복하였다. 다만, 2회째 이후는 데이터 입력의 수고를 아끼기 위해 입력하는 소수점 이하의 자리수를 줄였다. 근소한 차이는 계산 결과에 거의 영향을 미치지 않을 거라고 생각했기 때문인데, 결과에는 큰 차이가 생겼다. 이 발견은 근소한 차이지만 크게 다른 결과로 결부되기 때문에 그 모든 것을 정확하게 예측하는 것은 불가능하다는 '카오스 이론'의 토대가 되었다.

---

[19] 프랙털 원리를 이용하여 자연 현상이나 미래 따위를 예측하는 과학적 이론.

노벨 경제학상의 역대 수상자

수상연도	수상자명	국적(출신지)	수상업적
1969	랑나르 프리슈	노르웨이	경제과정의 분석에 대한 동학적 모델의 발전과 응용. 계량 경제학 연구
	얀 틴베르헨	네덜란드	
1970	폴 A. 새뮤얼슨	미국	정학적 및 동학적 경제이론의 발전에 대한 업적과 경제학에 있어서 분석수준의 향상에 대한 적극적 공헌. 경제이론의 과학적 분석 연구
1971	시몬 쿠즈네츠	미국	경제 및 사회 성장에 관한 구조 및 과정을 깊게 통찰하기 위한 경제성장에 관한 이론을 실증적 수법을 가지고 구축한 공적. 국가의 경제성장에 관한 경험적 연구
1972	존 힉스	영국	경제의 일반균형이론 및 후생이론에 대한 선구적 공헌
	케네스 J. 애로	미국	
1973	바실리 레온티예프	미국	투입산출분석의 발전과 중요한 경제문제에 대한 투입산출분석의 응용
1974	군나르 뮈르달	스웨덴	화폐이론 및 경제변동이론에 관한 선구적 업적과 경제현상·사회현상·조직(제도)현상의 상호의존 관계에 관한 날카로운 분석
	프리드리히 폰 하예크	영국	
1975	레오니드 V. 칸토로비치	소련	자원의 최적배분에 관한 이론에 공헌
	찰링 C. 코프만스	미국	
1976	밀턴 프리드먼	미국	소비 분석·금융사·금융이론의 분야에 있어서의 업적과 안정화 정책의 복잡성의 실증. 화폐 이론, 경제 안정화에 대한 연구
1977	베르틸 올린	스웨덴	국제무역에 관한 이론 및 자본이동에 관한 이론을 개척한 업적
	제임스 미드	영국	
1978	허버트 A. 사이먼	미국	경제조직 내부에서의 의사결정 프로세스에 대한 선구적인 연구
1979	W. 아서 루이스	영국(세인트루시아)	개발도상국 문제의 고찰을 통한 경제발전에 관한 선구적 연구. 개발도상국의 경제과정 분석
	시어도어 W. 슐츠	미국	
1980	로렌스 R. 클라인	미국	경기변동·경제정책을 분석하는데 있어서 경제적인 모델·수법의 개발
1981	제임스 토빈	미국	금융시장과 그 지출결정·고용·생산물·가격의 관련성 분석. 경험적 거시경제이론
1982	조지 스티글러	미국	산업구조와 시장의 역할 및 규제 원인과 영향에 대한 독창적 연구. 정부 통제의 경제적 효과
1983	제라르 드브뢰	미국	일반균형이론의 철저한 개량과 경제이론에 새로운 분석수법을 넣은 것. 수요·공급이론의 수학적 증명
1984	리처드 스톤	영국	국민계정 시스템의 발전에 대한 기본적 공헌과 실증적 경제분석의 기초개량. 국민소득 회계체계 개발
1985	프랑코 모딜리아니	미국(이탈리아)	저축과 금융시장의 선구적인 분석
1986	제임스 맥길 뷰캐넌	미국	공공선택이론에 있어서의 계약·헌법 면으로서 기초를 만든 것. 경제에서 정부 역할의 제한을 주장하는 정치이론
1987	로버트 M. 솔로	미국	경제성장이론에 공헌
1988	모리스 알레	프랑스	시장과 자원의 효율적 이용에 관한 이론에 선구적 공헌
1989	트리그베 호벨모	노르웨이	계량 경제학의 확율기초이론의 해명과 동시 발생적 경제구조의 분석. 경제예측을 위한 통계기법 개발
1990	해리 M. 마코위치	미국	자산형성의 안전성을 높이기 위한 일반이론 형성. 금융시장과 투자의 의사결정에 관한 연구
	머턴 H. 밀러	미국	
	윌리엄 F. 샤프	미국	
1991	로널드 H. 코스	미국	제도상의 구조와 경제기능에 있어서 거래코스트와 재산권의 발견과 명확화. 법률연구에 경제원칙 적용
1992	게리 S. 베커	미국	비시장에서의 행동을 포함한 범위에 걸쳐 인간의 생동과 상호작용에 미시경제학 분석의 응용. 행동사회학에 경제이론 적용
1993	로버트 W. 포겔	미국	경제이론과 계량적 수법에 의해 경제사의 연구를 새롭게 한 것. 경제사에 공헌
	더글러스 C. 노스	미국	
1994	존 C. 하사니	미국	비협력 게임에서의 균형분석에 관한 이론 개척
	존 F. 내시	미국	
	라인하르트 젤텐	독일	
1995	로버트 E. 루커스 2세	미국	합리적 기대가설의 이론을 발전. 응용시켜 1970년대 이후의 재정·금융정책 등 거시경제이론에 큰 영향을 준 것. '합리적 기대 가설'의 발전·적용.

한마디 메모 노벨상은 노벨의 유산을 기금으로 만들어져 유명해. 노벨의 형이 사망했을 때 노벨이 사망했다고 오보를 낸 신문이 '죽음의 상인, 죽다'라고 쓴 사건이 있었는데, 노벨은 이때 충격을 받아서 유산을 인류에 공헌하고 싶다는 생각을 했대.

노벨 경제학상이 생겨난 것은 1968년입니다. 스웨덴 국립 은행이 설립 300주년 축하의 일환으로 노벨재단에 제안하여 설립되었습니다.

물리학상, 화학상과 같이 스웨덴 왕립 과학아카데미에 의해 선고되고, 노벨재단에 의해 인정되어 일반적으로는 '노벨 경제학상'이라고 불리고 있지만, 노벨재단은 이것을 정식적인 노벨상이라고 인정하지 않고 '알프레드 노벨 기념 경제학 스웨덴 국립은행상' 또는 '경제학상'이라고 부르고 있습니다.

경제학의 발전에 공헌한 사람이 표창되지만, 서방 경제권의 연구자, 특히 유럽과 미국의 연구자에게 편중되어 있다는 지적도 있습니다.

수상연도	수상자명	국적(출신지)	수상업적
1996	제임스 A. 멀리스	영국	'정보의 비대칭성하에서의 경제적 유인이론'에 대한 공헌. 정보가 불균형한 상태에서의 경제적 인센티브에 대한 이론
	윌리엄 비크리	미국(캐나다)	
1997	마이런 새뮤얼 숄스	캐나다	'금융 파생상품(디리버티브)가격결정의 신수법(a new method to determine the value of derivatives)'에 대해. 옵션 평가 모델인 블랙 – 숄즈 방정식의 개발과 이론적 증명
	로버트 C. 머턴	미국	
1998	아마르티아 센	인도	소득분배의 불평등에 관한 이론과 빈곤 및 기아에 관한 연구에 대한 공헌. 복지 경제학과 사회적 선택에 대한 연구
1999	로버트 A. 먼델	미국	여러 가지 통화체제에서의 금융·재정정책(먼델 플레밍 모델)과 '최적 통화권'에 대해 분석
2000	제임스 J. 헤크먼	미국	미시계량 경제학에서 개인과 가계의 소비행동을 통계적으로 분석하는 이론과 수법의 개발
	다니엘 L. 맥퍼든	미국	
	조지 애컬로프	미국	
2001	마이클 스펜스	미국	시장 참여자들의 불균등한 정보 소유가 시장에 끼치는 영향 분석
	조지프 스티글리츠	미국	
2002	버논 L. 스미스	미국	행동 경제학과 실험 경제학이라는 신연구 분야의 개척에 공헌
	다니엘 카너먼	미국(이스라엘)	
2003	로버트 F. 엥글	미국	시계열 분석 수법의 확립. 통계 분석 방법을 개선하여 미래 예측의 정확성을 높인 공로
	클라이브 W. J. 그레인저	영국	
2004	핀 키들랜드	노르웨이	동학적 거시경제학에 공헌 및 경제정책에 있어 동학적 부적합성의 지적과 리얼 비즈니스 사이클이론의 개척
	에드워드 C. 프레스콧	미국	
2005	로버트 J. 오먼	이스라엘·미국	게임이론 분석을 통해 대립과 협력에 대한 이해를 증진시킨 공적
	토머스 C. 셀링	미국	
2006	에드먼드 펠프스	미국	거시경제 정책에 있어서 이 시점 간의 트레이드 오프에 관한 분석. 기대부가 필립스 곡선
	레오니트 후르비츠	미국(러시아)	
2007	에릭 S. 매스킨	미국	메커니즘 디자인 이론의 기초를 확립한 공적
	로저 B. 마이어슨	미국	
2008	폴 크루그먼	미국	무역의 패턴과 경제활동의 입지에 관한 분석에 대한 공헌
2009	엘리너 오스트롬	미국	경제적인 거버넌스에 관한 분석. 사회가 공동으로 사용하는 천연자원과 인공자원 시스템 같은 사회공유 재산에 대한 경제적 지배구조를 분석한 공로
	올리버 E. 윌리엄슨	미국	
2010	피터 아서 다이아몬드	미국	노동경제에 있어서 서치이론(탐색이론)에 관한 공적
	데일 모텐슨	미국	
	크리스토퍼 앤토니우 피서라이즈	영국(키프로스)	
2011	토머스 사전트	미국	거시경제의 원인과 결과를 둘러싼 실증적인 연구에 관한 공적
	크리스토퍼 A 심스	미국	
2012	앨빈 로스	미국	안정배분이론과 시장 설계의 실천에 관한 공적
	로이드 섀플리	미국	
2013	유진 파마	미국	자산가격의 실증분석에 관한 공적
	라스 티터 핸슨	미국	
	로버트 쉴러	미국	
2014	장 티롤	프랑스	시장의 힘과 규제의 분석에 관한 공적
2015	앵거스 티턴	미국·영국	소비, 빈곤, 복지의 분석에 관한 공적
2016	올리버 하트	미국·영국	계약이론에 관한 공적
	벵트 홀룸스트룀	피란드	
2017	리처드 탈러	미국	행동 경제학에 관한 공적
2018	윌리엄 노드하우스	미국	기후변화와 장기 거시경제 분석 모델의 통합에 관한 공적
	폴 로머	미국	장기 거시적경제 분석에 기술혁신을 도입한 공적
2019	아브히지트 바네르지	인도	무작위 통제실험을 사회과학에 대입하여 국제적 빈곤의 대응책을 찾기 위한 연구
	에스테르 뒤플로	프랑스	
	마이클 크레이머	미국	

돈과 경제 용어를 더 자세하게!

본문에 나온 돈과 경제에 관한 용어를 좀 더 자세히 설명해 두었습니다. 이곳에 있는 내용을 읽으면 돈과 경제의 세계에 대해 더욱더 잘 알게 될 것입니다.

론(대출)과 캐싱(현금서비스)의 용어를 더 자세하게!

총량규제 [p.71]

'대부업법'의 대상이 되는 소비자금융과 신용카드의 현금서비스는 그 사람의 연수입의 3분의 1을 넘는 대출은 원칙적으로 금지한다(다른 회사에서의 대출을 포함). 은행은 '대부업법'이 아니라 '은행법'의 규제를 받기 때문에 총량규제의 대상이 아니다.

또 '대부업법'의 대상이 되는 업자로부터의 대출이라도 주택대출, 자동차대출, 고액 의료비 지불이 목적이라면 총량규제의 대상이 아니다(총량규제의 대상이 되지 않는 것으로 그 업자의 심사에 의해 빌릴 수 없는 일은 있을 수 있다).

면책 [p.73]

빚의 상환을 면제하는 절차이지만, 파산선고를 받더라도 반드시 면책이 허가되는 것은 아니다.

《면책이 허가되지 않는 예》
- 과거 10년 이내에 면책을 받았다.
- 과소비(낭비)와 도박(갬블) 등으로 재산을 탕진하였다.
- 신용카드로 상품을 구입 후, 바로 팔아 현금화하였다.
- 면책신청인이 재산을 숨기거나 재산가치를 축소하였다.
- 상환불능 상태임에도 또 돈을 빌렸다.
- 개인파산 비용으로 돈을 빌렸다.
- 개인파산 수속 중에 또 빚을 졌다.

일본의 기업 형태의 용어를 더 자세하게!

상호회사 [p.106]

일반적으로는 고객과 사원이 일치하는 형태의 법인으로 일본에서는 특히 보험업법을 근거로 설립된 보험업을 하는 사단을 말한다. 상호회사에서는 보험계약자를 사원이라고 부르지만, 사원에 대해 잉여금을 분배하지는 않는다. 예전에는 일본의 생명보험회사를 '상호회사'라고 하였지만, 1995년 법이 개정되어 주식회사화하는 곳이 많아지고 있다.

특정비영리활동법인(NPO법인) [p.106]

1998년에 시행한 '특정비영리활동촉진법'에 근거해 특정비영리활동을 하는 것을 목적으로 설립된 법인이다. '비영리'는 단체 구성원의 수익 분배를 목적으로 하지 않지만, 단체의 운영·유지를 위해 수익을 얻는 행위는 가능하다.

사단법인 [p.106]

일정한 목적을 가진 구성원이 모인 단체 중, 법률에 의해 '법인격'이 인정되는 단체이다. 일반적으로 일반 사단법인(일정 조건이 갖춰지면 목적은 관계없이 설립할 수 있다)과 공익 사단법인(법률에 근거하여 공익성을 인정받은 사단법인)의 것을 나타내는 경우가 많지만, 넓은 의미로는 회사도 사단법인의 일종이다.

재단법인 (p.106)

개인이나 기업 등의 법인에게서 갹출된 재산의 운용 이익(금리 등)을 주요한 사업자금으로 운영하는 법인이다. 예전에는 공익이 목적인 것만 설립이 인정되었지만, 현재는 반드시 공익이 목적일 필요는 없다.

공기업 (p.106)

국가와 지방공공단체가 소유하거나 경영하는 기업. 지방재정법으로 수도사업, 교통사업, 전기사업, 가스사업, 시장사업, 관광 시설사업 등이 인정된다.

제3섹터 (p.106)

국가와 지방공공단체 제1섹터와 민간기업 제2섹터의 공동출자에 의해 설립된 법인으로 반관반민의 회사로 표현하기도 한다. 주식회사나 사단법인 등의 형태를 취하는 곳이 많다.

국철(국유철도) 민영화 후에 국철로부터 인수한 노선을 지방공공단체와 지역의 기업이 자금을 모아 운영하기 위한 기업으로 설립하는 것이 잇따르자 화제가 되었다.

주식회사의 용어를 더 자세하게!

주식 (p.108)

기업이 발행한다. 출자자는 주식을 구입함으로써 주주의 권리를 얻으며, 기업은 그 자금을 설비투자나 매입, 기타 활동을 위해 사용한다. 그 결과로 생긴 이익의 일부를 주주는 배당으로 받을 수 있다.

이익이 커져 배당금이 커지면 주식의 가치도 올라가므로, 이때 주주는 출자한 금액보다 높은 가격에 주식을 팔아 이익을 얻을 수 있다. 반대로 기업이 이익을 내지 못할 때는 배당을 받을 수 없고, 출자금을 회수할 수 없는 경우도 있다. 주식이라 하면 주권을 떠올리기 쉽지만 주식을 발행하였다고 해서 반드시 주권을 만들어야 하는 것은 아니다.

기업가치의 용어를 더 자세하게!

코스트 어프로치 (p.112)

그 기업이 보유하고 있는 자산을 재구축할 때 드는 비용에 관점을 두고 보유한 자산을 베이스로 산출한다. 보유한 토지 등의 부동산도 자산에 포함되지만, 그 토지를 매각하지 않으면 현금을 얻을 수 없다. 공장이나 사택이 있는 경우 토지만 매각하는 것은 그다지 현실적이지 않다.

이 때문에 코스트 어프로치는 기업의 존속을 전제로 하지 않는 정산을 위한 평가방법이라고 한다.

마켓 어프로치 (p.112)

평가 대상 기업의 가치를 비교대상이 되는 기업의 거래가격을 참고로 산출한다. '유사기업비교법'에서는 유사한 기업이나 목표로 하는 기업(상장 기업을 사용하는 것이 일반적)을 임의지표수치로 계수를 이용한다.

주가의 요소를 포함해 평가를 행하므로 보다 구체적이며, 빠르게 가치를 산출하고 싶을 때나 상장을 목표로 할 때 적합하다. 단 이용하는 계수에 큰 가치가 좌우되는 면이 있다. '유사업종비교법'은 상속 평가용으로, 그 외의 사용은 적당치 않다.

인컴 어프로치 (p.112)

'코스트 어프로치'나 '마켓 어프로치'가 기업이 지금껏 내놓은 가치를 보는 경향이 강한 것에 비해 인컴 어프로치는 장래의 가치를 평가하는 것이다.

이 중 DCF법은 그 기업이 장래 내놓을 프리캐시 플로(기업 등이 자유롭게 사용할 수 있는 자금)의 총합계를 현재의 가치로 보면 어느 정도가 되는지를 평가하는 것이다. 아직 실행되지 않은(또는 실행 도중의) 비즈니스 플랜도 반영하는 것이 가능한 반면, 계획의 작성방법에 따라 가치가 변화하는 면도 있다.

주가의 용어를
더 자세하게!

동증주가지수(TOPIX) [p.114]

동경증권거래소 제1부 상장품목의 시가총액의 합계를 종가를 기준으로 평가해 기준일인 1968년 1월 4일의 시가총액을 100으로 해서 지수화한 것을 말한다.

다우평균주가 [p.114]

S&P다우존스인덱스가 미국의 여러 업종의 대표적인 품목을 골라 평균주가를 실시간으로 공표하는 주가평균형주가지수. '다우공업주30종평균', '다우운송주20종평균', '다우공공주 15종평균'의 3종류와 이것을 합친 '다우종합65종평균'이 있다.

코스피 [p.114]

주식 시장의 전반적 동향을 가장 잘 나타내는 대표적인 지수로, 시장 전체의 주가 움직임을 측정하는 지표로 이용된다.

코스닥 [p.114]

컴퓨터와 통신망을 이용하여 장외 거래 주식을 매매하며, 증권 거래소 시장과는 달리 별도의 성장 가능성이 높은 벤처 기업이나 중소기업이 중심이 되는 또 다른 형태의 주식 시장을 이른다.

자금조달의 용어를
더 자세하게!

사채 [p.120]

채권을 발행하여 자금을 조달한다. 채권은 유가증권으로 거래할 수 있다.

공모채 [p.120]

주로 대기업이 설비투자나 기업매수를 위해 한데 모은 자금을 조달하는 목적으로 발행하는 사채이다. 증권회사 등을 통하여 투자자로부터 자금을 조달한다.

사모채(비공모채) [p.120]

투자자로부터 직접 자금을 조달하기 위하여 발행하는 사채로 발행 목적은 전부 제각각이다.

전환사채 [p.120]

기업이 충분한 이익을 얻을 때까지는 이자를 지불하는 사채로 취급하고, 사업이 궤도에 오르면 사전에 정한 가격의 주식으로 전환하는 사채이다. 정식으로는 '전환 사채형 신주 예약권부 사채'라고 한다.

어음할인 [p.120]

기업이 보유한 어음이나 채권을 금융기관에 매각하는 경우 일반적으로 액면보다 감액(할인)된다.

지방자치단체의 파탄 용어를
더 자세하게!

재정재생단체 [p.150]

수입(세입)이 지출(세출)을 크게 밑돌거나 진행하는 사업이 정체되는 등 운영이 곤란한 상태에 있는 자치단체이며, 이는 자치단체의 '도산'이라고 할 수 있다.

재정건전화단체 [p.150]

'지방공공단체재정건전화법'의 기준으로 재정 악화의 징조가 보인다고 판단되어, 자주적인 재정재건의 대처가 요구되는 자치단체이며, 이대로라면 '도산'해 버릴지도 모르는 자치단체라고 할 수 있다.

일본의 주요 세금

직접세	간접세
소득세 개인의 소득에 부과된다. **법인세** 회사 등 법인의 소득에 부과된다. **지방법인세, 지방법인특별세** 법인의 소득에 부과되고 지방 교부세의 밑천이 된다. **상속세** 재산을 상속하였을 때 부과된다. **증여세** 재산을 증여받았을 때 부과된다. 부흥특별소득세, 부흥특별법인세 개인이나 법인의 소득에 부과되고, 동일본대지진의 부흥을 위한 재원이 된다.	**주류세** 주류에 부과된다. **유류세, 지방유류세** 휘발유에 부과된다. **석유석탄세** 원유 및 수입석유제품, 석유가스(LPG), 천연가스(LNG), 석탄에 부과된다. **항공기연료세** 제트연료에 부과된다. **석유가스세** 액화석유가스에 부과된다. **담뱃세, 담배특별세** 담배에 부과된다. **톤(tonnage)세, 특별톤세** 외국무역선이 일본에 입항할 때 부과된다. **자동차중량세** 자동차를 소유할 때 부과된다. **등록면허세** 부동산이나 선박의 등기, 항공기의 등록, 사람의 자격등록이나 기술증명, 특정업무에 관한 면허·허가·인가 등에 부과된다. 그것들의 문서에 붙이는 인지를 사는 것으로 납부한다. **관세** 수입할 때 부과된다. **소비세** 상품의 판매액이나 서비스 제공 등에 부과된다. 전원개발촉진세 전력회사가 전기를 급전했을 때 부과된다.

	직접세	간접세
도도부현세	**도부현민세** 개인이나 법인의 소득에 부과된다. **사업세** 사업을 하는 개인이나 법인에게 부과된다. **자동차세** 자동차를 소유하는 자에게 부과된다. **광구세** 금속이나 석유, 석탄, 천연가스 등 지하광물을 채굴하는 자에게 부과된다. **고정자산세(특례분 등)** 토지나 주택 등을 소유하는 자에게 부과된다. **수렵세** 수렵에 관계한 면허(그물사냥면허, 덫사냥면허, 제1종엽총면허, 제2종엽총면허)를 가진 자에게 부과된다. **수리지익세** 지방자치단체가 행한 수리사업 등에 의해 이익을 얻는 토지나 가옥 등에 부과된다.	**지방소비세** 상품의 매상이나 서비스 제공 등에 부과된다. **부동산취득세** 부동산을 취득할 때 부과된다. **도도부현담뱃세** 담배에 부과된다. **골프장이용세** 골프장을 이용할 때 부과된다. **자동차취득세** 자동차를 취득할 때 부과된다. **경유인수세** 경유를 살 때 부과된다.

	직접세	간접세
시정촌세	**시정촌민세** 개인이나 법인의 소득에 부과된다. **고정자산세** 토지나 주택 등을 소유하는 자에게 부과된다. **광산세** 금속이나 석유, 석탄, 천연가스 등 지하 광물을 채굴하는 자에게 부과된다. 사업소세 일정 규모 이상의 사업소를 가진 경우 부과된다. 도시계획세 도시계획구역 내에 있는 토지나 주택가에 부과된다. 수리지익세 지방자치단체 행한 수리사업 등에 의해 이익을 얻은 토지나 주택에 부과된다. 공동시설세 공동작업장·공동창고·공동집하장·오물처리장 등의 이용자에게 부과된다. 택지개발세 시가화조정구역 내에 공공시설의 정비가 필요한 지역에 택지개발을 행하는 경우 부과된다. 국민건강보험세 국민건강보험의 피보험자에 속한 세대의 세대주에게 부과된다.	**시정촌담배세** 담배에 부과된다. 입욕세 광천(온천)욕장을 이용할 때 부과된다. **세금의 분류** 표 참조

세금의 분류

납부처에 따른 분류	국세	국가에 납부하는 세금
	지방세	지방자치단체에 납부하는 세금
용도에 따른 분류	보통세	일반적인 재정지출을 조달하기 위한 세금
	목적세	용도가 특정되어 있는 세금
징수 방법에 따른 분류	직접세	납세자가 직접 납부하는 세금
	간접세	세금을 부담하는 자와 납부하는 자가 다른 세금

* 주 : 파란 글자는 목적세, 검은 글자는 보통세

경제 용어와 자료

재정이 파탄한 세계의 주요 국가와 지자체

러시아	1990년대 후반, 세계적인 디플레와 원유 가격의 하락으로 인해 당시 천연자원 수출에 의존했던 러시아 재정이 악화되었고, 아시아의 통화 위기가 치명타를 입혀 화폐 루블이 하락하여 달러로 자금유출이 잇따랐다. 많은 금융기관이 파탄했고 결국 러시아중앙은행이 1998년 8월 17일부터 90일간 대외채무의 지급을 중지하며 실질적인 채무불이행에 빠졌다.
아르헨티나	1999년 브라질의 화폐 레알이 평가 절하되어 아르헨티나의 화폐인 페소가 상대적으로 비싸졌다. 이로 인해 아르헨티나의 수출산업이 경쟁력을 잃어 무역수지가 악화되었고, 그 후 페소와 미국 달러의 페그제(고정상장제) 붕괴로 인해 경제가 파탄했으며, 2001년 11월 14일에 국채 등 대외채무의 상환불이행을 선언했다.
터키	1970년경부터 만성적인 인플레과 재정적자를 안고 있었지만 회복에 실패했다. 2000년 말부터 2001년에 걸쳐 터키 화폐 리라가 폭락해 실질적인 재정파탄이 되었다.
아이슬란드	아이슬란드는 정부채무도 건전해 1998년 이후 흑자였지만 GDP의 26% 정도를 금융과 부동산이 차지하고 있어서 2008년 9월의 서브프라임 모기지론 문제와 세계금융위기의 영향을 상대적으로 크게 받았고 이로 인해 경제위기에 빠졌다. 화폐인 크로나의 가치는 유로에 비해 큰 폭으로 하락해 정부는 비상사태 선언을 발령했고, 모든 은행이 국유화되었으며 러시아와 IMF에서 융자를 받았지만 아이슬란드 최대의 카우싱 은행이 발행한 780억 엔의 사무라이채권이 채무불이행되었다.
짐바브웨	대통령이 군인에게 줬던 특별연금과 콩고 파병의 영향을 받은 데다 백인이 경영하던 농장의 습격 등에 의해 국고와 국가 중심적 산업이었던 농업의 수확량이 감소해 경제가 극도로 악화되었다. 또 유럽 및 미국으로부터의 경제 제제 등으로 국내에서 하이퍼인플레가 발생했다. 연간 인플레율은 공식적으로 2억 3100만%, 실제로 추정되는 것은 6.510108%로 천문학적인 숫자가 되어, 100조 짐바브웨 달러 지폐도 등장했다.
디트로이트시 (미국)	시의 주된 산업은 자동차 산업이었지만 주요한 공장이 다른 주나 해외로 이전해 고용을 잃고 세수입도 감소했다. 게다가 서브프라임 모기지론 문제로 인해 자동차 제조 회사인 크라이슬러, GM이 경영 파탄한 것도 영향을 주어 더욱 심각한 재정난에 빠졌다. 2013년 7월 18일에 연방지방법원에 연방도산법 제9장 적용을 신청했고 부채총액은 180억 달러에 달해 당시 미합중국의 재정 파탄 지자체 중 최대액이었다.
미합중국 자치령 푸에르토리코	관광산업이 중심이었지만 2008년의 리먼 사태 후 경기악화로 세수입이 나빠져, 2015년에 미국 자치령으로는 처음으로 채무불이행이 되었다. 채권자인 헤지 펀드 등과 협의했지만 좋지 않게 끝나서 2017년 5월 3일에 연방지방법원에 파산신청을 했고 자치단체의 파탄으로서는 최고액인 700억 달러(약 7조 8000억 엔)를 기록했다. 이는 2013년에 파탄한 디트로이트시의 약 4배인 금액이다.

경제학에 심리학을 도입한 '행동경제학'

●현실 사회를 설명하지 못했던 경제학

미국 시카고 대학의 리처드 세일러 교수는 경제학 중에서도 행동경제학의 권위자이며, 2017년에 노벨 경제학상을 수상했습니다. 경제학에서는 오랫동안 '인간은 헛되지 않고 냉정하게 행동한다'라고 생각했습니다. 타인의 영향을 받지 않고 언제나 손해보는 것을 피하며 자신의 이익과 만족이 커지도록 행동하는 것을 전제로 이론을 완성했습니다. 그러나 현실 사회에서는 그것만으로는 설명할 수 없는 일들이 일어납니다. 그래서 심리학을 도입하여 인간의 경제활동을 설명하는 것이 행동경제학입니다.

●인간은 '마음속 가계부'를 가지고 있다

세일러 교수는 인간은 '멘탈 어카운팅(심적 회계, 심리적 소비장부)'을 가지고 있다는 개념을 정리했습니다. 세일러 교수는 오른쪽 박스 안의 질문에 대답하는 실험을 했습니다. Ⓐ는 '산다'라고 답한 사람이 많았고, 한편 Ⓑ는 '안 산다'라고 답한 사람이 반 이상이었습니다. 그러나 합리적으로 생각하면 Ⓐ와 Ⓑ 모두 같은 1만 원의 지출입니다. 세일러 교수는 Ⓐ의 경우는 지갑에 들어있던 돈을 비상금으로 생각하므로 사용하는 것에 대한 저항감이 적어 미련 없이 지불하는 것에 비해, Ⓑ의 경우는 당일권비를 유흥비라고 생각해 유흥비에 1만 원을 쓰는 게 비싸다고 생각하는 사람이 많다는 것을 밝혀냈습니다. 이렇듯 인간은 자신의 마음속에 '광열비 30만원, 식비 50만 원, 유흥비 5만 원, 비상금 5만 원…'이라는 가계부(예산)를 가지고 있어 사용하는 금액이 같더라도 가계부 속에 어느 항목으로 지불하는가를 고려함으로써 사용해도 좋은지를 판단하는 것을 알게 되었습니다. 전통적인 경제학이 금액이 같으면 사람들의 행동도 같아진다고 생각하는 것과 큰 차이가 있습니다.

이 외에도 세일러 교수는 인간이 합리적인 손과 득의 판단만으로 행동하지 않음을 다음과 같이 밝혀냈습니다.

티켓이 5만 원인 콘서트를 보러 갔습니다.

Ⓐ 콘서트장에 도착해서 당일권을 사려고 지갑을 열었더니, 5만 원 지폐를 잃어버린 것을 알았습니다. 다행히 만 원짜리 지폐가 아직 5장 있습니다. 당신은 티켓을 사나요?

Ⓑ 사전에 예매권을 사두었습니다. 콘서트장에 도착해서 집에 예매권을 두고 온 것이 생각났습니다. 가지러 갈 시간은 없지만 다행히 당일권을 5만 원에 살 수 있습니다. 당신은 당일권을 사나요?

예매권은 당일권 모두 5만 원인 경우

- 종래의 경제학에서는 인간은 손과 득만으로 생각한다고 여겼지만 자신이 손해를 보더라도 공평한 것을 바란다.
- 매월 저금을 하는 것이 득이라 생각하더라도 자제심이 부족하여 저금할 수 없는 경우가 있다.

심리학을 도입한 행동경제학은 새로운 분야이지만 앞으로 더욱 연구가 진행될 것입니다.

찾아보기

아이와 함께 배우는 돈과 경제 수업 일본편

2021. 11. 16. 초 판 1쇄 인쇄
2021. 11. 23. 초 판 1쇄 발행

지은이 │ 어린이를 위한 돈과 경제 프로젝트
옮긴이 │ 박보경
펴낸이 │ 이종춘
펴낸곳 │ BM ㈜도서출판 **성안당**

주소 │ 04032 서울시 마포구 양화로 127 첨단빌딩 3층(출판기획 R&D 센터)
     │ 10881 경기도 파주시 문발로 112 파주 출판 문화도시(제작 및 물류)

전화 │ 02) 3142-0036
     │ 031) 950-6300

팩스 │ 031) 955-0510
등록 │ 1973. 2. 1. 제406-2005-000046호
출판사 홈페이지 │ **www.cyber.co.kr**
ISBN │ 978-89-315-8295-6 (03320)
정가 │ **19,000원**

이 책을 만든 사람들
책임 │ 최옥현
편집 · 진행 │ 디엔터
교정 · 교열 │ 디엔터
본문 · 표지 디자인 │ 디엔터, 박원석
홍보 │ 김계향, 이보람, 유미나, 서세원
국제부 │ 이선민, 조혜란, 권수경
마케팅 │ 구본철, 차정욱, 나진호, 이동후, 강호묵
마케팅 지원 │ 장상범, 박지연
제작 │ 김유석

■ **도서 A/S 안내**